Adolf Horning

Die ostfranzösischen Grenzdialekte zwischen Metz und Belfort

Adolf Horning

Die ostfranzösischen Grenzdialekte zwischen Metz und Belfort

ISBN/EAN: 9783743307308

Hergestellt in Europa, USA, Kanada, Australien, Japan

Cover: Foto ©Andreas Hilbeck / pixelio.de

Manufactured and distributed by brebook publishing software
(www.brebook.com)

Adolf Horning

Die ostfranzösischen Grenzdialekte zwischen Metz und Belfort

FRANZÖSISCHE STUDIEN.

HERAUSGEGEBEN

VON

G. KÖRTING und E. KOSCHWITZ.

V. BAND. 4. (SCHLUSS-)HEFT.

DIE OSTFRANZÖSISCHEN

GRENZDIALEKTE

ZWISCHEN

METZ UND BELFORT

VON

Dr. ADOLF HORNING,

OBERLEHRER AM LYCEUM IN STRASSBURG.

MIT EINER KARTE.

HEILBRONN.

VERLAG VON GEBR. HENNINGER.

1887.

INHALT.

Die ostfranzösischen Grenzdialekte zwischen Metz und Belfort.

Das in den Jahren 1883 — 1886 gesammelte Material zu nachstehender Untersuchung stammt aus 67 Ortschaften Lothringens und der Vogesen, die an der Sprachgrenze zwischen Metz und Belfort liegen. Aufgabe dieser Abhandlung ist es nicht, die Sprachgrenze selbst festzustellen. Sind manche jener Ortschaften die äussersten Vorposten des romanischen Sprachgebiets nach Deutschland zu, so sind an andern Punkten die Grenzorte selbst nicht in den Bereich der Untersuchung gezogen; dagegen haben einzelne mehr westlich gelegene Orte Berücksichtigung gefunden. Das sprachliche Material wurde von mir selbst gesammelt: doch bin ich in den mit einem Stern bezeichneten Orten nicht persönlich gewesen: meine Nachrichten verdanke ich aber immer Personen, die aus den betreffenden Ortschaften gebürtig sind, die über Courcelles-Chaussy meinem Kollegen, Herrn Dr. Galland, die über St. Amé Herrn X. Thiriat in Gérardmer, die über Neuweiler verschiedenen Frauen, die in Strassburg mir befreundeten Familien dienen. Auch in Beziehung auf die Ortschaften, die ich selbst besucht habe, ist das Material ungleich: während ich einige, wie Provenchères, Neufviller s./F., Vanifosse nur streifte, verweilte ich fünf Wochen in Gérardmer, drei Wochen in Fouday. Die wichtigsten Erscheinungen, die hier zur Sprache gebracht werden sollen, habe ich oft und aus vieler Leute Mund gehört.

Zunächst führe ich eine Reihe sprachlicher Merkmale auf, die dem ganzen Gebiet oder dem grössten Theil desselben im Gegensatz zum Francischen eigen sind:

Im ganzen Gebiet findet man:
1) fallende diphthongische Form in betonter Silbe oy' (auca).
2) gedecktes ĕ ĭ = a (o).
3) ĭ + ny = ęny (vęny'), ĭ + ly = ęy' (fęy').
4) vortoniges a im Hiat erhalten (męyr = maturus).

5) Die Laute χ, h, resp. ṣ, j, entstehen in bestimmten Fällen aus
is (c), r.

6) Die Nexus bl, pl, fl, gl werden zunächst zu by, py, fy, gy.

7) Abneigung gegen den Laut ri.

Im grössten Theil des Gebietes (A—F) findet man:

8) Die Endung -ata == ay' oder -ey'.

9) Lat. u im Hiat wird zu u (nicht v) [1].

Sucht man nun nach einem sprachlichen Merkmal, auf Grund
dessen das Gebiet sich in Gruppen eintheilen liesse, so kann man in
der Wahl desselben auch nicht einen Augenblick zweifelhaft sein.
In einigen Strichen ist nämlich für betontes freies ç, freies ǫ und
freies e (geschlossenes) nach Labialen (von den Infinitiven auf ie
sehe ich hier ab) die diphthongische Form erhalten, während in
andern der Diphthong zum Monophthong geworden ist. Danach
zerfällt das Gebiet in 7 Gruppen, die ich mit den Majuskeln A B
C D E F G benenne, während ich die einzelnen Ortschaften einer
jeden Gruppe mit a^1 a^2, b^1 b^2 . . . bezeichne. Ausser jenem wichtigsten Merkmal erwähne ich noch für jede Gruppe diejenigen lautlichen Eigenthümlichkeiten, die sich ungefähr über denselben Raum
erstrecken. Dass fast für jede Gruppe mehrere solcher Merkmale
vorhanden sind, spricht zu Gunsten des wissenschaftlichen Werthes
des hier befolgten Eintheilungsprinzips [2]. Aber selbst wenn dieser

---

[1] Nur 2, 6 und, was r betrifft, 5 fehlen dem Wallonischen.

[2] Die Frage, ob es sogenannte natürliche, durch eine Reihe gemein-
samer Merkmale bestimmte sprachliche Gruppen giebt, hat soeben erst von
Groeber, Grundriss I 415 ff. ihre richtige Formulirung erhalten. Nimmt man
an, was gewiss häufig der Fall war, dass von einem Dorf oder einer Stadt
als Mittelpunkt aus ein Dialekt sich über einen bestimmten Bezirk ausbreitete,
so waren alle Bedingungen zur Bildung einer natürlichen Gruppe gegeben.
Bei dieser historischen Betrachtungsweise ist die Frage, ob an den
Grenzpunkten einer derartigen Gruppe die verschiedenen lautlichen Merkmale genau an derselben Stelle anheben und abbrechen, von untergeordneter
Bedeutung. Die Existenz zweier sprachlicher Gruppen wird durch die Thatsache nicht widerlegt, dass auf der Grenzscheide die lautlichen Eigenthümlichkeiten beider ineinander übergehen und sich verwischen. Handelt es
sich doch um organische Gebilde, die mit einander verwachsen und nicht
mechanisch aneinandergefügt sind. Die besten Ansprüche, eine solche
Gruppe zu bilden, hat C (aber auch bei D F A muss die Frage aufgeworfen
werden). Freilich sagt G. Paris Roman. 10, 606: *les groupes qu'on forme
à l'aide de tel ou tel trait se résolvent en de tout autres combinaisons, si on
prend un autre critérium.* Als ein derartiges anderes Criterium liessen sich
gewisse œ-Laute (s. Anhang I) auffassen, die sich nur über einen Theil von
C, dagegen aber auch über einen Theil von B und A erstrecken. Aber
wenn jene œ-Laute modernen Ursprungs sein sollten (ich habe den Nach-
weis dafür zu führen versucht), so kann auf Grund dieses Arguments die
Annahme nicht erschüttert werden, dass C einst eine selbständige lautliche
Gruppe bildete. Nachdem nämlich die historischen Faktoren, die jene
Selbständigkeit bedingten, längst aufgehört haben, wirksam zu sein, entwickeln
sich neuerdings lautliche Prozesse, die an die einstigen Grenzen jener
Gruppen nicht gebunden sind. Dabei versteht sich von selbst, dass die

Werth zweifelhaft wäre, würden wir aus praktischen Gesichtspunkten an der Eintheilung in Gruppen festhalten. Es kann, sobald es sich um die Darstellung der Dialekte eines grösseren Gebietes handelt, nicht genügen, die sprachlichen Merkmale einzeln zu verfolgen, wobei jede Gesammtanschauung verloren gehen würde. Pflicht der Wissenschaft ist es auch, in synthetischer Zusammenfassung ein wenigstens annähernd richtiges Bild der lautlichen Eigenthümlichkeiten eines beliebigen Striches des durchforschten Gebietes zu geben. Bei der Feststellung der lautlichen Eigenthümlichkeiten der verschiedenen Gruppen folge ich dem von Joret Roman. 13, 118 aufgestellten Satz: *il n'est point nécessaire qu'un son phonétique ne se rencontre que dans un seul idiome pour servir à le caractériser, il suffit qu'il ne se trouve pas dans la région voisine.*

Die Untersuchung umfasst folgende Ortschaften:

A. *Courcelles-Chaussy a[1 1]).
　*Cheminot (Longeville) a[2].
　*Frémery a[3].
　*Fresnes a[4].

B. Hampont b[1].
　*Pattigny b[2].
　*Gerbécourt b[3].
　*Jüvelize b[4].
　(Geistkirchen)
　Moussey b[5].
　Gelucourt b[6].
　(Gisselfingen).
　*Guermange b[7].

C. Schirmeck-Labroque c[1].
　Framont c[2].
　Alberschweiler c[3].
　St. Quirin c[4].
　*Gondrexange c[5].
　Avricourt (deutsch) c[6].
　Verdenal c[7].
　Réchicourt c[8].
　(Rexingen)
　Raon s/Plaine c[9].

D. Rothau d[1].
　Wildersbach d[2].
　*Neuweiler d[3].
　Bliensbach d[4].
　(Blancherupt).
　Belmont d[5].
　Solbach d[6].
　St. Blaise-la-Roche d[7].
　Fouday d[8].
　Bellefosse d[9].
　Plaine d[10].
　Waldersbach d[11 2]).
　Saales d[12].
　Ranrupt d[13].
　Provenchères d[14].
　Ste. Marguerite d[15].
　Neufviller s Fave d[16].
　Lubine d[17].
　Vanifosse d[18].
　*Urbeis (b. Weiler) d[19].
　Saulcy d[20].
　Klein Rumbach d[21].
　Wiesenbach d[22].
　*Deutsch-Rumbach d[23].

„géographie des traits linguistiques" die erste Bedingung ist, die jede dialektische Untersuchung erfüllen muss.
　　Was speziell das Lothringische betrifft, so lässt uns Adam hier völlig im Stich; er ahnt nicht einmal das Prinzip (Monophthong oder Diphthong), nach dem eine Eintheilung der Neu-Lothringischen Mundarten vorgenommen werden muss.
　　[1]) Ueber einige Ortschaften von A erscheint demnächst eine Monographie von C. This.
　　[2]) Der Dialekt von Waldersbach ist der von Oberlin behandelte.

E. Gérardmer e[1].
Gerbépal e[2].
Tendon e[3].
Fraize e[4].
Docelles e[5].
*Bruyères. e[6].
*Fréland e[7].
Auburc e[8].
Passhöhe bei Markirch e[9][1]).
La Poutroie (Schnierlach) e[10].
*Orbey (Urbeis) e[11][2]).
F. *La Bresse f[1].
Bussang f[2].

St. Maurice f[3].
*Le Thillot f[4].
Rupt s/Moselle f[5].

G. Le Puix g[1].
Giromagny g[2].
Jung Münsterol g[3].
Alt Münsterol g[4].

Senones ψ.
Belval μ.
Jarménil ν.
*St. Amé ω.

Charakteristische Merkmale der einzelnen Gruppen sind:
A. (das Metzische). 1) Diphthongirung von ç, ǫ, e.
　2) ọ für freies bet. e nach Nichtlabial (sonst a, o).
　3) Die Endung -ĩhã, ijã in der 1. Plur. Praes. Ind. der Verba
　　　auf -ir.
　4) ǫ + y und o + y = ẹ (sonst œ); bet. ç + y = i.
B. Monophthongirung von ǫ, ç; e unsicher.
C. 1) Diphthongirung von ǫ, ç, e.
　2) Conjunctiv auf éχ (sonst ẹs).
　3) w-Vorschlag bei woy' (auca), wǫl' (olea).
　4) ẹ wird zu i.
　5) die Nexus br, pr werden zu r (sonst v).
In Réchicourt sind diese Merkmale noch alle vereinigt; in dem
4 Kilom. entfernten Moussey ist keines mehr zu finden; 3) (woy')
findet sich auch in ψ, 4) in d[1]—d[3], 5) in d[1].
D. 1) Diphthongirung von ç, ǫ, e in bestimmten Wörtern, in
　　　andern Monophthongirung.
　2) Lat. bet. ọ im Hiat wird zu -ǫw', bet. ĩ im Hiat zu -ey'.
E. 1) Monophthongirung von ǫ, ç, e.
　2) ū und ī im Hiat zu u'. i' (im Gegensatz zu D, nicht zu F).
F. 1) Diphthongirung von ǫ, ç, e.
　2) ego = i (im Gegensatz zu E, nicht zu G).
　3) 1. sing. Praes. Indic. endigt auf betontes e.
　4) Lat. betont. a wird in offener, französischer Silbe zu a (im
　　　Gegensatz zu E; derselbe Vorgang auch in g[1]. g[2]).
G. 1) Monophthongirung von ǫ, ç; e wird zu wa (sonst wç).
　2) Die Nexus cl, fl werden zu χ̌, resp. sy.
　3) auslautendes r wird nicht mehr zu s (resp. χ).

---

[1]) Genauer 1 Kilom. von der Passhöhe auf elsäss. Seite.
[2]) Hier reiht sich der Rom. Stud. II von Lahm behandelte Dialekt von
La Baroche an.

4) Die Endung -ata wird nicht mehr zu -ay', -ey'.

5) sc + a wird nicht mehr zu ş (resp. χ).

6) Lat. me, te werden in absoluter Stellung nicht mehr zu mi, ti.

Die Zahl der unterscheidenden Merkmale zwischen F und G liesse sich noch vermehren (man vgl. z. B. die Behandlung von nachtonigem gl 173). Wenn irgendwo eine Grenze zwischen dem Lothringischen und dem Dialekt der Franche-Comté gezogen werden darf, so liegt sie zwischen F und G, Grenzstein ist der wälsche Belchen.

Die mit μ (Monophthong), ν, ψ, ω (Diphthong) bezeichneten Orte gehören zu keiner Gruppe oder zu Gruppen, die noch näher zu bestimmen sind.

Die in Elsass-Lothringen gesprochenen Dialekte bilden, wie von vornherein wahrscheinlich war, keine einheitliche Mundart. Sie sind die Fortsetzung in östlicher Richtung der auf französischem Gebiet sich befindlichen Gruppen A B C D u. s. w. und lassen sich mit α β γ δ bezeichnen. Dies ist für die Geschichte des Landes von Interesse. Der Kamm der Vogesen wirkte hier nicht trennend. Die mundartlichen Unterschiede, die heute allerdings zwischen den diesseits und jenseits der Vogesen gelegenen Ortschaften, namentlich in C und E, bestehen, haben sich m. E. erst in neuerer Zeit herausgebildet (vgl. 37. 87. 158 und Anhang I).

Ueber die durchweg phonetische Lautbezeichnung bemerke ich:

a bezeichnet reines, zwischen ǫ und ę liegendes a; es ist also tiefer als das a der Pariser; å steht dem ǫ nahe, wie ê (immer lang) dem ę.

o ist geschlossen (frz. -eau), ǫ offen (frz. mort).

e ist geschlossen (frz. été), ę offen (frz. fève).

i ist geschlossen (frz. ami), į offen (norddeutsch bitter), an e anklingend.

ã, ĩ, õ sind die Nasalvokale (frz. an, in, on).

u ist frz. ou, v ist frz. u (mur), ụ (immer kurz) steht in der Mitte zwischen o und u.

œ klingt geschlossen (frz. jeu), œ offen (frz. peur), ę dumpf (frz. chemin); trägt dieses ę den Ton, so wird es ė geschrieben.

– ◡ Länge, Kürze. Die Länge wird auch zuweilen durch beigefügtes l. bezeichnet. Der Apostroph am Wortende ersetzt das sogenannte frz. e muet; zwischen zwei Buchstaben bezeichnet er eine kleine Pause. Kleine i, u bezeichnen tonlose, schwach nachklingende i- und u- (frz. ou)-Laute.

Den Ton, der übrigens wenig mehr markirt ist als im Neufranzösischen, trägt der letzte Vokal eines jeden Wortes mit Ausnahme des unbetonten ę.

w klingt wie der erste Bestandtheil des Lautes oi in frz. toi.

h ist die Aspirata.

y entspricht dem dtsch. y in Jahr.

χ bezeichnet einen Laut, der noch tiefer ist als ch im deutschen *ach*, etwa χ^3 von Brücke; 'h ist der diesem χ entsprechende sanfte Laut (gewöhnlich irrthümlich mit h bezeichnet; es ist vielmehr ein y, dessen Artikulationsstelle möglichst weit hinten liegt). — χ entspricht dtsch. ch in *ich*.

ŋ klingt wie n vor gutturalem g, c, k.

j ist frz. j, ş frz. ch (in *champ*).

s bezeichnet den scharfen, z den sanften S-Laut.

c klingt durchweg wie frz. c in *camp*, g wie frz. g in *garçon*.

Ausser den bekannten Arbeiten von Oberlin, Lahm, Lorrain, Rolland, Adam (vgl. Paris Romania X 601) wurden noch zu Rath gezogen:

1) La Vallée de Cleurie, von X. Thiriat, Remiremont 1869 (enthält ein Glossar und Sprachproben zu E und F).

2) Les Kédales et les Voinraux, Conte Saussuron, von X. Thiriat, Remiremont 1872 (gute Textprobe aus F).

3) Ein Gedicht in der Mundart von Gérardmer in X. Thiriat's Gérardmer et ses Environs S. 152.

4) Essai sur un Patois vosgien (Uriménil) von N. Haillant, Epinal 1884.

5) Die deutsch-französische Sprachgrenze in Lothringen von C. This (Beiträge zur Landes- und Volkeskunde von Elsass-Lothringen, Heft I), Strassburg, Heitz 1887.

LAUTLEHRE.

VOKALISMUS.

(A betontes).

FREIES A.

1. Freies a in französisch offener Silbe wird von A—E und ausserdem in $\mu\nu\psi$ in der Regel zu ę: byę (Getreide) e^1, inf. framę, tsãtę e^3. cyę (clarus) c^2c^3, nę (nasus) e^1. tsãtę p. m. e^9, casę, ręvrę (vergessen), cyę (clavis) $e^8a^1\psi$, χwę (*essuyer*) c^4, prę (pratum) $e^1a^1a^3$, sãgrę (Eber) a^1, p'tę (tragen), r'mwę, rutę (*óter*), pęsę (*passer*) a^1. In D hält der Laut die Mitte zwischen e und ę; in meinen Notizen finde ich daher bald das eine, bald das andere Zeichen, z. B. ęrmwe. swę, ęχwę d^3, pre d^8d^{11}, cye (clarus) d^8, ne (nasus) d^5. Die Grenzen, innerhalb deren sich dieser Laut findet, habe ich nicht genauer untersucht; in d^{21} habe ich ihn noch für ręvie festgestellt; auch in e^9 notirte ich ne (nasus) neben alę, tsãtę, in b^7 pãle (sprechen). Einen i-Nachklang nahm ich nur in wenigen Orten wahr: cęse^i (*casser*), tarnue^i (niesen), sǫlę^i (Schuh), rabǫrę^i (pflügen), sãdye^i (Eber) a^3; sǫlę^i, ble^i, inf. mune^i (führen) c^7; cęse^i, χade^i (excalidare) b^4; tsę^i (clarus) tsę̌^{i} (clavis) c^6; ausserdem das vereinzelte cę^i (qualis) e^9. F $\omega g^1 g^2$ weisen hier a auf, und zwar reines, zwischen ǫ und ę in der Mitte liegendes a^1): Inf. sãta, pasa, muχ'na (*moissonner*). s'na (sonare) ω; pra, nã f^1g^2; 2 plur. ind. tsãta, 2 pl. imper. œsa (gehet hinaus). 2 plur. fut. tsãt'ra f^5; pwõla (*parler*), χoda (excalidare), ęχta (kaufen) f^1; cǫta (Seite) ω; sula (Schuh), çsa (genug), part. m. tsãta, pęsa f^2.

Nach einem secundären, aus l entstandenen y kommt jener Wandel nicht überall vor²): tyę (clavis) f^1; tyęχ (clarus) $f^1 \omega$; cyę

---

¹) Derselbe Lautwandel wird für die im Gebiet von F liegenden Ortschaften Saulxures. Thiéfosse und Cornimont durch die Erzählung Les Kédales et les Voinraux bestätigt.

²) Ob jenes a aus lat. a erhalten oder erst aus ę hervorgegangen ist, ob somit F zum franco-provençalischen Gebiet gehört oder nicht, ist eine offene Frage.

(clavis) f², tyę *ω*; χiŋgye (Eber) *ω*, siŋgye f⁵; vgl. auch rublie f² und tyę (*tuer*) f¹. Dagegen infin. ǫfya (*enfler*) f², äfya, sᵿfya (blasen) f⁴, aber auch hier roblię und şofye (heizen); bya (Weizen), part. m. äfya, suya (Schub) g¹; sya (clarus und clavis) g². — In g³ g⁴ zeigt sich hier überall ę: inf. tşītę, alę, sulę (Schuh), χę (clarus und clavis) g⁴; lęvę (lavare), byę, nę, prę, χyę g³. — ęl'mę (anzünden), brœlę, arivę *ω* sind französirte Formen.

2. Lateinischem a in französisch geschlossener Silbe entspricht in der Regel e : pūr', mēr' d³ d⁸ d¹² d²¹ e¹ a¹, frēr' d²¹; sev' (Saft) c⁹ d³ d⁸; das auch wallonische sīv' kann ich nur für a¹ bezeugen; vgl. auch 180. Mit i-Nachklang spricht man peⁱr', meⁱr' c⁸; neben fev' (faba) kommt fwęv' f¹ *ω* vor. Pęr', męr' hörte ich in g², fręr' auch f¹; Uebergang in a nur in dem Wort frar' g². Die Endung -ata wird in dem grössten Theil des Gebietes zu -ay`; das y füllt den durch den Ausfall des t entstandenen Hiat : fay' (Fee, fata), ânay' (Jahr), fęmay' (Rauch) *ω*, şeminay' e¹, p. f. framay' a¹ e² d³ d¹¹, bway' (Wäsche) e⁴, p. f. şātay' d² d¹²; casay' d²: sinay' (sonata) d²¹; ęnay', pęsay', s'nay' e⁸; pęsay', jonay' (*journée*) d¹²; f'may', brœlay' (*brûlée*) e⁴; pıray' (*pourrie*) a¹; lęvay' (gewaschen), crǫvay' (*crevée*), tşęmnay' f⁵. In f¹ wird -ata zu -oy`: foy'. anoy', pasoy'. — Aye findet sich auch nach i aus l : äfyay' (geschwollen) d⁸ d¹². — An die Stelle von -ay' tritt -ey' in B und C. Ich gebe sämmtliche Beispiele, die ich aufgeschrieben habe: χadey` (*échaudée*), cęsey', nwey' (Wolke), şätey', pęsey' b⁴, cravey' (*crevée*) b⁵ c⁸; crǫvey', bwey' c⁷; χwey' (*essuyée*), pęsey', fimey' c⁹; siney', şätey' c¹ c²; d¹ schlägt sich hier, wie oft, zu C, framey'. bacey' (gebückt). In D traf ich sonst -ey' nur in d⁸ framey', und in d⁷. Wichtig ist, dass, während die meisten Leute in d⁷ jetzt χwey', şätey, twey', nwey, bwey' sagen, die älteren Personen, wie man mir ausdrücklich versicherte, şätay'. tway', nway', bway' sprechen; die -ay'-Formen sind noch allein üblich in dem 1 Kilom. von d⁷ gelegenen Poutay; şätey', uney' (Jahr) hörte ich auch in *ψ*. — In G scheint jene Bildung unbekannt zu sein: djwęnęę (*journée*) g⁴, pę äl'va (*peau enlevée*). djo' äl'va (*joue enlevée*) g². 3. a + l: Qualis giebt im Masc. und Fem. ce : ce ǫ̈m d³ d¹², ce ōm b⁷, ce şalœ d¹⁹, ce şälu b⁵—b⁷ c⁴, cęⁱ tşalu e⁹. ce vey' (qualis vita) a¹, cye tşalᵿ g³, tχe tşalu g⁴. Te (talis) hörte ich nur in f¹ *ω*. Ausserdem entwickelt sich e aus -alem nur noch in natalis (Weihnachten): nue c⁹ d¹² e² c⁸, nuęⁱ e¹, nawę a¹ a³. Sonst findet sich o: ępto (Spital) a¹; jǫno (*jornal*, Morgen Acker-landes) a¹, ǫto (*hôtel*, Wohnung) f¹; sö (Salz) f¹, sä c⁷ d⁶ d⁸ d¹², doch sę̈ a¹. Malum gibt ma (aber mäl o pi. mal o cyeχ) d². mä d³ *ψ*, mŏ *ω* e¹ f⁴: mo à cœr, mol o dœ e², po (palus, Stange) d⁸, (Stock) e¹. — -ala giebt òl' oder äl', und zwar entwickelt sich der o-Laut in A E F g² *ω* ı', dann auch in einigen der südlichsten Ortschaften von D, wie d¹⁵ und (nach 18 zu urtheilen) d²¹, sonst a : χol' (scala) a², χäl' b⁴ c⁷, χäl' b³, şäl' c³, şöl' f² f⁵; abweichend verhalten sich etşir'

g², etsi̯ęl' g⁴, sy̆ǫ̈l' a¹; pāl' (pala, Schaufel) b⁶c⁷d³, pál' b³c², pol' a¹; āl' (ala) b⁵c⁷d⁸, ōl' a¹d¹⁵e¹e⁸f¹f²ω, ǫ̈r' g².

4. a + v o, a + g o. Faw (fagus) begegnete mir nur a³. In clavus entwickelt sich ein o-Laut. der sich genau so verhält wie das o von collum, fossa; vgl. 88: cyoᵘ a¹c⁹d³d²¹, tǯo b³b⁴b⁶ c⁶c⁷, tyo f¹ω, tyœ e¹, cyœ e², syω g², cyõⁿɭ e⁸.

5. Die einsilbigen (proklitischen) Wörter. Dem francischen *ma*, *ta*, *sa* entspricht von A—F mę, tę, sę; *là* wird lę, *à* ę : ę ti *à toi* c⁴; l'œ̆χ lę die Thüre da ψ; prăt'ę nalę (bereit fortzugehen) d⁵. *Cela* wird zu s'lę c¹c⁴c⁹, dagegen zu s'lǫ f³, sula f¹, selǫ f⁵. Jam gibt ja d²¹, jo a¹, jǫ e¹ (vgl. auch Thiriat s. v. *ja*), habes, habet e, e b⁶d³f⁵, in a¹ 2. c 3. c 3. ę. Ueber die secundären œ̆-Formen c⁵—c⁹ (= habes, habet), die auf geschlossenem e beruhen, das überhaupt hier auffällig ist, vgl. Anhang I. Von vado notirte ich 1s. vę (ę lang) b⁴c²d²d¹²ω, vo f⁵, va g²a¹; 2s. vę c¹d⁸, ve d²¹ω, 3s. ve e⁸f², vę d³d⁸. 1—3 lauten in a¹ va. Imper. 2s. vę ψd²d⁴, vatī c⁹, va g¹. Hier schliesse sich die Bemerkung an, dass man pǫpǭ (*papa*) g², pǫpa d³ sagt.

6. a + nasal. Die gewöhnliche Darstellung von panis, manus ist pęⁿ, męⁿ, doch fällt häufig auch ⁿ weg: fę (ę lang, fames) d⁵d²¹, pę d²¹, grę (granum), fę e¹. Die Nuancirungen sind zahlreich und schwer wiederzugeben; auch ī notirte ich, doch klingt es nicht ganz rein wie im Französischen: grī e⁴, χtrī (stramen) d⁸, trī d¹²; d'mī, fī f², etrī g³, pī d⁴, pīⁿɭ ψ. -ana giebt -ęn', fõtęn' d⁸, lęn' d³, ręn' (Frosch) f¹ω. Einen eigenthümlichen i-Nachklang vernimmt man in e⁸: pęⁱ, męⁱ, demęⁱ, ǫrmęⁱ (heri mane, gestern), fęⁱ, lęⁱn'. Ueber canis s. 7. In lyiⁿɭ (ligamen) ist zwischen beiden y-Lauten e zu i geworden; in e¹⁰ sagt man le. — Ueber īm' (amat), grīn' (*graine*) a¹ s. 177.

A in Verbindung mit einem Y-Laut.

7. Die Gruppe ca = c + freies a. Das sekundäre y ist noch vielfach erhalten, und, wo es geschwunden ist, zeigt der folgende Vokal eine Kürzung oder Schwächung: zuweilen scheint auch das i den folgenden Vokal verdrängt zu haben. Capra: sy̆œ̆v' d⁷ψω; sy̆œ̆r c⁹, sy̆œ̆r' c³c⁴d¹; tsœ̆v' d⁵d⁹f¹f⁴; sœ̆v' d⁸d²¹, sœ̆v' d²³, sœ̆v' d³; tsi̯v' e⁴e⁸e¹⁰, si̯v' e¹; tsi̯vr' g¹, tsi̯ęvr' g³, tsęvr' g⁴. Canis: tsi d⁵d¹¹d²⁰g⁴, tsiⁿɭ d¹⁵f²f⁴. siⁿɭ a¹c⁴c⁷d³d²¹d²³, syī c². syę ω, sę e¹, tsę c⁸—e¹⁰. tsę f¹, tsī g¹.¹) Carus: sy̆œ̆χ d⁴d⁶, syęχ d³, sęχ d¹², tsę f¹, tsi̯ g¹ : cas(a) (bei) : sœ' c⁹, si d³d⁸d²³e¹ω, siⁿɭ b³. tsi f⁵; in f¹ ętsi (nǫ, le) neben tsᵢv mi, tsᵢv cici̯ⁿɭ. Cado: 1s. sœ d⁸ (dadurch ist der Infinit. sœ'r beeinflusst), sœ' a¹. sye d³. si d¹²; 1s.

---

¹) In tsiⁿɭ ist e zwischen den beiden y-Lauten zu i geworden, wie in lyiⁿɭ.

tṣę cᵇ ist nach dem Inf. tṣęr' umgebildet; 2s. ṣœ dˢ. Ich schliesse
hier auch c a r r u s (Wagen) an, über c a r n e m s. 16: ṣyę c¹ c² c⁴ cˢ
c⁹ d¹ d²¹, ṣe a¹ a⁴ b³ d² d³ d¹² f⁴ ψ. ṣeⁱ a³ b⁷, ṣ̈ę e¹, tṣę eˣ e¹ᵘ, tṣe d¹⁵
g¹ ; tṣ̈è f¹, ṣa *ω*; ṣœ d⁴ d⁶ — dˢ.

A bei folgendem y-Laut:

8. I. Wenn auf betonten Vokal ein y (primär oder sekundär)
folgt. das im Hiat steht, so gilt für alle Vokale das Gesetz, dass
sich y neben dem Vokal hält (über das Wallonische s. Zeitschrift IX
481) und eine Verschmelzung beider Elemente nicht eintritt : pyay'
(plaga, Wunde) a¹ d³ d¹², pyęy' e¹ᵘ, bray' (braca) c⁷, hay' (Hag) d⁹
d¹ᵘ f¹. hęy' d³ e¹ᵘ ; ebenso verhält sich may (*mai*) a¹, mȇy dˢ ;
vgl. auch die Vertreter von s t a b u l u m , t a b u l a (18) und die
Partic. auf - a t a (2)¹). — C a c o wird zunächst wie im Francischen
zu ṣi', dann (nach 72) zu ṣey' d² d⁴ (inf. ṣi).

9. II. a + y + C o n s. wird zu a in a¹ d¹² e¹ *ω* F g¹ g² : fār',
trar', vra (wahr), māt' (magister), fa (facit), fa (factum); pä (pacem)
e¹, pala (palatium) *ω*, ma (magis), ā𝑥 (*aise*) f¹ ; li'ma (*jamais*), frān'
(fraxinus), māc' (magis quam, s. Gloss.) e¹ f¹; ra (radius), äc' (aliquid)²), ma (magidem, Backtrog) e¹ ; pyar' (placere), 1s. pya, mar'
(*maire*) d¹² ; v'ra (ich werde gehen) g² ; yāc' (aliquid) a¹, āc' *ω* f¹.
In B und C finden sich e- neben a-Formen, und zwar oft in demselben Ort: 1s. f̈ę, 1s. pya (placeo), part. pya c⁴; fa (factum) b⁷:
part. fę (ç l.) b⁵; mā (magidem), pā𝑥 (pacem), fe (facit), r̈ę (radius) c⁷;
vra (wahr) cˢ; pār' (Paar) c³ ; auch in ψ vrä (wahr), p. fę (ç l.);
çc' (aliquid) c¹ ; inf. fęr' c¹ c⁹ ; ̈e𝑥' c². In dˢ hörte ich : mȇt',
vrȇ, frȇn', Fudȇ, j'mȇ (nie), f̈ę, pęr' (Paar). Sonst herrscht in
D ę vor : fęr', me (magidem) d⁴ ; r̈ę d⁷ ; męc', pyęr' (ç l. placere), 1s. pyē, fe (factus), trer', f̈ęr', pe (pacem) d³ ; 3s. fę d²—d⁴ ;
p. f. tręt' d²¹ ; fę (ç l. facis und factum), r̈ę d⁷ ; ̈ec' d³ dˢ d²¹ ; aber
auch in d³ māt' und v'ra (wahr); vrä d¹, vrȇ d⁵; męt' (ç l. magister)
hat dagegen a³ nebst f̈ę (facit), f̈ę (factum). Auch in E überwiegt
ç : fęr' e⁴ eˢ c¹ᵘ; 1s. fę e⁴, 3s. e⁹; vrę eˢ; pyęr' (placere) e⁴ eˢ; ̈eg'
(acrem) eˢ e¹ᵘ; męc' (mager) e¹ᵘ, p. f. tręt'. Desgleichen in g³ g⁴ : ę
(habeo) g³ g⁴ ; 2s. pyę (places), Inf. fęr' g³ ; 3s. fę g³ g⁴ ; dagegen frān'
(fraxinus) und tṣān' (Eiche) e¹ᵘ. — Męc' (macrum), ̈ęc' (acrem) e¹
f¹ sind vielleicht Lehnformen, ebenso męc' (ç l.) a¹; māg', äg' hörte
ich nur *ω*. Subst. tręvęy notirte ich eˢ *ω*, tręway f¹, pęy' (palea)
f⁵; an Stelle des letzteren ist fast überall s t r a m e n üblich. Auch
ar' Luft gehört hierher, das wohl auf a e r a == a i r a beruht, und
malav', malęv': s. Gloss. u. Zeitschr. IX 499. 500.

10. D i e V e r b a , d i e d e m B a r t s c h ' s c h e n G e s e t z f o l g e n.

------

¹) Im Francischen ist Verschmelzung die Regel : *haie, baie, raie, plaie.*
Die Aussprache *j'essay', je pay'* etc. ist Anlehnung an die endungsbetonten
Formen *essayer, payer* etc.
²) Vgl. *aikes* Ézechiel 96, 14.

Inßnitiv und Particip. mascul. unterscheiden sich nicht in der Form. Ueberall, wo -ie in *pic* (pedem) zu -i wird, wird die Verbalendung *ier* *(ic)* zu i, also in B, D, E, G : pași (piscare) b^7. minji $b^4 b^5$. șȩsi (captiare) $b^1 b^4 d^2 d^4 d^6 d^8 e^1$, tsȩsi e^4, puhi (schöpfen) b^5, m·nȩsi $d^3 e^1$, mwazⱦyi (masticare), cuhi (quietiare) d^4, coji e^8, c̦iⱬi (erpicare) e^1, artsiȩ g^3. ortși $g^1 g^2$; va·idi (*rider*) e^8, vœdi g^2, tatși, latși (*lâcher*) e^8. äbrasi. pȓjiȩ g^3, mīdji g^1, mīji d^{21}, cwȩsi (bedecken. coacticare) $d^3 d^8$. rȩbrȩsyi d^3 (über letzteres s. 31 A).

Die i-Form findet sich auch in einem Theil von C, in dem sonst der Diphthong erhalten ist : mīji, tą·si (husten) c^8. mȩji c^6; noji (schneien), cwȩsi, lȩⱬi (lassen), mäși (masticare), p. fași, inf. mīji, sȯhi (*charger*), sīji c^2, doch daneben īvuye (schicken): ȩbȩⱬi (*abaisser*). sȯhi, cwȩsi c^1.

Dagegen ist der Diphthong durchweg (auch nach Palatal) erhalten in $c^3 c^4 c^7 c^9$: sȩsye $c^3 c^4$, rībrȩsyȩ mȩⱨjyȩ c^3, mījye, sähye, sȩsye, ȩrnoye (negare), puhyȩ (schöpfen), cuhyȩ (schweigen) c^4; sȩsyœ̈, mījyœ̈, seyœ̈ (secare), nȯtyœ̈ (*nettoyer*) c^9; pyȯyœ̈ (plicare), tȯsyœ̈ (saugen), trȩvȩyœ̈ c^7 (über die ω-Laute vgl. Anhang I).

In A und F ist der Diphthong erhalten, ausgenommen nach Palatal : pȩⱬyœ̈ (harnen), cuhyœ̈ (schweigen), mījœ̈ a^3; räbrȩsyȩ, pyȩsyȩ (*placer*), gyȩsyȩ (*glacer*), m'nȩsyȩ, sȩsyȩ, aber mījȩ, sījȩ, sarșȩ (*chercher*), cwȩsȩ, ȩprașȩ, cușȩ a^1 (über die scheinbar abweichenden pȓjyȩ, bȩșyȩ (*baisser*) a^1 s. Anhang III). Tȯsyȩ (saugen), tsȩsye, menȩsye f^5; tȩsye (husten), m'nȩsye, ȩbrȩsye, däsye, lȩsye (*lacer*) f^1; mīdje $f^1 f^2 f^4 f^5$; etșe (erpicare), latșe. pvje (schöpfen), martșe (gehen) f^5, tsȩje (beladen), tsīje f^1. In f^1 fehlt das i auch nach ⱬ und h: cwȯhe (schweigen), p'ⱬe (harnen), paⱬe (*percer*), teⱬe (weben), doch puⱬyȩ (piscare). Tsȩse (jagen), tsose (*chausser*) f^2 beruhen wohl auf Analogiewirkung.

In ω sagt man m·nȩsye, däsye, lȩsye, sȯsye, busye (stossen); i-Formen zeigen sich nach ș. j, h, ⱬ : pvhi, ȩgraⱬi. p'ⱬi, paⱬi, chäși (anfangen), toși (*torcher*), sȩji (beladen), 'eși (erpicare), cuși; auch hier weicht puⱬyȩ (piscare) ab. In ψ macht sich ein Schwanken bemerklich : rȩmuhye (acutiare), tuⱬye (husten), soye (secare) neben sȩsi, miji, cuhi, püⱬi (harnen); *r* gehört zu einer Gruppe (zu der auch der von Haillant behandelte Dialekt von Uriménil gehört), in der jedes ye zu e wird sose, sȩse, mīje, dagegen sätȩ.

11. Dem Bartsch'schen Gesetze folgen noch: 1) die Verba auf Vok. + *rer* : tiri (ziehen) $d^8 d^{12} d^{21} e^3$, tiryœ̈ $c^7 a^3$. tiryȩ $a^1 f^1$, tire f^5; ȩdıri (*endurer*) $d^8 d^{10} e^8$. ȩdiri d^3, ȩdȩrye f^1. ädȩryȩ a^1; deⱬıri (zerreissen) $b^4 d^4 d^7 d^{14}$, deⱬiri e^2, deⱬiryȩ c^4, deⱬiryœ̈ $c^6 c^7$; cȩrye (reinigen) a^1, ercıri d^{12}; tiⱨtırye (färben) f^4; ȩterye (*enterrer*) ω; jȩrye (jurare) a^1, jiri $d^3 e^1$; ȩsırye (versichern) a^1, ȩⱬiri d^3; auch fyȩri (stinken, flagrare) d^3: eine Ausnahme macht m. W. nur d'morȩ d^3, d'marȩ a^1 (anders verhalten sich monstrare. intrare). 2) ⱬafi

(wärmen, die Grundform ist nicht klar) b³ b⁵ d³ d⁵. χafyǔ c⁷. ṣofyę a¹, ṣofye f² f⁵, χofye f¹. 3) die Verba auf -er. wenn χ aus rs hervorgeht: ęrvyęχi (renverser) d³ d⁸, r'vęχi c¹. ęrvęχi e⁴, ręvręʒe f¹, r'vyaχi d¹². byœχi (bercer) d⁴. byeχi d² d³. biχyǔ a³, biṣyę a¹, paχi (percer) d³ ω, paχe f¹, paṣi e⁹. 4) tǔsi (husten). tęsye ω f¹, tuχyę ψ. 5) χ'ti (werfen, doch nicht überall; in a¹ sagt man j'tę) d³ d⁸, ṣ'ti c² e⁸ c¹⁰, j'ti c⁸, χtye f¹. 6) nach einfachem s ohne y-Laut, puzyę (poser), s'omυzyę (s'amuser) a¹; Aehnliches bemerkte ich in keinem andern Ort. 7) in Fällen. wo der y-Laut aus l hervorging: inf. sǫfi (blasen) c¹ c², sǫfyi d³ d⁸, sǫfyǔ c⁹, χǫfyǔ c⁷, sǫfyę a¹; χtrai (strangulare) d⁸, χtrayi d³, χtranyę f¹; dagegen behält rębię (vergessen) d³ g⁴, ribię d⁸, ręlię c¹ überall, so viel ich sehe, diphthongische Form; auch inf. ɔ̃fyę (enfler) c¹, ãfyę c². 8) sãdyę, eṣãdyę hörte ich nur in c³. sonst χade d³, tṣoda g². χade' b⁴ (vgl. auch hhadier bei Adam).

12. Das Particip. feminini zeigt die ostfranzösische i'-Form in BCE: miɳji' b⁴, ṣęsi' b¹ b⁴ c⁴ c⁹ e¹ e⁸ c⁶, tṣęsi' e⁵ e⁸, tiri'. miji' c⁷, męji' c⁴; miji' c⁸ c⁰ e⁶, miɳdji' e⁹, cǫr'si' (courroucée), ęnǫi' (ennuyée) e¹. In f⁴ hörte ich midji'; tṣęsi' f⁴ f⁵ (vgl. f⁴ ęręnyi'. araignée); dagegen f¹ hęrsyęy' (hérissée), męnyęy' (Magd. afr. maisnée), cǫrsyęy', daneben nœti' (afr. nuitiée). In D ist die regelmässige Form -ey' : latṣey' (lâchée) tṣęsey' d⁵, ęruhey' (geschärft) d⁵ d¹¹. frayey' (fricata) d²²; ṣęsey' d² d⁴ d⁶ d⁷ d¹⁰ d²¹ d²³; nayey' (necata), rębręsyęy', pyayey' (plicata) d³; nur d¹ schlägt sich zu C, ṣęsi, miji; ṣęsey'. frayey' sagt man auch in ψ. In a¹ sagt man ṣęsyay'. in a³ mijęy'. Ueber G fehlen mir Nachrichten.

13. Die Grundform ist m. E. das gemeinostfranzösische i'. Dies habe ich Zeitschr. IX 496 dahin erklärt, dass es durch Reduktion des Triphthongs iei' entstanden sei, in welchem das zweite i ein an Stelle des ausgefallenen t getretenes Hiat-i ist. Dass iei auch im Osten zu i wird. zeigt cëra = sir'. Jenes Hiat-i war ursprünglich ein voller und eigentlicher Vokal und nicht bloss ein i-Nachklang, wie ein solcher auch beim Infinit. und Particip. mascul. vorkommt. Deshalb ist auch nur die Gruppe iei' = iata als Triphthong aufzufassen, während ieⁱ im Infinit. und Partic. masc. nicht als solcher gelten kann. Jedenfalls ist die Stellung im Hiat für die Entwickelung von i' maassgebend. Man könnte die Richtigkeit dieser Erklärung mit dem Hinweis auf die Möglichkeit bestreiten, dass im Part. fem. ie(c) zu i geworden sei, wie in einem Theil des Gebietes pie zu pi, pier' zu pir' wird. Diesem Einwand wird durch die Thatsache die Spitze abgebrochen, dass das p. f. auf i' auch da vorkommt. wo wie in c³ c⁴ c⁷ c⁹ weder pedem noch bovem noch mensem noch Infinit. und Partip. m. ier. ie monophthongische Gestalt zeigen. Es ist also erwiesen (dieser Punkt ist von wesentlicher Bedeutung). dass das Gebiet. wo -iata zu i' wird, nicht mit dem zusammenfällt, wo ie zu i wird. Da das Francische jenes Hiat-i

nicht kennt, so kennt es auch das P. f. auf i' nicht. Aus dem Gesagten ergiebt sich ferner, dass jene Participia auf -i' erst entstehen konnten, nachdem das *t* der Endung geschwunden war. — Was die Endung -ey' in D (neben Infinit. u. Partic. m. auf -i) betrifft, so darf sie nicht als Vereinfachung von *iei'* aufgefasst werden; sie ist aus i' zu erklären. da nach 72 i' im Hiat in D zu ey' wird; sçsyay' a^1 ist eine analogische Form nach framay'. In hırsyçy' f^1 sehe ich nicht etwa die erhaltene ursprüngliche Form, sondern ebenfalls eine Analogiebildung nach dem p. m. hırsye. Für diese Auffassung spricht nœti' f^1. wo Anbildung kaum möglich war. Mçnyçy' f^1 (auch *ω*) und c'nayçy' (*quenouillée*) *ω* sind nicht so einfach zu beurtheilen, weil hier mouillirtes l und n im Spiele sind, die möglicherweise kein *y* an die folgende Silbe abgegeben haben.

14. Suffix -arium. aria hat überall monophthongische Form, auch da, wo pedem, bovem. mensem und die Infinit. auf *ier* die diphthongische Form behalten — eine Thatsache, die ich nicht erklären kann. Ein masc. -i, fem. -ir' findet sich in A : prçmiɳ, prçmir' $a^1 a^3$: lımir' a^1. lçmir' a^3: pçmi (Apfelbaum) a^3; mınin (Müller) $a^1 a^3$; bläji, boṣi, pusir' a^1; hierzu schlägt sich auch mǫtiɳ (Kirche) $a^1 a^3$. Diese Formen kommen auch noch in einem Theil von B vor, wenigstens notirte ich in b^3 pǫmi, pwçri, tҳçṣi (*clocher*), buläji (daneben prçmi, prçmer'). Ueber $b^1 b^2$ fehlen mir Notizen. In dem übrigen Teil von B, in C und F ist die Grundform -e, f. -er' : preme, prçmer' c^4; pçrme, -er' f^1; mole (Apfelbaum), sel'he (Kirschbaum) c^2; c'mǫte (Apfelbaum). nehe (Nussbaum) c^4 (über die œ̃-Formen prçmœ̃, pemœ, sélҫhœ̃ b^4, minœ̃ (Müller) $b^5 c^9$, c'mǫtœ̃, pworœ̃ c^9 etc. cfr. Anhang I), pǫme $f^2 f^4$, çrver' (*rivière*), nœj'le (Nussbaum), blǫdjç, -er' (Bäcker), mıne (Müller), -er' f^5, prǫme, -er' f^4; Suffix aris kann in F nicht zu Grunde liegen, da es zu a wird, z. B. sǫla (Schuh).

In D und E kommt ebenfalls ein m. -e, f. -er' vor, daneben ist aber, besonders in den Bäumenamen ein masc. -i (wohl aus ie) allgemein üblich : pçrme. -er' $d^4 d^5 d^8$, pçrme, -er' d^3, pçrmeᵢ, -er' e^8, prçmeⁱ. -er' e^1, dçre (der letzte), -ēr' d^{11}, dçreⁱ, -er' e^1; fedjēr' (Rauch) $d^9 d^{11}$. fedjœ̄r' d^9, fedjœ̄r' d^5, femēr' (Rauch) d^8, erver' (*rivière*), b'zer' (Erbsenfeld) e^1, cozēr' (Näherin) $d^3 d^{11}$, cozēr' d^3 $d^9 d^{11}$, cuzēr' *ψ*, lçmēr' $d^3 d^8$. lemēr', filer' (Spinne) d^9, aber filir' d^{23}; mine (Müller) d^8, s. 94, bǫleje (Bäcker), -er' $d^3 d^8$, bǫlidje d^5, bǫlçdje d^{11}. buláje d^{21}. bʉlçdjeⁱ. -eⁱr' e^8; sǫlē (Schuh) $d^7 d^8$, sǫlç d^3 kann auf Suffix -aris beruhen; vgl. 1; pwarmete (Schneider) d^8. pçrmetçⁱ e^2; d'vete (Schürze), tçrmǫlç (Zitterpappel, s. Gloss.) d^2, cole (Halsband). sçrpete d^8, cyıetsç (*clocher*) e^2, cyœtsęⁱ e^4. — Dagegen butṣi (Metzger) d^{11}, busi, f. buṣer' d^2; sali (Salzfass) $d^8 e^4$; nœhi (Nussbaum) d^7, nui $d^2 d^4$: peri (Birnbaum, s. 67) d^2, sel'hi (Kirschbaum) $d^2 d^8$, s'rçhi e^2, mäli (Apfelbaum) d^8 s. Gloss., trõṣi (Haselstaude), haҳli (Weide) d^8; c'mati (Apfelbaum), pwori (Birnbaum)

14 A. Horning.

d²¹, pari c¹; d¹ schlägt sich hier, wie auch in andern Fällen,
zu C : preme, -ẽr, male, selche, pure. In ω hörte ich c'moti,
selchi neben blose (Birnbaum). In e¹ notirte ich neben den oben
erwähnten Formen auf -er, l'mir' und popjr' (*paupière*); in ω etrīji
neben nœj'le (Nussbaum), preme, -er, l'je (leicht), dere, pwere. In
G finden sich i-Formen, deren i in g^3g^4 gegen e hinneigt : pomi g¹
g², pomj g⁴, pwaryi g², pwarie g³, pwarj g⁴, moni (Müller) g¹, munie
g³, f'mi g^1g^3; neben suya (Schuh) g^1g^2 in g² auch suli; s'reji g²:
motie g³ (über mote s. 36), peltir (Nähterin) g³, pusjr g⁴. Cuyi
(Löffel) zeigt die i-Form nicht nur in d³d⁸, sondern auch in b⁴ und
c³c⁴c⁸ neben e- und ω-Formen, s. Gloss. — C'mote^i sagt man in
ν (so auch in Uriménil).

15. Cerasca. Ich fand s'lij a¹, s'rĩh' d²¹, s'lῐχ' d⁸, s'lῐ́h' b⁵,
s'rej' f⁵, s'reh'ω, selej g³.

Gedecktes A.

16. A + r + cons.: A beharrt in der Regel und wird nicht
zu e vor r, wie Haillant erkannt hat, und zwar auch in den Fällen,
wo r jetzt geschwunden ist : salād' d⁵d⁸e¹⁰ω, solad' ψ, soladj' g²
(cfr. Zeitschr. IX 498; salerd' hörte ich seitdem im nördlichen Jura,
in Tavannes und Sonceboz), tắt' (Kuchen) d⁷f⁵, āb' (Baum) ωd¹⁴,
ābr' d⁷f², ārb' g¹g², r'nā (Fuchs) c⁸d²e²e⁸f⁵, r'nȧ ωg¹, tā (spät)
d³e⁸f², lāj' (breit) d³d⁴d⁸, pa (partem) c⁸, pwa d⁴, pwȧ d⁷d¹², po
e¹, barb' b⁵ω, bȧrb' e⁵g¹, bȧrb' e⁴f¹, borb' e¹, hā (frz. *hart*) d⁸
e¹⁰, lȧ (Speck) g¹, 1s. pȧts' (*je pars*) g², cwȧt' (Spielkarte) d⁸, cwot'
f¹ω; ȧɛbr', bȧɛrb' hörte ich in d⁸, ȧɛbr' auch in e², ȧɛrb' g⁴. In a³
a⁴b¹b³b⁴ wird jedoch a + r zu e¹): eb' b⁴, ebe̜r b³, te̜r (spät) a³
a⁴b³b⁴, be̜rb' a³a⁴, bēb' b³, r'ne b³b⁴a⁴, pe̜r (Theil) b⁴; mȧɛr' (frz.
mare) a⁴, me̜χ' a³; ce̜ne (Ente) b³, tse̜ne̜r b⁴; b⁵ hat bab', tār. Diesen
Lautgesetzen folgt carnem nicht überall : sā a¹b⁵—b⁷c⁸c⁹d⁴ω, tsā
e⁴e⁸e¹⁰f², dagegen tsye e¹¹, sȧɛ d⁸b¹, se a³a⁴b³, tse g¹g², tsie g⁴.
In G mag sich aus c ein i entwickelt haben wie in carrus.

17. Meist ist das a auch in folgenden Wörtern gewahrt : gra
(fett) c¹d²¹f¹, grā a¹d¹d³d⁹c⁸, f. grās' b⁵—b⁷d³e¹c⁸; grȧ, f. grȧs'
g¹; grȧɛ, grȧɛs' d⁵, grei. f. grɛs' d²³; grȧɛs' a³a⁴ (und wahrscheinlich
auch in den Orten von B, wo ar + cons. zu e wird); hȧt' te (*hȧte-toi*)
d⁸, pyan' (platanus, Ahorn) e¹⁰; māl' (masculus) c²d³d⁴f⁵ω, mȧɛl'
d⁵ — pāt' (Teig) f⁵c¹d¹d¹⁰ψ, pȧt' c², pȧɛt' d⁴d⁵d⁸d⁹e², pe̜t' d³
e⁸. — 1s. lȧts' (frz. *lâche*) e⁸, lās' c¹c²d²¹ (vgl. Inf. latsi d⁵, lȧtsi
e⁸e⁹, lȧtse f¹, lȧɛsi e²); 1s. tȧs' c² (inf. tatsi e⁸, sich bemühen); pȧc'
(Ostern) d¹², pȧɛc' d⁴; 1s. cās' (ich zerbreche) c¹ (vgl. Inf. case e¹

---

¹) Das Gebiet, wo dieses e sich findet, ist ziemlich ausgedehnt, wie sich
mit Hülfe der Beispiele *tiuinaird*, *tschénèrd*, *tièrpe* bei Adam S. 22. 23 fest-
stellen lässt.

e² e⁸ e⁹ d⁵, case c¹ c⁷, cāsẹ a¹ d²ᵘ). — Ich erwähne hier auch waχva,
f. waχyat' (grünlich) d³ dᵇ, m. waχya. byāṣya. grĭhya d⁷. m. byāṣät'
d³, byāṣā, f. -āt', vaṣā, f. -āt' a¹, norat' m. u. f. e¹ eᵇ : liegt - a s t r u m
zu Grunde, so sind die Formen auf a unorganische Gebilde; vielleicht ist an - a r d o, - a r d a zu denken.

18. A q u a, c a b a l l u s, g a l l u s, f a l l i t. s a l i c e m, c a l-
c e a, t a b u l a, s t a b u l u m, a l t u s. s p a t u l a. c a l i d u s, a l l i u m. —
Ich stelle diese Wörter zusammen. weil sich in denselben überall
derselbe Vokal entwickelt, und zwar o da, wo ala zu ol' wird, und a,
wo ala zu al' wird (vgl. 3) : ov' (aqua) d¹⁵ e¹—e⁴ e⁸ f⁵ vɯ, ọv' g²,
ow' a¹ a³ d²¹, áw' c⁴, aw' b⁴ d¹ d³ d⁵ d⁷ dᵇ. av' g¹; djo (gallus) e² e⁸
e¹⁰ f⁵. jo e¹ e³, djá d⁹. jā d¹ ψ, já c¹ d³ d¹², ja c³ c⁷ c⁸ d⁷; fo (falcem)
f¹ f², fā d⁸ d¹² ; fo (fallit) e⁸ e¹⁰ f⁵ g², fa b⁵ c¹ c² d³ d⁶ g¹ g³ ; ho e⁹, há
d⁷, ha d¹ ; tṣwo (caballus) e⁸ e⁹ f², tṣ'vo g², ṣwo d²¹. ṣ'fo a¹. ṣ'wā
b⁴ c³ c⁹ ψ; 1s. χof' (ich heize) a³, χäf' b⁷ c⁷; tōv' (tabula) a¹ d¹⁵
e¹ e⁸ ɯ f⁴ f⁵, táv' d⁵, tāv' ψ b⁵ d⁸ d¹², tăby' g¹ ; stoy' (stabulum) d¹⁵
e¹, ṣtōy' d²¹ e⁸, χtäy' d³ ¹): sos' (salicem) e⁸, säs' dᵇ; tṣās' (Hose)
d⁹ ; dyāl' (diabolus) d³; o (diz, plur.. allium) a¹, a (diz) d³ d⁷ ;
epāl' (Schulter) b⁵ c⁷, çχpōl' f¹ ɯ, spol' e¹; tṣo (calidus) f⁴. tṣā g⁴,
ṣā d³; mẹrṣo (Hufschmied) a¹ e¹; imp. sov' (salva) e¹; gāṣ' (links)
c⁸ d⁶ d⁷; fyov' (fabula) f¹ ɯ, bōl' (Kugel) e¹, jän' (gelb) d², djọn' e⁸. —
In āc', ēc' (aliquid) muss das l früh geschwunden sein. da der Vokal
wie a + y behandelt wird, vgl. 9 und 173.

19. F a b r i c a, P a r a b o l a. Das erste Wort wird zu fwodj'
d⁵ f¹, fwoj' d³, im zweiten theilt a + b die Schicksale von ọ in
c o l l u m, f o s s a und von a u (vgl. 88. 124) : pwẹrol' f⁴. parōl' e⁸,
parœl' e¹ e².

20. a wird zu ẹ : 1) im Suffix - a t i c u m : sovẹj' ɯ, sāvẹs' d³,
sọvẹdj' f¹, vilẹdj' e⁹, frẹmẹdj' e², fromẹṣ' a¹ v. fẹrmẹj' d³, orẹṣ' a¹.
2) vor t t und t + c o n s : pẹt' (fr. patte) e⁵. rẹt' (Maus) b⁵ (s. Gloss.),
tṣẹt' (Katze) e⁸, ṣẹt' d⁸, tṣẹ g⁴. cwẹt' (quattuor) d²¹. cẹtr' g³, bẹt'
(battre) d⁶ ɯ. lẹtr' (fr. latte) d⁸. 3) vor p p : sẹp' m. (Tanne, s.
Gloss.), drẹ (Tuch) d³. 4) vor einem s - L a u t : gρẹs' (Eis) c⁴ d⁸ ψ,
dρẹs' e⁸. brẹ (bracchium) a¹ e⁸ ɯ, pρẹs' (platea) e⁸. bẹ (niedrig) e⁸,
f. bẹs' f² g¹. m. u. f. bẹχ c¹, fem. bẹχ c⁸ ; fẹs' (Gesicht), m'nẹs'
(Drohung) a¹. 5) vor einem P a l a t a l : vẹtṣ' (vacca) d⁵ e⁸, vẹs' d³ d⁴
e³ ; sẹtṣ' (Sack) e⁸ s. 133. hẹṣ' (Axt) d² d⁸ : rẹj' (Wuth) ɯ, cẹj'
(Käfig) ɯ, grẹṣ' subst. (Fett) b⁷ f² g³ g⁴ oder grẹχ' d³ dᵇ e¹. 6) einzeln
zu erwähnen ist malẹd' c⁷ d¹. Abweichend sagt man cwät' (quattuor)
f¹. In g¹ und g² findet man a-Formen in : mälăd' g², vătṣ' (vacca),
sā (Sack) g¹ g², săp' (Tanne), χäm' (flamma), yas' (Eis) g¹. doch f.
bẹs' (bassus) g¹, bēs' g². Dagegen vẹtṣ' g³, yẹs', χẹm' g³ g⁴. brê g³,
brẹ, malẹd' g⁴ ²).

¹) Tāl', χtäl' in f¹ weichen ab; vgl. 182.
²) Zu Gunsten der Annahme, dass dieses ẹ nicht aus a + sekundärem
y entstanden ist, sondern der folgenden kurzen Konsonanz seinen Ursprung

16 A. Horning.

21. a + n + Palatal. Die Grundform ist ī: pyīṣ' (Brett) c⁴
c⁹ d¹ d⁵, pyīts' d⁵ e² g³, hīṣ' (Hüfte) a¹ b⁷ c⁹ (abweichend hāts' g³),
hīts' d⁵, grīs' (Scheune) a¹ c⁹, grī̜' ᷙ f¹. mīj' (Aermel) e¹, mīṣ' (Stiel)
d¹, 1s. mīj' (ich esse) d¹ d², 2s. mīdj' g², etrīj' (fremd) d³ d⁸. Oft
hört man bloss vok. + ŋ oder den rein oralen Vokal : mej' (er isst)
c³, pyeṣ' c³ d³ d²¹. pyeŋṣ' c², 1 s. meṣ' d³, etrej' c⁴, etredj' e⁸. In
e⁸ klingt i nach in heᷙts', pyeᷙts'. Hier schliesst sich cannabis
an, dessen ann unter dem Einfluss eines aus c entwickelten i (vgl.
carrus 7 und carnem 16) ebenfalls zu ī wird : ṣîm' d¹⁰, ṣîb' e¹ (vgl.
185). Plangere giebt pyàz' d³ d⁴, pyīs' c², pyīt' b⁵, pyäd' e¹ ᷙ,
vgl. 214. Durch Angleichung an das Mascul. byä lautet das Femin.
immer byäṣ' b⁷ c⁴ d²¹ d²², byäṣ' d³, byäts' g¹. Umgekehrt scheint
m. ṣtī (müde, it. stanco), durch das f. ṣtīts' beeinflusst zu sein; das
Wort hörte ich nur in e¹⁰.

22. a + n, m + nicht Palatal giebt ä, resp. ậ : çfä e³, efä
d²¹ (s. 68); jàb' (Bein) d²¹, tṣ̂ab' (camera) e⁸, s. 176; byä (weiss) b⁶ b⁷
d²¹; gyä (Eichel) d¹², sä (Blut) a¹ d¹² e¹, grä ᷙ, pyät' (Pflanze) d¹²
e³ f¹ ψ, späd' (expandere) e¹. Nur in g³ g⁴ entsteht auch hier ī :
degọtī (dégoutant), bī (Bank) g⁴, djīb' g³ g⁴ (vgl. in unbetonter Silbe
tṣîtç singen. 2s. Conj. tṣîtés', tṣîtẹro ich würde singen g⁴, tṣîtṛ Sänger).
Dagegen tṣä (campus) g¹ g², tṣäbr', bä, äfä g¹.
Mamma wird in a¹ zu mẽm' (Euter).

Unbetontes A.

23. A im Hiat. Nach einem der wichtigsten Lautgesetze des
Ostens ist unbetontes a, das im Hiat steht oder nach francischen
Lautgesetzen im Hiat stehen würde, dem Ausfall nicht unterworfen.
Im Herbst 1886 habe ich dasselbe noch für den nördlichen Jura
festgestellt : meyœ̃, f. meyœ̃r' d⁴ (maturus, vgl. 113), saᵥ, sayṛ (sabucus,
Holunder vgl. 113), rẹi fem. Rettich (radicem) d¹ und daraus rẹy a¹
(rai e¹⁰ s. 194). taọ (*tabonem, Bremse) d¹ (neben tọvõ ψ). treyiŋ
a¹ (in der Bedeutung être en train de faire), fçyīn' (fagina, faine)
c⁷ d³. fayẹy' d¹². fçyõn' a¹; au (august) a¹ ¹); χçyœr' (Stuhl, das
freilich cathedra nicht genau wiederzugeben scheint; s. Gloss. u.
32) d⁴: ṣīr' (cathedra) a¹ a³ bedarf einer besonderen Erklärung. Eine
Ausnahme ist so (satullus, trunken) a¹ f¹, üblicher ist sulõ (Trunken-
bold) e¹. In fyᷙtç d¹¹, frtç (afr. flauter s. Gloss. u. Zeitschr. IX

verdankt, spricht 1) der Umstand, dass das a, das sich vor r + Cons. nicht zu
ç entwickelt, meist lang gesprochen wird, ebenso grä, gräs'; 2) dass a + y
aus lat. c(y) in einem Theil des Gebietes, in dem jenes ç entsteht, zu a wird.
Dagegen liessen sich zu Gunsten der Annahme einer Entwickelung eines
sekundären i parallele Erscheinungen bei andern gedeckten Vokalen anführen.
¹) Zum Wallonischen vgl. Zeitschr. IX 482. Ein weiteres Beispiel ist
sayī (sagimen, Schmalz), wie mir Herr Dumont aus Huy bestätigt. In Lothringen scheint die lautgerechte Form nicht mehr vorzukommen; ich hörte
oft in D sẹ du; vgl. Gloss. v. gọt' und rẹ.

504) war der Ausfall des *a* wohl durch die Häufung der Vokale in
*fiaγϵte bedingt: in fγϵf'te ψ, fγϵvϵte c⁷ hielt sich das *a*, weil *u*
konsonantirte. Ueber die Particip. ϵvϵ, sϵvϵ (habere, sapere) und
die Inf. sœr (cadere), tsϵr, die durch die 1s. sœ. sϵ beeinflusst sind,
vgl. 214.

24. Nach anlautendem *c* wird *a* vor einfachem Konsonant nicht
zu dumpfem ϵ wie im Francischen : tsϵvey' (Kuöchel) e⁸ f⁵, tsϵvey'
c⁷ e⁵ e⁷ f¹ f⁴, tsϵvϵy' d¹⁵, sϵvey' c¹ c² c⁷ c⁵ d¹ d⁴ d⁸. sevey' d³ ; tsϵmi e⁸,
tsϵmiη f¹, sϵmiη a¹ c² c⁴ d¹ d⁸. sϵmĩ d¹², sϵmĩ c⁷ c⁸ ; tsavu (capillus)
e⁸, vgl. 62 ; salu b⁵ d³ d²¹, salu c² c⁹ d⁷, tsϵ̃lu f⁴, tsϵlu f⁵, tsalu g⁴ (vgl.
noch 98); sevri (capreolus) d² d³, sϵvrϵ d⁷ (vgl. noch 184); seva (chevet)
d³ d²³, tsϵva e¹⁰ ; seminay' d¹², sϵm'nay' d³. Ausnahmen sind: tsϵvirϵ
(capreolus) e⁸, tsϵvrϵ d⁵ ; s'mĩ b⁵ b⁷ (vgl. 73), s'miη b⁴ b⁶, s'mi d²³ ;
s'fey' a¹, sϵvœy' a³, s'vœy' d²¹, s'vey' b⁵ ψ; tsϵm'nay' f⁵, s'minay'
d²³ ; Imper. tsϵmϵ́n' (chemine) g², tsϵmiη g⁴, ts'vey', ts'miη g³. Vielleicht hat das Gesetz für G keine Geltung. In caballus wird das
a überall synkopirt, vgl. 18, ebenso in s'mĩγ', s'mϵγ' (vgl. 75); sϵmĩγ'
nur in c⁷ d¹, s'mĩhăt' (Männerjacke) d², sϵm'hăt' d⁷; desgleichen in
den Vertretern von canicula, Raupe s. 75. Ueber a in gallina
s. 141. 142.

25. a + r : a + r + Vok. : pwarã (Eltern) d¹² f², pwarϵ d⁵
f¹ f⁴, pwaray (ähnlich) f¹, parat' (Schwiegervater) f⁵; pwϵrol' (Wort)
f⁴ s. 19; fϵrϵn' (farina) a¹ s. 74; mϵriϵ Inf. (heirathen) e⁴ s. 207 I a. —
a + r + Kons. : über carruca s. 114; sϵhi (charger) c¹ c², sϵhyœ
c⁷, sϵhyœ c⁹, sϵji e¹, sϵji d²¹ ω, sahye c⁴, saji d⁸ d¹², tsaji e⁸, tsϵje
f¹. Die beiden letzten Beispiele, ebenso wie tsϵrϵ f¹ f² und gϵsõ
(garçon), mϵte (Hammer) a¹, beweisen, dass unbetontes a vor r auch
da zu ϵ wird. wo betontes a vor r a, resp. o giebt. Vgl. noch in
f¹ djϵdiη (Garten), hϵdi (hardi). Meist jedoch herrscht avor : wadϵ
(guarder) e⁸ s. 188; tsarbϵ (Kohle) d⁵ d⁹, sarbϵ d⁸; martsϵ (gehen)
f⁵; jadiη d²; jodiη. sadõ d⁷; sϵdõ c⁹; mϵteⁱ a³; über die Wörter
auf rd und rt vgl. auch noch 166; gaγϵη c⁴, gaγõ b⁵ c⁸, gϵγõ c⁹;
pãle (sprechen) a⁷, palϵ c² e⁸, pwale d⁸, pwöla f¹; fadeⁱ (Last, fardeau)
e¹⁰ ; pwasi (par ici) g², paγi e², poγi ϵ ; mϵrsϵ (Schmied) a¹ e¹. Ueber
hϵne (Wäsche = frz. harnais) c¹ s. Gloss.

26. a + l : a vor l + Vokal und a + ll + Vokal geht meist
nicht in ϵ über : salad' s. 16, tsalu (calorem) s. 24, malϵv' s. Gloss.;
malϵd' c⁷ d¹ g⁴, mãlăd' g², malϵdey' s. 72 ; sala (salzen) f¹, sϵle c⁷;
mali (Apfelbaum) e⁸ s. Gloss.: vola (valet) e⁸, vϵla ω, vãla a¹ d³ d¹²,
vãlϵ c⁹; valăy' (Thal) d¹², d'valϵ (herabsteigen) e⁸, devolϵ c⁹; mo-
lϵpri (malappris) e⁸; Inf. alϵ d⁴ s. 214; Imperf. alay' (ich ging)
e⁸; djale (Hähnchen) f¹, jale d⁸ (über gallina s. 141. 142); ϵleⁱn'
(Atem) e⁸, neben alϵn' d⁷. s. 27. Ausnahmen sind : ϵl'mϵ (anzünden)
d³. ϵl'mŏt' (allumette) ψ und das zusammengesetzte cecinϵ (quelqu'un)
a¹ d³ d⁵, cicin f¹, cicic, f. cicϵn' d¹², cϵcinϵ c¹, cecĩc b⁷. — a vor
l + Kons. wird zu a oder o : γafi (wärmen) b³ d³ d⁸, γafyœ c⁷, sofye

f² f⁴, χofye ω; tşose (chausscr) f², şosye f¹, şosat' a³; ȧsi (aussi) c⁶; sat'rçl' (Heuschrecke), favat' d⁹; savç (retten), sotç (springen) d¹², sota f¹; χadç (excalidare) d⁸, eşoda f⁵; sọvçdj' f¹, sävçş᾿ d²—d⁴ (was doch wohl auf salvaticus führt). An einem und demselben Ort ist die Lautfärbung in der Regel, doch nicht immer, dieselbe für betonten und unbetonten Vokal : vgl. f¹ so (Salz) neben sala, djale neben fo (falcem); fare (il faudra) e⁸ neben fo (fallit), auch sọle (salzen) c⁷, fore (il faudra) c².

27. a + v (p b) : soviro (sabulonem) e⁸, savrö ω; bramọ (viel) d³; pavyö (Schmetterling) d¹²; lçva (waschen) f⁵, P. f. lçvay'; lavç d² d¹², lava ω, lǣv'ras' (Wäscherin) d⁵ d⁸; über avena s. 57. Die Inf. habere, sapere haben immer a : avu, savu e⁸; awor, sawor c², die Participien aber çvv, sçvv s. 214. Ueber fyçvc (flabellum) und fyçvēr' (Farrenkraut) d⁸ s. Gloss.. über çvọ. avo 79, über ca + v 24; dazu tọvö (Bremse) ψ, tawọ d⁵.

28. Ausser den erwähnten Fällen findet sich a : 1) vor ʰi (= frz. is + Vokal) : mȧhọ (Haus) d³, mwȧhọɴ d⁵ d¹⁹ d²⁰, mȧjö g¹. maʰhö b⁶ c⁸, mojö a¹, maʰhọɴ c¹ c², mojọ c⁸ e⁹, mwọhö f¹, mwojö f⁵, mwojọɴ' f², moʰhöɴ e¹ ω ¹). Die Vertheiluug der a- und o-Formen gestaltet sich wie die der a- und o-Formen von aqua s. 18. Ferner raʰhọ (rationem) d³, roʰhö f¹ ω, rojö f², rajö a¹, rçhö nur c²; soʰhö (sationem) f¹ ω, sajö a¹, sọhọɴ e¹; bajyç (küssen) a¹, baʰhi d⁷; rçpajyç (r + apaiscr) a¹; laʰhad' (Eidechse) f¹ ω : dagegen çʰhi (aisé) d³, pyçʰhi (placere) e¹ ω.

2) Die einzelnen bacọ (Speck) e⁸; batyi (laufen) d³; batọ (Stock) d⁸, bọtö ω, botö f¹; Inf. batyi (bauen) d³ d⁸, 1s. bati e⁸, Part. f. bȧti' c⁴, P. m. bǣti b¹, P. f. bçti' b³, 1pl. bçtşọɴ b⁴; masö (Maurer) d³ b⁵ ω, mọsö e¹; fȧşi (fȧché) d³ c², foşi d²¹, fwaşi d⁸; Inf. casç e¹, cçse¹ a³ b⁴, cǣsç b³; Inf. lȧtşi (lȧchcr), tatşi e⁸ s. 17; mwaşti (masticare) d⁸; vgl. 207 Iᵃ.

3) cyowe (nageln) d⁸; zu cyawç a¹ vgl. Anhang II; über nue (natalis) s. 3.

4) o findet sich in einer Reihe von Worten, die französisch oder doch durch das Französische beeinflusst zu sein scheinen : nosyö (nation) f¹, opeti a¹, s'omvzyç (s'amuser), cozi (quasi) a¹; cọbọrç (cabaret) e¹, tọbọc (tabac) e¹. Ich reihe hier pọpa, mọmä d³, pọpọ g² an.

29. Ausser den schon genannten Wörtern findet ein Uebergang des a in e statt in : çbçχi (abaisscr) c¹ e¹, bçsyç a¹; çgrçχi (engraisscr) e¹, çgreşi e⁸, grçşyç a¹; lçχi (lassen) c²; fçχọt' (Windeln, fascia) d⁷, çχi (Achse) s. 75; şçsyç (captiare), pçsç (vergehen), älçsyç (cnlaccr) a¹; mçtiɴ (Morgen) a³ ω, sçpiɴ (Tanne) ω, çmi (amicus) d⁴ d⁸; çsç (genug) e⁴, çsa f²; çχœr (assedere) d⁴, rçzœ (Rasirmesser) d¹², pçcɪ (Weide) çputç d⁴, (bringen); çse (Stahl), çnye (Lamm) f¹; çnœ

---

¹) Das von mir irrthümlich gegebene moʰhon (Lat. C S. 52) beruht auf einem Lesefehler.

(heute, ad noctem) f¹, ǫnœⁱ e⁸; m'nçsi (drohen) d²¹; ʂʂpe (Hut) d⁴, tʂʂpe f²f⁵; çwœy' (Nadel) s. 116; trǫvǫyi (arbeiten) d³d⁴; pǫi (bezahlen) e¹; l'mesõ (Schnecke) ω, lemǫsõ f¹; ʂçciɳ (jeder) a¹, ǫpre (nach) f¹, çbi (Kleid) d⁴e⁸f⁴; bǫyi (geben, *bailler*) d¹²d²¹; ǫsyet' (Teller) d²¹; çʂ'tç (kaufen); rǫsin'; 1s. ǫpœrtʂ' (*j'approche*); 1s. ǫʂʋr' (ich versichere) e⁸; cǫtoχ' (vierzehn) d³; çdusye (versüssen) f¹. Vereinzelte a-Formen fand ich in ωf¹ und G : egraχe, trǫwaye f¹; ǫgraχi, çtaʂi (*attacher*) ω, asa (genug) f¹; atǫd' (warten) ω; sapǫɳ g⁴, ãbrasi g³, aprǫ g², aʂœ (Imper. *assieds*), tʂapǫ g¹. — Auf a + y beruht der tonlose Vokal in vǫrăt' (Kuhname, varius) d⁵; lǫse (Milch, lacticellum) d⁵, lǫseⁱ e⁸e⁹, lãseⁱ c⁷, lăsǭ g¹; trçt'la (Trichter, *tractellittum) d⁵, trat'lǫ ψ, trǫtœⁱ (tractorium) e¹⁰. — Ausfall des a liegt vor in χ'me d⁶ (sofern das Etymon r a m e l l u s richtig ist) und in r'te (rastellum, Rechen) d³d⁴d⁶, dagegen rçʂteⁱ e⁸e⁹; rǫteⁱ bedeutet in d⁸ Krippe.

30. a + n + K o n s. : onay' (Jahr) d⁸, ǫnay' d⁴, ãnay' d¹²e¹ω, ǫnay' a¹e⁸, uney' ψ, anoy' f¹. Panǫ (von pannus, kehren) g⁴, pana f⁵; ʂãɳsǫɳ (cantionem) c¹; ʂátcy' (cantabam) d⁴. — a + n + P a l a t a l giebt dasselbe Ergebniss wie betontes a + P a l a t a l : mīji c²d⁸ω, mīdji d²⁰, menji c⁴, mījç a¹, miɳdji e⁹, mindje f¹, miji b⁶, 2s. Konj. mīdjǫ̣s' g³, mīj're (1s. Fut.) d⁴; ʂīji ωc²d³, ʂījǫ a¹. Diese Fälle sind nicht beweisend, da ī aus der Tonsilbe übertragen sein kann; etrīji ωe¹, etrīdje f¹ kann durch etrīj' beeinflusst sein; vgl. noch pyád' (plangere) s. 214. — Ueber ī vor nicht-Palatal in g²g³ vgl. 22.

E (betontes) = ǫ.

31. Ueber freies ǫ vergleiche auch die Einleitung. — Der Diphthong ist durchweg erhalten in A C F ω ν ψ : pyǫ (pedem) a¹, pye f¹f²f⁵ωψ; fʂe (ferus) f¹ω; pyǫ̆r' (petra) f¹f⁵ω, pyer' a³, pyĕr' ψ; fyǫ̆v' (febris) f¹; mye (Honig) ψ; lyev' (lepus) f²f⁵. Vereinzelte œ-Laute finden sich in lyœv' (lepus) ψ, lyœf' a¹, pyœ, fyœ̆χ (ferus, bitter), fyœ̆l (Galle) a³. An die Stelle der e-Laute, welche in c¹—c⁴ erhalten sind, treten in dem übrigen Theil von C regelmässig œ-Laute : pye, pyǫ̆r', lyǫ̆r', fyǫ̆v' c⁴, dagegen pyœ̆, pyœ̆r' c⁷ (vgl. Anhang I). In B E G ist der Monophthong durchgeführt : pi (Fuss); fīχ (ferus, Galle) b⁵, fīχ e¹; mī (Honig) e¹e¹⁰; līv' (Hase) e¹e²e⁸, līvr' g¹g²: pīr' b⁵e¹e²e¹⁰g¹g³g⁴; fīf' b⁶b⁷, fīv' e¹e⁸; in fiǫvr' g³, yiǫ (heri) g⁴ ist ǫ ein Nachklang, der in jenen Orten beinahe auf jeden Vokal folgen kann; an eine Zurückziehung des Accentes auf das erste Element des Diphthongen ie ist hier nicht zu denken¹).

---

¹) Ich glaube überhaupt nicht, dass der Wandel von ie zu i sich durch Zurückziehung des Accentes auf das i erklärt, sondern vielmehr durch Assimilation des e an das i. Wäre die erste Erklärung die richtige, so würde man auch erwarten, dass biœ zunächst zu bi geworden wäre, s. 80 Anm. Ein vereinzeltes rǫbrǫsyi (r + *embrasser*), das sich nur aus rǫbrǫsye erklärt,

In D finden wir in einer Reihe von Wörtern den Diphthongen, in einer andern den Monophthongen. Auch hier wechseln, jedoch nicht nach erkennbarer Regel, œ-Laute mit den e-Lauten. Diphthongische Form liegt vor in : pyĕr' d¹ d² d¹¹ d²¹, pyĕr' d⁷ d¹⁰ d¹² d¹⁹ d²², pyŭr' d⁵ d⁸; lyœv' d⁹, lyŭv' d¹⁰ d¹², lyŭv' d¹⁹ d²², lyĕr' d¹; fyĕv' d³ d²¹, fyœv' d¹²; fyŭχ (bitter, ferus) d⁸; myc (Honig) d² d³ d⁷ d¹⁰, myœ d⁶, myŭ d⁵ d⁸ — monophthongische in pi (überall) und vi (vetus) d³ d⁵ d⁸. Es ist wahrscheinlich, dass sich der Diphthong in geschlossener Silbe hielt. während er in offener schwand; man erinnere sich, dass die Infinitivendung ie in D ausnahmslos zu i wird [1]). Als Ausnahme bedarf dann myc einer besonderen Erklärung. Das l könnte erst nach Eintritt der Monophthongirung geschwunden sein. Bemerkenswerth ist, dass man in d¹² mi sagt, in d²³ myel. — μ bildet zwischen C D ψ eine Enklave, in der der Monophthong vollständig durchgedrungen ist : mi, pi, pir', vgl. Einleitung.

32. Besondere Fälle. Vetus wird, wie gesagt, in D regelmässig zu vi; d¹, das vye hat, schlägt sich, wie oft, zu C. Regelrechtes vye haben f¹ ψ ω, vyę a¹, vi e¹ e¹⁰. Vŏy' lautet das Femin. d¹ d³ d⁵ d⁸ e¹ f¹ ψ ω, vęy˙ e¹⁰, das sich aus vetula-vecla erklärt; vyey' a¹ ist an das Maskul. angebildet. șir' a¹ a³ (cathedra) bedarf einer besonderen Erklärung; in χayœr' b³ e⁵, șeyœr' b⁷ scheint Suffix -oria vorzuliegen, s. 101. — Die 3s. levat (frz. lèvc) ist lœv' d⁹. lęv' d⁵ d¹² e⁸ e¹⁰, lœf' a³ (vgl. 1s. jęt˙ werfe a¹ d¹²), daraus lev' d³; crepat crăv' d³ d⁵ d⁶ d⁸ d¹² e⁸, crăf' a³. crœf' a¹; i jal' (gelat) d³ d⁶, djăl' e¹⁰, jŏl' e⁷ cfr. 44. Per wird zu pa e⁸, pwa f¹, połę (par là) c⁹, tǫ pwa mi (allein, tout par moi) ω, tǫ pwar mi c⁶, pa mi e¹, s. Gloss. v. pwa. — Ego wird zu je d² d⁴ d⁸ ω; dje d⁵, dję e² e⁴ e⁸ e¹⁰, daraus je e¹, dagegen zu i (auch vor Vokalen i a = habeo f⁵) in ω F und G. Aus der Grundform *ęo konnte je durch Konsonantirung des i von ie, i aber durch Reducirung des Diphthongs hervorgehen.

33. e im Hiat. In deus, wo e im Hiat steht. wird dieser Hiat nach lothringischer Weise durch Einfügung eines i(y) getilgt; so entsteht dęy, wo man Diphthongirung des e, die in dieser Stellung lothringisch in der Regel unterbleibt. nicht erwarten darf. Das in Jouve's Noels so häufige dęy hörte ich nur noch in den bereits veralteten Formeln dŭ dęy (donet deus . .) e¹⁰ ω. dęy vǫ gar' (behüt' euch Gott), ę dęy vǫ c'mä (Gott befohlen) e¹⁰ und in podyęy (par dieu) e¹, wo dy = rd ist, vgl. 166. Ueber de s. 80; dye d³ ist

hörte ich in d³. Wie erklärt es sich, dass in einem und demselben Ort pier' zu pir', vermis aber zu vyę, nicht vi wird? Ich glaube, dass das e von pier' (in ursprünglich offener Silbe) sich nach i hin bewegte, das von vermis (in ursprünglich geschlossener Silbe) nach ę, a hin (in manchen Orten wird es ja zu ya). Einer besonderen Erklärung bedürfen die diphthongirten Formen in e⁴, s. 37.
[1]) Ueber eine ähnliche Erscheinung bei ŏ und ĕ vgl. 47. 78.

aus dem franz. *dieu* entstanden. Aehnlich erklären sich die Pronomina, die in absoluter Stellung dem lat. m e u s, m e a entsprechen:
masc. mey d⁷ d⁸ d¹² f¹, fem. mey' d⁷ d¹² f¹, m. u. f. me e⁸ e¹⁰. ¹)
34. e + N a s a l. Hierher gehören auch r e m (nichts) und fçm u s (Mist), das überall wie b e n e behandelt wird : fyę, byę f¹ ω,
tyę (tenet), vyę (veni) f¹, bye c⁴, byīɳ, fyīɳ c⁹, fyī ψ; byī a¹ ψ f⁵;
fē e¹ e⁸ e¹⁰, be e¹ e³ e⁸ e¹⁰, rę c¹; biɳ, fiɳ d¹ d⁸, viɳ (venis) d⁸, bi
fiɳ d⁶. fi d⁵ d⁷, vi (veni) d² d³, ri d² d⁸ d²¹; bęy, fęy, ręy d¹² (nach
74); bī g¹ g², vī (veni) g¹, rī und rā g²; rǫ (rem) f¹ ω erklärt sich
durch die Annahme, dass es die im Satze vor konsonantischem Anlaut entwickelte Form ist (cfr. vǫ ventus).
35. ę + y. i-Formen finden sich nur in A; sie sind ein charakteristisches Merkmal des Metzischen : lī (lectus), d'mi, χïχ a² a³, dïχ
(decem) a³, dīş a¹, şīş (sex), pri (pretium) a¹. ²) S e q u e r e wird hier
zu χır̀ a² a³, şır̀ a¹. Von B—G ist die Grundform e, resp. eⁱ : pe
(pectus) c⁴, pe (pejus) g², prĕ (pretium) c⁴ d¹² f¹ ω; pri c⁷ und sonst
oft ist französisch; leⁱ (lectus) d¹² e⁸, lęⁱ e¹, lĕ d¹, lē d⁵ d²¹, le d² ω,
lę g¹ g² g⁴; seⁱr̀ (sequere), 1s. seⁱ e⁸; ser', Part. se d⁴, s. 214; masc.
u. fem. īter' d⁶ d⁸, çter' d³ e⁷ e¹⁰; masc. ätyęr' d⁴ und fem. ätyęr' f¹
sind francische Formen; deⁱj' (decem) e⁸, dęⁱχ e¹, dēχ d⁵ d⁹ d²¹, dēş
g³, dęş g⁴; d'me (halb) d⁸ d²¹ c², f. d'mey' ω f¹ f², dęmę g¹; şęⁱ (sex)
e⁸, χeⁱ f¹, χēχ c⁴, şĕş c³, χe ω d⁸, χē d⁹, şe g³, şę g⁴; f. sey' (Sichel, Verbalsubstantiv von sei = secare) c¹ d¹²; 1s. pręχ (pretio, ich liebe) ω,
teχ (texere, weben) e¹, leⁱr̀ (legere) e⁸, vgl. 214. ³) In B und c⁵
bis c⁹ liegen ω-Laute vor : lœ̄, dęmœ̆, pœ̆ (pectus) c⁷, χœ̄χ (sex),
doch immer dēχ (decem): Genaueres s. Anhang I; şœⁱ (sex, ob Angleichung an œⁱt?) auch e¹⁰. — Ueber das Metzische i vgl. noch This S. 30.
36. B e s o n d e r e F ä l l e. M o n a s t ĕ r i u m gibt mǫtiɳ a¹ a³,
mǫte d¹ d²¹ ψ, mǫteⁱ d¹², mote c⁴ d¹¹, mǫtœ c⁹. Dem französischen
pièce entspricht pęs' d² e¹ f¹ ω, pyœ̆s' c⁹, pœ̆s' d⁸ e¹⁰; m e l i u s mœ b⁵
d⁴ d⁸ d¹² f¹ ω, me (aus mœ) d³ e¹, myǫ̈ a¹. N e c . . nec (*ni . . ni*)
lautet in f¹ ne ne; nis' bedeutet einfältig e¹ ω, *susceptible* c⁹ e⁸; geht
es auf n e s c i u s zurück, so ist auffällig erstens i statt e, zweitens die
Verwendung der weiblichen Form auch für das Maskulinum, was im

---

¹) So habe ich Zeitschr. IX 507 das altostfranz. *meie* gedeutet, dessen
i sich nur als Hiat-*i* auffassen lässt.

²) Diese i-Formen sind wahrscheinlich dem Francischen entnommen und
nicht die ursprünglich Metzischen. Dafür spricht die Thatsache, dass
e(i)-Formen in altmetzischen Texten vorkommen und dass das weibl. absolut.
Pron. ley z. B. in a¹ erhalten ist. Da in ley ey = ę + y ist, so hätte bei
lautgerechter Entwickelung zu i, li daraus werden müssen wie im Francischen.

³) Dass ę + y zunächst überall zu iei wurde, wie Cloetta (Poème moral)
meint, scheint mir unrichtig. Wäre dies im Osten der Fall gewesen, so hätte
dieses iei zu i werden müssen, wie c e r a (durch cieira) zu sir' und Part. fem.
i a t a (durch iei') zu i' geworden sind. — Die oben für dęy (deus) und męy
(meus) gegebene Erklärung setzt voraus, dass jenes Hiat-y sehr alt ist, ja älter
als die Diphthongirung von ę zu ie.

Lothringischen kaum vorkommt; endlich erwartet man, dass s c i zu
χ geworden wäre.

Im Hiat wird ę + y zu -ey' : 1s. sey' (von secare, ich ernte)
d¹ d⁶, Subst. f. sey' Sichel c¹ d¹². Die 1s. çrnoy' (renego), 1s.
noy' (neco) c⁴, r'nǫy', nǫy' ψ, nảy', r'nay' d¹² sind nach Analogie der
endungsbetonten Formen umgebildet, vgl. 42.

Gedecktes ç.

37. ç + r + Kons. Diphthongirung kommt in einem Theil
des Gebietes vor, und zwar in demselben, in dem auch ǫ vor r +
Kons. diphthongirt, also in C, D, F, e⁷—e¹¹, d. h. in dem östlich
von dem Vogesenkamm gelegenen Theil von E; ausserdem in ψ
und ω : fyç (ferrum) c⁴—c⁶ d¹ d⁹ ψ, fyç̌ f⁵, fyȩ̄ f²; tyę̌r' (terra) d¹,
tyçr' c⁹ f¹ f² f⁵, tşę̌r' c⁶—c⁸, tşȩ̂r' c⁵; yę̌b' (herba) c³ c⁶, yerb' e⁸,
yçrb' d³, yȩ̄rb' f¹ f⁴; lãtyę̌n' c³ c⁹ d³ d⁸ d⁹, lãtşę̌n' c⁶ c⁷, lãtşę̌n' c⁵;
lãteʰn' e⁸ weicht ab; vyeχ (vermis) c⁴ c⁸, vyeχ c⁶ c⁷, vyę d⁹ e⁹ e¹⁰
f² f⁵ ψ; myel' (merula) c⁴; cęvyeş' (Deckel) e⁸, cevyeχ' d³ d⁵; pyed'
(perdere), dęvyçr (öffnen, vgl. 214 v. ouvrir), çvye (Winter) d³; nye
(nervus), sye (cervus) e⁸; nęrf d² d⁸ c², sçrf (cervus) d² c² f² sind
französirte Formen; lyeχ ęrpicem¹) d², lyeχt d⁴; eş' ω f⁵ weicht
ab. In dem grössten Theil von D tritt a an die Stelle von c:
diesen Lautwandel habe ich festgestellt für d⁴ d⁵ d¹⁰ d¹² d¹⁵ d¹⁸ d²¹,
ausserdem für ω : vyā, tyar' überall; cęvyaχ' d²¹; fya, pyad' (perdere),
1s. pya, r'vyaχi (renverser), çvya (Winter), dęvyar, Part. dęvya, f.
dęvyat' d¹²; lãtyan' d⁴ d⁵ d¹⁰; evya (Winter), fya, pyad' ω. In d²
d³, wo c-Formen üblich sind, sagt man doch c'ma tyar' (Kartoffel);
letzteres hörte ich auch in d⁸ aus dem Mund einer Frau, die vyę,
fyç, lyçrb', ĩvye, lãtyęn' sprach. Ein anderer Gewährsmann in d⁸
sagte yçrb' und yarb', tyar', pyad' (perdere), 1s. pya, neben vyę,
fyç, lãtyę̌n', çrvyeχi (renversé). Das altfrz. bers (Wiege) lautet byœ
d⁷ d⁸, bye d² d³, erpicem lyœ̌χ d⁸.

Die Diphthongirung findet sich nicht in A, B (doch fehlen mir
Notizen über b¹ b²) und G : tẽr' a¹ b⁴ b⁶ b⁷; fe a¹, fer b⁴; veχ (vermis) b³, vēχ b⁶, vcş a¹ b⁷; pedχ' (perdere) b⁷, pet' a¹; ẽrb', vver a¹;
ve, tẽr', crb', fe, ive g¹, aber ĩş' (erpicem), auch g², die 1s. hǫrtş'
(ich egge) g¹ nach dem Infin. ortşi. In A finden sich in einer Reihe
von Wörtern i-Formen vor ursprünglichem r + Kons. : hirp' (erpicem)
a¹ (inf. hirpyę); pĩrş' (pertica) a¹, piχ a³; pĩş' (Pfirsich) a¹, peχ a³;
bĩş' (Wiege), Inf. bişyę a¹; biχ, Inf. biχyœ a³; vgl. über dieselbe
Erscheinung im Wallonischen Zeitschr. IX 483. In g³ g⁴ wird der
(in g¹ geschlossene) e-Laut zu i̧, i : pĩrtşę, vię, tĩr', fię g³; vi̧, tęr' g⁴.

---

¹) Daraus erklären sich auch die rät. Formen bei Gartner S. 46 besser.
Groeber, Arch. f. lat. Lexic. III 270 setzt nur irpicem an. Vgl. noch
hierche in Bartsch's Manuel 541, 18.

Eine besondere Betrachtung erfordert der westlich von dem Vogesenkamm gelegene Theil von E : in e^1 sagt man ter', aber nach einer Labialis entwickelt sich ein w : fwe, vwe (vermis), pwẹ̆'ṣ' (pertica), evwe (Winter). devwer (öffnen); fet' (Fest) zeigt jenes w nicht; über $e^2 e^3 e^5 e^6$ fehlen mir ausführliche Nachrichten; in e^5 notirte ich tyar' und d'war', Part. f. d'wat' (tyar' und dẹvar' auch in v), in e^2 d'wer, pârt. d'wẹ, d'wet' und in e^3 dowet'. Konsequent durchgeführtes i fand ich nur in e^4 : fi, tir', vi, lātin', pīt' (*perta, Stange, vgl. Zeitschr. IX 502), pitṣ' (Pfirsich). — Versus (gegen) giebt wa $f^1 d^8$, vọ e^1, d'vă a^1.

38. Gedecktes ẹ mit Ausnahme von ẹ + r + Kons. und ẹ + n + Kons. I. Die Wörter auf -ellum, -ellam, -ellem. Hierhin gehören bellus, sella, pellis und das Suffix -ellus. Diphthongirung zeigt nur das Maskulin. bellum in einem Theil des Gebiets : bye, f. bel' $c^1 d^2$—d^5, byẹ, f. bẹl' $d^8 e^8 e^{10}$, byẹ, f. bẹ̄l' c^7; bya, f. bẹl' hörte ich nur in d^{12}.[1]) Dagegen bē, f. bel' b^7, be $f^2 d^{21}$. Bella wird in einigen Orten zu bal', bol' : bäl' (m. be, vgl. Subst. nọval') f^1, bal' (m. be, aber nọvẹl') f^5, bọl' (m. bẹ̆') e^1, bal' (m. bē, vgl. c'ral', querella) w, bal' (m. bẹ) g^2, aber be, bẹl' $g^3 g^4$; bär' g^1. — Pellis wird zu pe $d^2 f^4$, pē w, pẹ g^2. — Säl' (Stuhl, sella) hörte ich nur in g^1, sel' $d^8 d^{12} d^{21} f^5$, sẹl' $g^3 g^4$ $e^8 c^{10} f^1$.

39. Suffix -ellus wird regelmässig zu e : ụ́he (aucellum) d^2 $d^{12} d^{21}$, nje f^2; fune (Ofen) d^1; tṣẹpe $d^5 f^2 f^5$; muze (Schnauze) d^5; cute d^1; se (Eimer, sitellum) d^{12}; ve (Kalb) $e^2 w$; nọve $d^{12} f^1$; puχe (porcellus) w; mãte $a^1 d^8$; mẹte (Hammer) a^1. Ein i-Nachklang war deutlich wahrnehmbar in e^8—e^{10} : tore^i (Stier) e^8, cute^i $e^8 e^{10}$; e^9 lẹse^i (Milch), sẹpnẹ^i (Tanne), nje^i, rẹste^i (Rechen); pọse^i $e^9 e^{10}$; size^i (Scheere), fọne^i (Ofen) e^{10}; e^1 : b'zẹ^i (Erbse), cutẹ^i, ọ́he^i, pọχẹ^i, mọχẹ^i (Stück); ferner c^7 : ọ́he^i, ve^i (Kalb), läse^i und d^{23} cute^i, cwẹ^i (cuveau). Vereinzelte Beispiele für diesen i-Nachklang liegen mir noch vor für: b^7 cute^i; d^5 mwate^i (Hammer); d^8 tote^i (Kuchen), rẹte^i (Krippe), r'te^i (Rechen); a^3 fọne^i (Ofen); c^6 matṣe^i (Hammer); g^3 uje^i, nœje^i (Haselnuss) neben mẹtṣe, cutē, mwọṣe (Stück). In $g^1 g^2$ hat der Laut eine ausgeprägt offene Klangfarbe : uje, cutẹ, matṣẹ g^2; tṣapẹ, läsẹ̄, pọṣẹ (Schwein) g^1; dieses ẹ findet sich auch in a^1, nọvẹ. — Ein œ-Laut findet sich an Stelle des e in dem Worte ụ́hœ̆ (Vogel) $d^4 d^5 d^7$—d^9 [2]) neben muχe (Stück), tone etc.; muχœ̆ hörte ich nur d^{10}. — Es findet sich auch eine Nebenform auf -yo, die ich für eine alte francische Lehnform halte und die nur in wenigen Worten erscheint : buryo (Henker) f^1; ridyo (Gardine) $a^1 e^{10} f^5$; bẹtyo (Schiff), crẹbyo (Rabe), sizyo (Schere) a^1, aber size d^8.

---

[1]) bya mag ursprünglich die Form des Plurals gewesen sein; das i wäre auf den Singular übertragen worden, daher bye.

[2]) Diese œ-Laute sind im Steinthal mindestens hundert Jahr alt, da sie von Oberlin bezeugt sind.

Suffix -ella wird zu einem e, das zwischen e und ę liegt, das ich daher bald mit dem ersten, bald mit dem zweiten Zeichen notirt habe: punel' (Pflaume) d¹¹; punęl', χnadręl' (Eidechse), χadręl' (Schlehdorn), sàt'ręl (Heuschrecke) d⁹; nǫvęl' a¹; abweichend ęrŏdral' (Schwalbe) a¹. Ueber dęmʰäl' (Magd) d³ s. 63.

40. II. Vor s, t wird vulgärlateinisches ę in der Regel zu e : f'nĕt' (Fenster) d¹, f'net' d² d¹² d²¹ e³ e⁸ f¹, f'nĕt' d³ d⁴ d¹⁰ e², fenet' f² (f'nęt' d⁵, f'nŏ̆t' d⁹); χ'nĕt' (genęsta. Ginster) d³, j'nĕt' d⁷, j'net' c¹, ʰ'nĕt' d⁸, ʰ'net' e². j'nę̆t' ψ; Inf. ĕt' (essere) d¹, s. 214; bet' (bĕsta) ω f² f⁵; fet' (Fest) d³ c¹ e⁴, fĕt' ψ; tĕt' d³ e¹ ω; pret' (Priester) d³ e¹ f¹: vep' (vespa) f², wep' a¹ c⁷. Septem wird zu set a³ c⁹ f⁵, sĕt e⁸, sęt d⁴ d⁸ ω, desęt (siebzehn) f⁵. Pre (nahe bei. pressus) d³. ępre d⁸ zwischen e und ę. — Einen i-Nachklang hörte ich in te¹t' c² eˢ e¹⁰, fe¹t' c² eˢ, f'ne¹t' e⁹, j'ne¹t' c². — In g¹ ist der e-Laut offen : tęt', fęt, bęt'. — Offen ist er immer in ręχ' (frz. reste) e², vgl. 158. Trĕdecim (vielleicht richtiger trĕdecim) wird zu träs' ω (cfr. säs' = sedecim), zu troz' d³ d⁸ cᵘ eˢ. Doch hat das Wallonische, das den Wandel von ĕ zu a (o) nicht kennt, ebenfalls träs', säs'. — Ueber es, est s. 58¹).

41. ę + n + Kons. tä (tempus) a¹ c⁷ e⁴ e⁸, tä d²¹, tǫ d⁶ e¹ f¹ ω; sä (centum) a¹; vä (ventus) g⁴, vä d³, vǫ d⁶, vŏ d⁸; vǫ̆t' (ventrem) d¹⁹ ω; mǫmbr' (membrum) f¹, mǫb' ω; dǫ (Zahn) f¹ ω, dŏ d⁸; sęrpǫ e⁸, sęrpŏ d⁹; tǫp' (Schläfe) e¹ f¹ ω; s'mǫ̆s' (Same) d¹⁵; jä (Leute) d³, djǫ f¹; tǫd' (tendere) e⁸, tod' d²¹, χdǫnd' (extendere) f¹, ṣtǫd' d²¹, ętǫd' (warten) ω; morŏd' (merenda) ψ, marŏ̆d' d³; rǫd' (frz. rendre) ω, rǫnd' e¹; bromǫ (viel, bravement) f⁵, sir'mǫ (sûrement) d³, maʰmǫ (mauvaisement) f¹; tär' (teneram) a¹ d⁸, tär d³.

E (unbetontes) = ę.

42. ę + y wird im Hiat regelmässig zu ay, oy, doch kommen auch einige Abweichungen vor : mayu (meliorem) d³ d⁴ d⁸, mǫyu ψ, muyω d¹² d¹⁹, mwayu ω, myŏ f¹, myu a¹; mit den beiden letzten Formen ist nyä (nec entem) d⁸ e¹⁰ f¹ ψ zu vergleichen. Sayat' (Säge) d¹ d³ d⁸, sęyat' f¹. R'mnäyi (remedicare, heilen) d⁸ d¹², ęrmwayi d⁶, r'mai d⁴ e⁸, r'moyi d²¹. An vielen Orten sind von secare, und zwar nebeneinander, zwei Verba mit verschiedener Bedeutung üblich. das eine mit dem Vokal e. das andere mit a oder o. Die e-Form beruht auf betontem ę + y (cfr. 36), die a(o)-Form auf unbetontem ę + y : sei (ernten) d¹ d⁶ e¹, in d¹² den Roggen schneiden; sęye (mähen) f¹, seyω (mähen) c⁷ c⁹; sayi (sägen) d⁶ d⁸ (in d¹² das Heu abmähen),

---

¹) Ich vermuthe, dass das geschlossene e aus einer Zerdehnung des ursprünglichen ę hervorging, auf welche Kontraktion folgte. Vgl. das häufige beeste im Bernhard und das 88 Anm. über eine ähnliche Erscheinung unter ǫ Gesagte.

sayç (sägen) a¹, sǫyœ c⁷ c⁹, soyc c¹; in e¹⁰ bedeutet sai mähen, sei mit der Sichel schneiden; über sçgç e¹ vgl. 132. Wie sayi sind gebildet : çrnoye (renegare). 1s. çrnoy' c⁴, 1s. r'nay' (nego) d³ d¹² eˢ; Infinit. nàye (ertränken), 1s. noy' c⁴, nayi d³ d⁴, uçye f¹, P. f. nayey' (ertrunken) d²¹. In eẏeyäjʋ (sitzend, asseyant jus) d⁶ d⁷ findet sich nie aẏ (oẏ), cfr. 214 v. asseoir. ç + y, doch nicht im Hiat. findet sich in : taẏ'rä (Weber) d⁷ d⁸ d¹², tǫẏ'rä ψ, teẏ'rä e¹ f¹ ω (cfr. Inf. teẏ' e¹), tǫṣ'rä (Inf. tǫṣi) a¹; pwäse (pectus + ellum, Zitze des Euters) d⁷, pwçse d³, doch s. Gloss.; œṣifyœ (exire foris, Frühling) f⁵, vgl. Gloss.; muẏõ (Ernte) ω, Inf. muẏ'na f¹, muṣ'na f². Die Form dieses Wortes, wie auch oben die von muyœ scheint durch die Labialis m bedingt. — Hier reihen sich die mit medius zusammengesetzten Worte an : medi f¹ ω; mçnœ d⁷ d¹² d²¹. menœⁱ cˢ, meynʋ a¹; über mwetǫ f¹, mitä a¹ vgl. Gloss.

43. ç im Hiat ist geschwunden oder hat sich wahrscheinlicher dem folgenden Vokal assimilirt in : mol' (medulla) s. 105, myol' nur g³; poᵘ (peduculus) s. 103; bolät' (Birke, Deminut. von betulla) d⁸.

43 bis. ç + r + Konsonant wird bald zu e, bald zu a (o) : çrmï (gestern, heri mane) d⁶ d⁸ d¹² f¹, ermï f⁴, ǫrmęⁱ e⁸, örmï e¹⁰ e¹¹, irmï e¹, çrmï e²; çẏa (gestern, heri serum) d³ d⁴, çsœ a¹, aẏœⁱ a³; patœ̈ (frz. pertuis) d⁸. petʋ f⁵, vgl. 116; sçrpǫ e⁸, sçrpö d⁹; ẏtçnwe (sternutare) d³. ẏtanye f¹ s. 118; marö̈d' (merenda) d³, s. Gloss.; çẏi (erpicare) e¹, (zu çrpuyi d⁴ d⁷ s. 207 I*), ortṣi g¹ g², hirpyç a¹ (vgl. 22); ṣarpǫt' (serpette) f² s. 151; über pwaẏi (percer), 1s. pwaẏ' d⁴, byœẏi d⁴, çrvyeẏi (renverser) d³, vgl. 11; bemerkenswerth ist der y-Vorschlag in pyärẏi (Petersilie) d²—d⁴ d⁸, dagegen parẏiṇ ω f¹; paṣç'n' (persona) e⁸, vgl. 100; mǫrṣädiz' c⁹, mwçrtṣädiz' f², mǫrṣä e¹, s. noch 72; Inf. sarç (frz. serrer) d³ d⁴ d⁷ d⁸ e² (1s. sær' d³), sàrç d¹², sara f¹, sçra f⁵, sçrç e¹; cware (suchen) d¹², aber cwçri b⁵ f¹ ψ. In pwedi (perdu) e¹ ist w wohl aus der Tonsilbe übertragen, vgl. 37.

44. ç vor l, vor und nach v : Inf. çdjala (gelare mit agglutinirtem Pronomen ç = il) f¹; m. jale, f. jalay' (gelée) d⁸, vgl. 32; P. f. cravey' (crevée) b⁵ c⁸, crǫvey' c⁷, crovay f⁵, vgl. 32; in dem letztgenannten Verbum scheinen die a(o)-Formen allgemein verbreitet zu sein, während sie mir für levare nur in F und ω begegnet sind : Inf. lova (1s. love) f⁵, çrlöve f¹, lǫva ω. — Ist in çrvʋẏti (revétu) d⁹, r'viẏti d⁸ der Lautwandel des e durch v veranlasst? Ueber den Einfluss eines auf den betonten Vokal folgenden v vgl. 180. Bernhard hat revistiz 172, 36. 39.

45. ç + n + Konsonant scheint sich ebenso zu entwickeln wie vortoniges e + n + Konson. s. 68 : lïtey' (Linse) d² und ebenso regelmässig nätey' a⁸, vgl. 75. In pǫsa (denken) f¹ liegt Einfluss des Tonvokals vor. Besonders zu merken ist väre (je riendrai) d², väre e¹. s. 214.

46. ç fällt aus in f'nět'. s. 40, (fenet' f²), p'sey' (vessica) d², s. 72,

26   A. Horning.

vˈrœ Riegel, s. 101, P. f. vˈnow' (gekommen) dˢ, P. f. dˈęfˈti' (entkleidet) c⁷, Inf. l'vę eˢ.

E (betontes) = lat. ē).

47. Freies e. E nach Labialen. Von A—F ist die Entwickelung von e eigenartig, wenn ein Labial demselben vorausgeht; man vergleiche die Einleitung. Ueber die Schicksale des Vokals in G, wo jener Unterschied fortfällt, sehe man 52. — Der Diphthong ist durchweg erhalten in ACF ψ ω : wer' (vitrum) a¹, vwęr' f¹f²ω, węr' a³; fwer' (Jahrmarkt) a¹, fwęr' f¹; mwe (mensis) a¹ω f¹ f², mwę f⁵; bwer' (bibere), 1s. bwę a¹, bwęr' ω, bwer' f¹; pwę (picem) ω, pwęṣ a¹, pwe f²; pwęr' (Birne) ω f⁵; pwe (pilus) a¹ f¹; 1s. wę (video) a¹ω; sawę (sapere), awę (habere) a¹, sawe, awe ω; fwę (vicem) a¹, fwe ω f¹ f². In C herrschen wo-Formen vor : fwo (vicem) c¹c³c⁵c⁹, aber fwę c⁴c⁶; pwor' (pira) c², pwǫr' c³c⁶; pwoṣ (picem) c³, pwöχ c⁵c⁷ aber pwę c⁹; mwę (mensis) c³c⁵c⁹; wǫr' (vitrum) c³c⁶, wör' c²c⁴c⁵c⁷c⁹; 1s. bwǫ c⁹, bwo (Imper.) c², Inf. bwǫr' c⁹; awör (habere) c⁸, sawör c³c⁸; 1s. vwę (video) c⁹. Die ę-Formen sind vielleicht francische Lehnformen. In ψ fand ich pwę (picem), mwa, fwo (vicem), pwǫr', in ν mwo.
Nur in E ist die Monophthongirung konsequent durchgeführt : mu (mensis); mū cⁱⁱ; fu (fides) e²; fu (vicem); pūχ (picem) e¹—e³ e⁵, pu e⁹e¹⁰; fur' (feria); avu (habere), savu (sapere); pu (pilus); vur' (vitrum); ǫvu (habebat) e¹; vu (video) e¹e⁸e¹⁰; bur', 1s. bu e⁹; vor' (vitrum) e⁵, vūr' e¹¹; avuy' (habebam) e⁸, awu, sawu c²; pur' (Birne) e¹; pwa (Gewicht) ist französisch.
In B herrscht Diphthongirung vor : fwę (vicem) b³b⁵—b⁷; mwę b³, mwa b⁵bⁱⁱ; pweχ (picem) b³; pwēl' (pilus) b³; awer, sawer b⁵; bwęr' b³b⁷; pwęr' (pira) b³. Dagegen vor' (vitrum) b¹b³; vōr'. pōχ (picem) b⁵. Angesichts der letzten Formen ist die Möglichkeit nicht abzuweisen, dass in B die monophthongischen Formen die lautgerechten sind und dass die andern französische Eindringlinge sind; für mwa ist dies wohl sicher. Es sei daran erinnert, dass freies bet. ę und ǫ in B monophthongische Form zeigen.
In D ist, ähnlich wie bei ę, ǫ der Diphthong in einer Reihe von Wörtern erhalten, während er in einer andern Reihe dem Monophthong weichen musste. In den diphthongischen Gebilden ist, wie in C, o häufiger als e : mwǫ d³d⁶d⁷d²¹, mwō d²d⁵, mwo d¹⁸, mwę d¹⁰d¹⁷; pwǫχ (picem) d³d²¹d²³, pwöχ d¹⁹, pwę d⁷, pwęχ d⁵d⁸; bwōr' (bibere) d³d⁸, 1s. bwǫ d³; wor' (vitrum) d⁷d⁸, wōr' d⁹, wǫr' d³, vor' d²¹; pwo (pilus) d⁸, pwǫ d³ (pwęl d⁷ ist wohl französisch, ebenso fwę, fides d⁷). Monophthongische Form findet sich in : pŭr' (Birne) d¹—d⁵d⁷d⁸d¹⁰; u (video) d³ (dagegen wǫ d²¹); fŭ (vicem) d²d³d⁵—d⁷d⁹d²¹ (fwo d¹ⁱⁱ habe ich vielleicht aus Versehen so notirt); au (habebat), sau (sap(i)ebam), Inf. au (habere). sau (sapere) d³. In

454

d^{20}, das auf der Grenze von D und E liegt, scheint der Monophthong durchgeschlagen zu haben : fu, mu, puχ. Ein ähnliches Schwanken unter ẹ, ọ (vgl. 31. 78) scheint sich, trotz einiger Bedenken, am einfachsten durch die Annahme zu erklären, dass der Monophthong sich in offener Silbe entwickelt hat, während der Diphthong sich in geschlossener Silbe hielt. Dann bedürfen freilich mwo, pwọ, pŭr' einer besondern Erklärung[1]). Das erwartete pwor' hörte ich d^{23}; für d^{21} fehlt mir das Wort, aber pwori (Birnbaum) lässt auch hier auf pwor' schliessen.

48. Folgte auf e ein yod, das im Hiat steht (s. 50), so ist in D die diphthongische Form erhalten in īvwey' (in viam = abgereist) d^6 d^9; dagegen lautet die 1s. ẹvuy' (ich schicke, Inf. ẹvuyi) d^3 d^6 d^{10} (so auch in c^2 e^8). In viam wird zu ẹvoy' in e^8; āvay' a^1 zeigt keine Beeinflussung durch die Labialis.

49. Freies e nach Nichtlabialen (ich füge hier gedecktes e vor einem y-Laut gleich an) wird von B—F bald zu a, bald zu o, über A s. 51. An manchen Orten herrscht a vor, an andern o, ohne dass einer von beiden Lauten irgendwo vollständig ausgeschlossen wäre : a herrscht vor in D : sa (serum) d^4 d^{12}, sȧ d^{21}; ta (tectum) d^{10} d^{12}, tā d^3; trāχ (tres) d^3; sa (sitis) d^{21}, sȧ d^8, sọ d^{12}; nar' (nigrum) d^4 d^8 d^{12}; fra (frigidus), f. frad' d^8; χtāl (stela), ṣ̌ādāl' (candela) d^8; tal' (tela) d^3 d^8 d^{12}, tāl' d^1; j'nab' (junïperus) d^2 vgl. 183; sȧ (sepes). da (debes) d^8; lọ (lїrem, Ratte) d^{12}; ẹχa (heri + serum) d^4, ẹχọ d^{10}. Auch in F und ω überwiegt a : rȧ (rigidus), da (Finger), ra (regem, an anderen Orten meist francisches rwẹ) f^1; sȧ (sitis) f^1 ω; fra, dra (directum), tȧ, cra (credo) ω; etra f^5; ta f^2 f^4; troṣ (tres) f^5; ausgenommen ist trōχ (tres) f^1, trọχ ω. Sonst herrscht o vor. Beispiele für E : sȧ (serum) e^8, sa e^2, so e^1; so (sitis) e^1 e^2 e^8; tõ e^1 e^2 e^9; stol' (Stern) e^1, ṣtol' e^8; tol' e^1 e^8; muṣtol' (Wiesel) e^8; dro e^1 e^8; do (Finger) e^4 e^8 e^9; tra e^8, trọ e^1; fro, rọ (rigidus), rọ (regem) e^1; nar' e^2 e^4, nor' e^1 e^9. — Beispiele für C : sọ̈ (sitis) c^2 c^4—c^6 c^3; fra, ta c^6, tȧ c^2, ta c^5 c^8; tal' c^2 c^8; drāt' f. (die Rechte) c^8; sọ (serum) c^2 c^5; crā (credo), nār' c^6 c^8. — Beispiele für B : lõ (lirem) b^5; tõ b^7, to b^5 b^6, tọ b^1; sȧ (sitis), frọm'rȧ (Mist, Endung -ētuм) b^7, so b^6, sọ b^1 b^5; tõl' b^5; nõr' b^7, nọr' b^6; swẹr b^6 ist französisch. — In ψ hörte ich : so (sitis), sȧ (serum), tra, cra, tȧl'. Eine 3s. péz' = frz. pèse hörte ich e^8.

50. Folgt auf e ein y im Hiat, so ist dasselbe erbalten : m'nȧy' (moneta), cray' (creta) e^8, m'nay', cray' d^3 d^{12}; monoy', croy b^4 f^1;

---

[1]) Ich glaube nicht, dass fu aus fuẹ durch Zurückziehung des Accentes auf das u erklärt werden darf; dagegen spricht die Entwickelung von biœ zu bṷ (s. 80). Es fragt sich, ob nicht uo-Formen den monophthongischen vorausgingen; uo wäre durch Assimilation zu uu, dann zu u geworden. Vgl. die 31 Anm. vermuthete Entwickelung von pie zu pi durch pii. Cwod' (chorda) u. s. w. wurde nicht zu cud', weil hier das o sich nach a hin bewegte, vgl. 87 die ọ-, a-Formen; im Wallonischen sogar ẹ, cwẹd'.

muɳaɣ', croy' *(o)*, crăɣ' d⁵; say' (seta, Schweineborsten) d⁷e¹⁰, soɣ' f¹; ray' (riga, Rinne) c⁸, răɣ' c². Ausser den schon angeführten da und do entsprechen dem französischen *doigt* an vielen Orten Formen auf -aɣ' oder -oɣ', die, obgleich männlichen Geschlechts, doch unzweifelhaft auf altfrz. *doie* (vulgärlat. *dita) zurückgehen : dăɣ' d⁴d¹², dăɣ' d¹, day' d²d³d⁶d⁸d¹²; doy' c¹c²f²f⁴*(o)*, dŏy' b⁵, doɣ' b¹ψ. In dwăɣ' c⁸, dwăɣ' c³c⁶c⁷, dwoy' c⁴ erklärt sich das w durch Beeinflussung durch das Französische (vgl. 86). 1s. pɣay' (plico, nach plicas, plicat) d³d²¹, pɣoɣ' ψ; abweichend 1s. pɣey' d⁸ (Inf. pɣayi und pɣeyi d⁴d⁸, pɣai c¹⁰), Subst. pɣe (Falte) d³—d⁵d⁸, pɣey' e⁹ (Infin. pɣeɣe f¹*(o)*, pɣai d³, pɣeɣi d⁵, pɣaɣi c⁸).

51. In A wird freies e, sofern es nicht im Hiat steht, wie im Wallonischen zu langem *(e)*, resp. *(e)ⁱ* : traɣ (tres) a³, tre̞s a¹; soe (sitis) a¹, sœⁱ a³; aɣœⁱ (gestern) a³, e̞sœ a¹; tœⁱ a³ (in a¹ twe̞, twe̞tr̄'); rœ (regem. im Kartenspiel, sonst rwe̞) a¹; cu̇hœf (schweiget) a³; to̞nœr', sœl' (Roggen, e stand hier in offener Silbe), tœl' (tela), dagegen e̞twęl', drœ (directum), nœr' (nigrum), vœr (Inf. videre) a¹; năf (Schnee) a¹ weicht ab.

In folgenden Wörtern folgte auf *e* ein y im Hiat : dœy' (Finger), m'nœy', crʋy' (creta) a¹; zu răɣ' (riga, Furche) a¹ vgl. 48 ăvay'.

52. In G wird e nach Labialen und Nichtlabialen zu wa : fwa (vicem) g¹g³; mwa (mensis) g¹; pwa (pilus) g²g³; pwăr' (Birne). bwar', pwa (Pech), war' (Glas) g³g⁴; dagegen wo̞r' (Glas) g¹g²; wa (videt) g²; nwa (nigrum) g¹, nwăr' g²; swa (sitis), twa (tectum) g¹—g³; dwa g¹g⁴; twal' (tela), e̞twal' g³; swăr' (Roggen) g¹; twa (*toi*) g²—g⁴.

53. Die Wörter auf -ĭculum (ĭtulum), -ĭcula (ĭtula). So (Eimer) e¹e², să d⁷d⁸ ist wohl sĭtulum; auf sĭtula beruht dagegen say' d³d⁸, săy' b⁵, soy' c⁷; se̞y' a¹ ist vielleicht nach se̞ye (Melkeimer, sitellus) umgebildet. Für das Suffix-ĭculum fehlt es an sicheren Beispielen, wenigstens für das ganze Gebiet : s'lă a¹a³, s'ray g³g⁴ sind zwar sicher solĭculum; aber s'lo̞ b⁶d³d⁵d⁸e¹e⁹f¹*(o)*, s'lŏ d¹² könnte sol-ŭculus sein; namentlich in D würde man eine a-Form erwarten; vgl. das wallonische so̞lo̞ Zeitschr. IX 484. Ueber die Vertreter von aurĭcula s. 126; ore̞y' g², ce̞ne̞ɣ' (Spinnrocken) f¹, bo̞te̞y' g¹g³ sind vielleicht französische Formen, dagegen bo̞tăy' a³f¹f² *(o)*, bo̞tăy' d¹²d²¹, bo̞to̞y' c²e¹e⁵ψ, bo̞toy' c⁷; curbay' (Korb) f² s. 169; c'nay' (Rocken, colĭcula) b⁵d⁵e¹⁰; cʋnay' (Rabe, cornĭcula) d³, co̞no̞y' c¹ (s. noch 96); ge̞rnay' (Frosch) a¹; se̞nay' (Rückgrat) c⁸. Auffallend ist s'mŭy (Schlaf) d³d⁸, vgl. s'moya c⁸; ist hier der u-Laut durch die Labialis hervorgerufen? Ob hierher auch e̞rpuɣ' (ich egge) d⁴ gehört? S. Glossar. — Tégula giebt tœl' b⁵c⁹d³d¹² d²¹d²³, tœⁱl' e¹⁰, tēl' c¹d¹d³, tɣœl' f¹*(o)*, tie̞l' g³, tr̄l' a¹.

54. c + e. Bei vorausgehendem *c* wird e zu i wie im Francischen. Da dieses i aus *ici* hervorging, so liegt hier der Beweis

vor, dass auch im Osten der Triphthong *iei* zu *i* vereinfacht
wurde; vgl. 13 : sir' (cera) d³ d⁴ f¹. ich hörte nirgends eine von der
französischen verschiedene Form; la͂hi (licere, freie Zeit) d⁴ d⁷ d¹¹;
ęrlr͂hi (re + lucere) dˢ; pyç̧hi (placere) d³ e¹ f¹ *ω* s. 214; mu͂hi (ver-
schimmelt) d¹ d⁵ dˢ. mr͂ji a¹; pr͂siŋ (Hühnchen) s. 107; 1s. j'ęrsin'
(re + cēno, Abendimbiss um 9 Uhr) *ω*. (Infinit. ęrsɪ̄ne f⁵, ęrsinę d⁷,
r'sinę d⁴ e⁸), Substantiv r·sin' *ω*, ęrsɪ̄n' f⁵. Racemus kommt fast
nur in der französischen Form vor, vgl. 139.

55. Besondere Fälle. Einen eigenartigen Einfluss hat in
einigen Orten r, zuweilen auch l auf vorhergehendes freies e : cręr'
(credere), wę̄r videre), nęr· (nigrum) f¹ f⁵; sę̧r (cadere), tyęnęr'
(tonitru), ęχ̧ęr (sitzen), χtęl· (Stern), tęl' (tela) f¹; sã͂dę̄l', tǫnęr'
f⁵. In *ω* crer', wer, ner, sę̧r, ęχ̧er, sel' (Roggen), stel', tel'. In
eˢ e¹⁰ vęr, tsę̧r; cręr' (danach 1s. crę) e⁸; aber stōl', tol' e⁸ e¹⁰,
t'nor', nǫr' e¹⁰. In dˢ crer' (danach 1s. crc), ver, aber nar' und
tæ̃l'; tęl' in d⁶. In e¹. wo e sonst in der Regel zu ǫ wird,
crar', t'nā̃r', s·ęχ̧ar', aber nor' und vor (videre). In d²¹ tiner', sę̧r,
crcr'; in c² tǫnęr', aber nar'. Inf. sę̧er (cadere) d⁶ d⁰ ist nach der
1. Sing. sę̧œ umgebildet. Vgl. noch 214 *asscoir, choir, croire, voir*.
Die Grundform der absoluten Pronomina me, te ist von A—F
mi, ti, z. B. ęvǫ mi, ęvǫ ti (mit mir, mit dir) : mi c⁴ c⁸ d² d⁴ d⁸ d²¹ e¹
e⁸—e¹⁰ f² *ω*, ti c¹ c⁴ c⁶ c⁸ d³ d⁴ dˢ e⁴ e¹⁰ f² *ω* r; tę̧, mę a¹ ist aus mi, ti
entstanden (vgl. in a¹ tǫsę̧ *ici*, gemeinlothr. tǫsi; mę̧ = Negation mica);
aus mi, ti ist ferner, wohl durch die Mittelstufe me, te, mœ̃ b⁵ b⁷,
tœ b⁵. tę̧ b⁴ b⁶ entstanden. Mit tę̆ d¹⁷ d¹⁹, mɪ̃ d¹⁹ ist der Lautwandel von ·iŋ zu -ɪ̃ zu vergleichen, s. 73. — In G sagt man twa,
s. 52, und gewiss auch mwa. obwohl ich das Wort nicht notirt habe. —
Die Vertreter von sebum s. Gloss. v. χœ.

56. Eigenthümlich entwickelt ist das e in qu(i)etio (ich
schweige) : Imperat : cuχ' tę̧ d⁴ d²¹ e⁸, cuχ' te d¹, cuş' te f⁵ (vgl. Infin.
cu͂hi d³ d²¹ e⁸, cǫhi e¹, cujyę̧ a¹, cu͂hyœ̆ a³; cwo͂he und 1. Sing. cwo͂he
f¹): in g³ 1s. im· cāj·, Imperat. caş' tę̧ (Inf. cājię). — Aehnlich
verhält es sich mit tǫcwę̧ (immer) f¹, das ich aus totum und
qu(i)etum erkläre, w vertritt lateinisches u¹) : in tǫcū e¹ e² e⁴ e¹⁰ e¹¹,
tucu e⁸ ist der Monophthong lautgerecht. Nördlich von E scheint
das Wort nicht mehr vorzukommen²).

57. e + Nasal. Auch hier entwickelt sich das e verschieden,
je nachdem Labialis oder Nichtlabialis vorausgeht : Nach Labial :
awǫn' d³ d⁴ d⁸, ęvwǫn' *ω*, ęwǫn· f¹, ęwĕn' f⁵, æ̈węn' f² f⁴; wǫn' (vena)

---

¹) Man vgl. cwęşi (coacticare) Gloss.

²) In folgender Stelle Froissart's (Tresor Amoureux, ed. Scheler S. 119
vv. 23—24)

> . . . *par sentement*
> *de fine amour, qui en* recoy
> *point ceux qui s'en taisent* tout coy

sind Sinn und Reim befriedigender, wenn man *tout coy* in der Bedeutung
immer auffasst.

d³ f¹, wŏn' d³, wẹn' f⁴, vwọn' *ω*; pwọn' (pena) d³ d⁸ f¹ *ω*; fwọ (fenum) d³ f¹ *ω*, fwọɳ d⁸, fwī d¹², fwъ̆ g²; mwọ (minus) f¹ *ω*. Monophthongische Form bietet E : avŏn', vŏn', mŏ e¹; fŏ e¹ e¹⁰; vọn', avon' e⁸; fъ̃ e³. In a¹ ist der Vokal nasalirt : wīn' (ī l.), awīn', mwīn' (ich führe, inf. mwīnç), pwẹn'. Mino (ich führe) hat bald monophthongische, bald diphthongische Form : 1s. mọn' (inf. mọnç) d³ d⁸; 1s. pẹrmọn' (gehe spazieren, Inf. pẹrmọnç) d³; 1s. mwan' (inf. mwanẹ) d¹²; 1s. mwẹn' (inf. mwẹnç) d²¹. Ich füge noch die Vertreter von minor hinzu : mъ̃r' a¹ c⁷ c⁸, mwъ̃r' d² d⁸, mwọr' d³. Nach Nichtlabial : pyī (plenus) a¹ *ν ω*, pyīɳ c⁸, pyç d³ e¹ e⁸; fem. pyīn' d⁸ d¹² *ψ ω*, pyç'n' e⁸, pyçn' b⁵ d³ d⁶ e¹ f⁴ ¹); elçn' (Athem) d³, çlen' c², çle'n' e⁸, alçn' d⁷; sç (sinus, Busen einer Frau) *ω*. Sọɳ (sine, ohne) c² d¹² f¹, sъ̃ a¹ ist wohl ebenso zu erklären, wie rọ, s. 34. Ueber die Vertreter von insimul vgl. 175.

Gedecktes e.

58. Ueber e + ll und e + n (m) + Kons. s. 62—64. Ich schicke voraus, dass gençsta und çrpicem unter ç zu suchen sind, dass lothr. pra (bereit) ein vulgäres presto voraussetzt (ital. freilich *presto* mit ẹ) und dass das e der 2. und 3. Singul. von sum überall wie gedecktes e behandelt wird²). Gedecktes e wird von A—G zu a oder o. Wie bei freiem e herrscht bald a, bald o vor; an vielen Orten finden sich Wörter mit a neben solchen mit o. — Beispiele für D : prä, f. prăt' d³ d⁸, prъ̆, prъ̆t' d¹²; fọṣat' (Gabel) d³; χçrpat' (*serpette*) d¹²; oyat' (Gänschen) d³; ṣọs m. u. f. (siccus), crọc' (crista, Kamm des Hahns) d¹²; χpa (spissus) d⁸; nĕ'hăt' (Haselnuss) d² d³; craχ' (crista) d⁸ d⁹; fem. fraχ' (frisch, deutsches ē i macht den Lautwandel zu a, o mit) d⁸; craχ' (crescere); a (est) d³; frъ̃m' (schliesse), 3s. dras' (er richtet auf) d⁸. E : waṣ (viridis) e⁸, vọχ e¹; craṣt' (crista) e⁸, cras' e¹, crăt' e² e³; lăt' (littera), pra, f. prat' e⁸, f. prọt' e¹; vola (*valet*) e⁸; vov' (Wittwe), mọχọt' (Biene, musca + itta), fuyọt' (Blatt), gruọt' (Leber) e¹; ọ (est) e¹, a e² e⁹; cişat' (Glöckchen) e¹, cyœtṣọt' e²; sọṣ' (siccus) e¹, saṣ' e⁸, satṣ' e² e⁹; stro (strictus) e¹. C : lọ̆t' (littera) c⁷ c⁸; mọ̆t' (mittere) c² c⁷ c⁹, mъ̆ (mitte) c⁴; crọt' (crista) c¹ c⁷ c⁴, crọc' c²; prọ, f. prọt' c⁷ c⁹; vọχ (viridis) c² c⁹; mъ̆s' (die Messe) c⁹; 1s. lọ̆ṣ' (ich lecke), ṣos (siccus), ne'họt' (Haselnuss), muχọt' (Biene) c¹; χçrbọ̆t' (*serpette*), tṣœ:ṣọ̆t' (Glöckchen), nŏt' (nitida), lçsọ̆ (Strick, um Vögel zu fangen) c⁷; c'mъ̆ (Apfel), çrọzọ̆t' (Giesskanne), j'ọ (ich bin, nach der 2. und 3. Sing.) c⁶;

---

¹) Altes *ploin, ploine* beruht demnach lothr. und wallon. wohl auf Anbildung. Der Unterschied, den die heutigen Patois machen, ist schon im Ezechiel durchgeführt.

²) Den Anstoss zu diesem Lautwandel mag der Umstand gegeben haben, dass die Vertreter von est mit denen von habet zusammengefallen wären. Aus einem ähnlichen Grunde scheint man im Francischen *as* (= habes), *a* (= habet) statt *es et* gesagt zu haben, da auch hier die Formen von *avoir* und *être* zusammengefallen wären.

siṇot' (Schelle), ṣawat' (frz. *chouette*) c⁴; ọ (est) c². B : tråt'lọ (Trichter), ẹrọzọt', nœḥọt', mọχọt' b⁵; măt', lăt' b⁶ b⁷; robat' (Rock), miz'răt' (Maass), cẹmrăs' (Schaumlöffel), tinăt' (Butterfass), săṣ (siccus) b⁷; a (est), bruat' (*brouette*), mọχat' b⁶. F : ọ (est), sọ (siccus), f. sọ̈tṣ' f² f⁴ f⁵; ınuṣọ̈t' (Biene) f² f⁵; wăd' (viridis), epo (spissus), cuz'rọs' (Näherin, -issa), butṣọ (Bock, -ittus) f⁵; prọ, f. prọt' f⁴; ṣarpọt' f²; văv' (Wittwe) f¹. In G finden sich a und o neben einander : in g¹ notirte ich a (est), å und ọ, ausserdem bütṣọ (Bock), fråtṣ' f. (frisch), wådj' f. (viridis); o und ọ g², ọ und a g³, a g⁴; pro, wa (viridis), f. wådj', so (siccus) g²; mʋrọ (Mauer) g² g³; mʋră, tṣ'veyåt' (Fussknöchel) g⁴. In A findet sich fast nur a : prå, cråt' (crista), văṣ (viridis), iŋgyăt' (Klaue des Schweins), pă (spissus), f. păs', văf' (viduus) m. u. f. a¹; măt', lăt' a¹ a²; peχọ̈t' (*persette*, Kornblume) a³. In ω notirte ich : vov' (Wittwe), craχ' (crescere), saṣ' (siccus), ă (est), măs' (Messe), — in ψ ṣọ̈s' (siccus), c'mọ̈, prọ̈, mọ̈ (setze), cyœṣọt', cōcọ̈t' (Tannzapfen), bunŏ (*bonnet*), trat'lọ, 1s. tọ̈s' (ich sauge, von tọsye), — in ν săṣ (siccus), wọ̈χ, c'mọ̈t', crọ̈ṣ' (Stall, *crèche*).

59. Besonders erwähne ich 1) soz' (sedecim, hat an mehreren Orten o, wo sonst a vorherrscht) c⁹ d³ d⁸ e⁸, sŏz' c⁷, sas' ω; vgl. 40. 2) 1s. puχ' (ich fische) e¹, Subst. puχ' d¹ d⁸ f¹, păs' a¹ vgl. 66. 3) ọ nădj' (es schneit) f¹, Subst. nădj' f¹ g³ g⁴, naj' d⁸ ω, năf' a¹, noj' c², Infin. naji d²¹, nadji e⁸.

60. Suffix -itia ist so gut wie nicht vertreten : ich hörte nur retṣăs' (Reichthum) f¹, reṣăs' ω, reṣọ̈s' e¹, veyas' (Alter) f¹, hotas' (*hautesse*) e¹⁰; -itia = iz' kommt in marṣådiz' vor, das ich für ein französisches Lehnwort halte, vgl. 172.

61. Nicht lautgerechte Bildung zeigt' fẹs' (Hinterbacke) d⁸ d¹² d¹⁹ f¹, fes' e⁴. Liegt fissus zu Grund, so muss es frz. Lehnwort sein; in einigen Orten hörte ich im Sinne des französischen Wortes cœχ' (coxa).

62. e + ll : -illum wird regelmässig zu u in capillum : ṣau' c² c⁸ d⁴, tṣavu e⁷ e⁸ f¹, tṣẹvu f², ṣọvu e¹, ṣåvu ω; der œ-Laut in ṣẹvœ d¹² d¹⁹ ist sekundär : er kommt nur in dem Theil von D vor, in dem u (aus lat. ŏ) zu œ geworden ist, vgl. 98. — Eine ähnliche Entwickelung zeigt das Pronomen illos in ọva zu (mit ihnen) a¹. — In pọṣe (paxillus, Rebpfahl) a¹ ist -illus durch Suffix -ellus verdrängt.

63. Dọm'hal' (Magd) d² d⁶ d⁸, das überall mit a oder ọ auftritt (auch im Lothr. Psalter), scheint auf dominicilla zu beruhen : dẹm'jal' a¹, dẹm'hăl' d³, dẹm'hal d²¹, dẹm'jal' e⁹, dẹm'hol' c², dẹm'- hŏl' ω, dẹm'họl e¹. — Das Pronomen Konjunktum illa lautet ọl' a¹ d³ d²¹ e⁸ f¹ f⁵ g³ ω etc.; das masc. ist il und (vor Konsonant) i; masc. ọ f¹ ist an das Feminin angeglichen. Lautgerechtes f. ăl' (m. ål, a) hörte ich nur in g¹ g²; über ọl' vgl. 67.

64. c + Nasal + Konsonant : sọ̈t' (semita) d¹⁴ e¹ ω, săt' e⁴; sọ̈d' (cinis) ω, vgl. 179; mọm' (*même*), aber nur in Verbindung mit

einem Pronomen : ti mọm', mi mọm' d³ d⁸, le mom' (er selbst) c¹. li
mom' ω, mi mom', ti mom' f¹, mi mõm' d²; in a¹ mĩm' (ĩ l. wie in
crĩm' crème); fọm' (femina) d³ c¹ c⁸ g¹ g² ω, fõm' c⁴ c⁷ c⁹, fõm' c², fom'
d⁸, fầm' d²; ŏt' (inter) f¹, ầt' ω; ọ (inde) c¹ wird häufig als Pro-
klitikon behandelt, s. 68; s'vọ (oft) f¹, dọ (de intus) d⁵ f¹; lõng'
(lingua) c¹, lụg' f⁵ ω: tọtṣ' (tinca) f⁵; trọt' (triginta) c⁸ f¹ ω, trầt'
d²¹; vọd' (vendere) d³ ω. vọnd' c¹ f¹; fọd' (findere) d³ ω, fọnd' f¹.
Hierhin ziehe ich auch prendere und descendere, deren e freilich ebenso gut offen wie geschlossen sein kann : über pầr', 1s. prọ
vgl. 214; dẹzọnd' d⁶ f¹, dẹzọnd' c², desõd' c³, dẹzọd' d³ ω, desọd'
f² f⁵, dẹzầnd' d⁵, dẹzan' d⁷ d⁸, d'sầt' a¹. — 1. Sing. sẹm' (ich säe,
Inf. s'mọ d¹²). — Cwẹrom' (quadragesima), bẹtọm' (Taufe) sagt man
in a¹; danach wohl vầdom' (vendange) a¹. Cọtoj' (Kosten, altfrz.
costange) scheint auf - emia zu beruhen.

65. c + n + Palatal. Exstinguere giebt ztẹd' d³, ztẹnd'
f¹, stĩd' e¹, vgl. 214; tingere (färben) dagegen tĩd' d³ d⁴ d¹⁰, tĩnd'
d⁷ d⁸ (vgl. tiṇtẹ ω e² f⁵, detiṇte f¹, tiṇtẹryc f⁴); in letzterem Wort
sehe ich eine französische Lehnform; frz. ĩ scheint bei dem Uebergang ins Lothringische zu iṇ zu werden (vgl. 68).

E (tonloses) = e.

66. Wichtig ist die Frage, ob tonloses e zu a, o wird. Bei der
Untersuchung hierüber sind zuerst die Formen auszuscheiden, bei
denen Uebertragung aus der betonten Silbe vorliegen kann : prate
(leihen) d⁷ d⁸ nach der 1. Singul. prầt' d⁵; 2s. Konj. mọtẹʑ' c¹
nach mọt' (mittere); framẹ (fermer) a¹ e², ẹfrọmẹ c¹, P. f. framay'
d¹¹; P. f. ztẹdow' nach ztẹn' (exstinguere) d⁸; tọsyᾶ (saugen) c⁷,
nach 1s. tụs'; mwaṇẹ (minare) d¹², mune¹ c⁷; natyẹ (reinigen) a¹
nach nầ (nitidus); lầṣi (lecken) d³ d⁸; pale (schälen, 1s. pal' d⁸);
fõdẹs' (Spalte) c⁸ nach fõd'. — Ferner sehe ich ab von den Formen,
in denen e + y vorliegt, das regelrecht zu oy, ay wird, wie ẹ + y
(s. 42): pyọyᾶ (plicare) c⁷ s. 50; vọyᾶ (vigilare) c⁷, wayi d⁷, waye
f¹, vwaye ω, vwayi d³; ẹwuyi (schicken) d³; in veyᾶ (Kalb) d¹² scheint
Angleichung an ve (vitellus) vorzuliegen. Auch diejenigen Fälle sind
noch abzusondern, wo sekundäres y bei folgendem z(ṣ), 'h(j) auf den
Vokal eingewirkt haben kann : lầhi (licere) d⁴ d⁷ d¹¹ (auffällig lẹji a¹).
In folgenden Wörtern ist ausserdem noch der mögliche Einfluss der
Labialis in Anschlag zu bringen : puzọ (Fisch) d¹ d³ d²¹, puz' (Fisch-
fang) d¹, puzᾶ b⁵ (Inf. pazi) b⁶, puṣᾶ (paṣi) b⁷, puzᾶ (puzye) ω f¹,
pọzᾶ e¹, pọsọ e⁸, puẹsᾶ g³ g⁴, p'ṣᾶ (Inf. pasyẹ, paṣu = Fischer) a¹;
mọsᾶ (Ernte) a¹, muzᾶ f¹ ω, Inf. muṣ'na f², muz'na f¹ ω. Ich reihe
sọnye f¹ f⁵ (signare, das Kreuz schlagen) an, sõnyœ c⁹ (vgl. sẹny f⁵
Kreuz). — Zu qu(i)etiare vgl. 56.

67. Als beweisende Fälle für die Behandlung von tonlosem e
bleiben übrig; pẹri (Birnbaum) d²—d⁵ d⁸ e⁸ e¹⁰; pwori d²¹ d²³, pwaryi

g², puri d⁷, pworœ c⁷ sind analogische Bildungen. Peze (Erbse, *pīsellum) d² d³ ῳ, masc. tçlç f. χtçlay' (*stelatus, stelata, Rindername) d¹¹, stçleⁱ e¹ᵘ, cfr. χtäl' (Stern) d⁸. Aus frẹma (schliessen) f⁵, fẹrma f¹ ist nicht viel zu folgern. Besonderer Erklärung bedürfen vẹsi, vçla (voici, voilà) f¹, vasi e¹, vala d⁸ e¹, väs' väl' a¹, val' c⁸. Es bleiben die mit de- zusammengesetzten Bildungen : dçχọd' (descendere) ῳ, vgl. 64, deme (? de-medius) d⁵, dçre (der letzte) d³ ῳ; in därœ b⁵ b⁶ ist a wohl durch r hervorgerufen. In lautgerechter Entwickelung scheint demnach vortoniges lat. ē weder zu a, o noch zu wç geworden zu sein; çl' (illa, s. 64) wird seine Form proklitischer Behandlung des e verdanken.

68. e + n (m) + Konsonant. In dem grössten Theil unseres Gebietes wird en (em) zu ĩ oder ç (e), nicht wie im Francischen zu ã : çdɪri (endurer) d⁸ e⁸, çdiri d³, çdœrye f¹; çfä (Kind) d⁴ e⁸ f¹ f² ῳ, efä d² e⁴, efä d³ d⁸ d²¹; çdormi e⁸; çvnyi e⁸, ĩvuye, 1. sing. j'ĩvuy' c², çvoy' (in viam) e⁸ vgl. 48; çtöd' (hören), çtẹrẹ (enterrer), çsẹn' (insimul) e¹; çputç (inde + portare) e³; rẹvyçχe (renverser), sçte (sentier) f¹; rẹpyi (remplir), 1s. rẹpey' d³, Part f. rẹpyey' d⁴ vgl. 207 Iᵇ: über çnuy' (ich langweile) s. 83; çgreṣi (engraisser) e⁸; ĩvye (Winter) d⁸, evyẹ f¹, evya ῳ, evwe e¹ (dagegen çvyç e⁸, çvya d¹²) beruht wohl auf *invernum, ive g¹ ist durch das Französische beeinflusst; lçsɪ (Leintuch, linteolum) d⁶ d¹², līsyç ῳ, lesi d³, lçsɪ d⁸ ¹); 3s. Conj. ĩputéχ' (emporte) c⁷, ĩputχéχ' c⁸; ebenso ist auch inde in proklitischer Stellung behandelt : j'nĩ mĩj' pi (je n'en mange plus) d³, va tĩ d¹ c⁹, jẹ nĩ vɪ pɪ d⁸, jẹ m'ç ve o le¹ e⁸; in betonter Stellung wird es zu ọ e¹, darnach wohl ọputç (emporter), 1s. ọput' e²; dẹvyer' (öffnen) d³ (dẹvyer e⁸), dīvyçr d⁸ kann auf Analogiebildung beruhen, vgl. 214, auch 197; auf einer Art Prefixvertauschung scheint rĩbyç (vergessen) d⁸, rẹli e¹ statt rubliç f² zu beruhen. Ueber ĩter' (integrum) s. 35; ätyçr' d⁴ f¹ verräth sich durch zwei lautliche Abweichungen als francische Form. Part. f. vädow' (verkauft) d⁴ ist analogisch gebildet. Immer ã zeigen : ätçr nọ (entre nous). ätĕr (ich trete ein) und 3s. äfey (enfle) d³, vgl. 207 III u. 207 Iᵇ. Die eigenthümlichen Lautverhältnisse, die hier eine Verlegung des Tones herbeiführten, werden sich erst ausgebildet haben, nachdem in unter dem Ton lautgerecht zu ã geworden war; — iɴvätä (erfinden) und iɴportä (important) in ῳ, augenscheinlich französische Lehnwörter, scheinen zu beweisen, dass französisches vortoniges ĩ beim Uebergang ins Lothringische zu iɴ wird (vgl. 65, 73). — Der besprochene Lautwandel findet jedoch in A B G nicht statt : ädçryç, äcyœm' (Amboss), änayẹ (ennuyer), afä (infans), 2s. äbrçsyẹs' (dass du umarmest), ävay' (in viam) a¹; vẹ t'ä, äbçχ (en bas) b³; ätọnœ (Trichter), j'ä ä (habeo) b⁷; die Grenze nach C hin kann ich nicht genau angeben; Inf. äbrasi

---

¹) Darnach erwartet man im Francischen läceɴl, auch wenn die Grundform (s. Groeber, Vulgärl. Substr.) lĕnteus ist.

g³, ắfắ g¹, i m'ã va g² (i m'ã vo auch f⁵). — Eine eigenthümliche Entwickelung zeigt s i n g u l a r i s (Eber) : siŋgyę c¹ c² c⁴ d⁷ d⁸, siŋgye d⁵ ψ, siŋgye f⁵, χiŋgyc ω, sägyę a¹, sädye‘ a³, sädχe b⁵, sädye b⁷. Man erwartet in der ersten Reihe sīgyę, in der zweiten könnte Einwirkung des Französischen oder Gemeinsamkeit der Entwickelung vorliegen. Sollte dagegen die erste Reihe auf s ī n g u l a r i s beruhen, so würde man im Francischen *singlier* erwarten.

69. Man beachte noch Folgendes : c scheint ausgefallen zu sein in vc (vitellus) c² f¹ ω, se (Eimer) d¹², dagegen sęye a¹ (Melkeimer). — Ausgestossen ist c in f'nę (Heu machen) c¹⁰, m'nǫ (wir führen) c⁸, mǫt'lät' (mustela) d⁹. — Ueber er'sö (Igel) vgl. 129. — Corbyo d⁵ (Körbchen) ist c o r b i c u l u s + o n e m; nicht ganz sicher ist, ob das i denselben Ursprung hat in curyat' (Riemen) d⁸, waχχya (grünlich) d³ s. 17, puχχǫŋ (von porcellus) d², puχyǫ d⁸, bǫcyǫŋ (Holzhauer, *boquillon*) c⁹.

Historischer Exkurs über e.

70. Bei der Erklärung von ta (tectum), sa (sitis), da (digitus), tǫ, sǫ, dǫ ist von dem auch ostfranzösischen Lautwandel bet. e = ei = oi auszugehen : oi vereinfachte sich zu o durch Schwund des i (Beispiele im Bernhard, im Poème moral und in den Altburgundischen Texten Romania 6, 1); später wurde o in manchen Orten zu a. Demnach wären die o-Formen die ursprünglichen, die a-Formen die späteren[1]). Im Metzischen (A) fiel das *i* des Diphthongs oi nicht ab, und oi wurde zu œ, ein Wandel, der in der Geschichte der Sprachen oft genug bezeugt ist.

Was die Schicksale des e nach den Labialen betrifft, so ist auch hier wieder von der Stufe oi auszugehen; aus oi wurde unter dem Einfluss der Labialis wǫ. Dass dem also ist, beweist die parallele Entwickelung von v o c e m zu wę, wo der Ausgangspunkt oi sein muss. Die Form wo in B C D halte ich für eine spätere, sekundäre, aus wę hervorgegangene; ich sehe darin eine Assimilation des e an das u oder w. Dass eine derartige Assimilation möglich ist, beweisen die Beispiele bei Roland : hhuo (*essuyer*), hhöuo (exaquare, waschen), auo (habere), sauo (sapere), tuo (töten), wo o auf e beruhen muss.

Wie hoch reicht jener Unterschied in der Behandlung des e nach Labialen und Nichtlabialen hinauf? Aufschluss erhalten wir durch den Ezechiel; vgl. Fr. Corssen, Lautlehre der altfrz. Uebersetzung der Predigten über Ez. S. 14. 15. *Mues, muoes* (neben *mois*), *buevres* neben *boivres* (vor Nichtlabialen findet sich nur oi) und die

---

[1]) Ich weiche hier von der Erklärung ab, die Schuchardt Kuhn's Zeitschrift XX 226 giebt, in einem Aufsatz, in dem jener Forscher zuerst auf den eigenartigen Einfluss der Labialen, namentlich auf folgendes *c*, auch im Lothringischen hingewiesen hat.

Thatsache, dass L a b. + e + n und N i c h t l a b. + e + n durchweg verschieden behandelt sind (*pleine*, aber *poine*), erlauben den sichern Schluss, dass jener Unterschied mindestens bis ins XII. Jahrh. zurückreicht. Auch der Bernhard hat *oe* nach Labialen (sonst *oi*): *poente* 9, 13; *moes* (menses) 111, 20; *poes* (Gewicht) 127, 38; *foens* (fenum) 62, 18. — Auch vor unbetontem *e* : *vuerrai* Ezech. 109, 23; *foentement* Bernh. 77, 30.

Was die Entwickelung von a. o aus gedecktem e betrifft, so nimmt man gewöhnlich an. dass a der ursprüngliche Laut ist, der später zu o wurde (vgl. W. Foerster, Lyon. Yzop. S. XXXII). Allein gegen diese Annahme liegen zwei Bedenken vor : Erstens wie kommt es, dass gedecktes ç die Stufe a nicht erreicht (von einigen besonderen Fällen sehe ich hier ab), obwohl es von Hause aus dem a näher stand als e? und wie erklärt es sich, dass das nach a sich bewegende e mit ç nicht zusammengefallen ist? — Zweitens hat das gedeckte e überall so ziemlich dieselbe Klangfarbe wie das freie e, hier überwiegend a, dort überwiegend o. Nimmt man die soeben für freies e gegebene Entwickelung an (zuerst o, dann a), für gedecktes aber die Foerster'sche (zuerst a, dann o), so scheint es schwer zu begreifen, wie beide in demselben Klang zusammentrafen.

Es giebt nun eine Erklärung, durch welche beide Schwierigkeiten beseitigt werden, die Annahme nämlich, dass das gedeckte e ebenfalls diphthongirte, zuerst zu *ei*, dann zu *oi*, dass dann ebenfalls Vereinfachung zu o und dann Uebergang zu a eintrat, kurz, dass die Schicksale des gedeckten e mit denen des freien zusammenfielen. Eine Ausnahme macht das Metzische, wo gedecktes e sich anders entwickelte als freies, weil hier die Reduzirung des Diphthongs *oi* auf o nur bei gedecktem e stattfand.

Eine Stütze findet diese Erklärung an der Thatsache, dass wo heute gedecktes e zu o wird, die Vertreter von n e c a r e, n e g a r e ebenfalls o aufweisen (nçyi etc.), dass, wo dagegen gedecktes e zu a wird, man nayi etc. hat. In der Entwickelung von n e g a r e zu nçyi, nayi wird man aber doch wohl die Formen mit ç als die älteren ansehen, da bei der Erklärung derselben allgemein vom Wandel von *ei* zu *oi* ausgegangen wird.

Beachtung verdienen auch die Formen vçr', crçr', ner', tel' (s. 55). Dass sich hier der ursprüngliche e-Laut gehalten haben sollte, ist äusserst unwahrscheinlich; in der Mehrzahl der Ortschaften finden sich ja auch vor r und l a- oder o-Formen. Nimmt man an, dass zur Erklärung von vçr', ner' etc. von a-Formen ausgegangen werden muss, so muss man für eine Reihe von Ortschaften unter dem Einfluss von r (l) eine rückläufige Bewegung des a nach e ansetzen, während doch in den meisten die Bewegung nach o hin eingehalten würde. Das Einfachste ist auch hier die Annahme, dass o der ursprüngliche Laut war, dass später o zu a wurde und endlich unter dem Einfluss von l und r zu ç und e hinrückte. Die Möglichkeit

einer derartigen Fortbildung von o zu e lässt sich mittels der Ent-
wickelung von o l e a zu el' (s. 86) erweisen. Auch ṣavu, das überall aus c a p i l l u s entstand (späteres œ
in einigen Orten kommt hier nicht in Betracht), erklärt sich bei
jener Annahme leichter. Wenn ị ursprünglich zu o wurde, so entstand u regelmässig aus o + u (u aus vokalisirtem l); ist dagegen
a das ursprüngliche, so würde man da, wo a (aus ĕ) heute vorherrscht,
das Produkt von a + vokalisirtem l erwarten, also *ṣavo oder *ṣava,
was sich nicht findet. Mit andern Worten: ṣavu setzt überall schon
Uebergang von e zu o voraus. Da nun aber an vielen Orten a (aus
ĕ) heute vorherrscht, so kann a nicht älter sein als o. Sind diese
Schlüsse richtig, so würde die Vokalisirung des l vor den Uebergang
von o zu a fallen.

Diphthongirung des gedeckten e ist nichts Unerhörtes; G. Paris
weist dieselbe Romania 7, 125 für den Dialekt von Berry nach;
vgl. ferner *leitres*, *loittre*, *moittre* bei Goerlich, Die Südwestlichen
Dialekte S. 54 (wo freilich der Lautwerth von *ei*, *oi* zweifelhaft ist);
maitre (mittere) Amis 1396, Jourdain de Blaiv. 1223, *meitent*, *cher-
raite*, *leitres* bei Fleck (Der betonte Vokalismus einiger altostfranzösischen
Sprachdenkmäler S. 29. 33. 34) und besonders *chavroit* (*caprittum)
Ezechiel 6, 4; 41, 27.

Es erübrigt, noch über die wa-Formen in G zu urtheilen, die
zweifelsohne aus einer Vorstufe wẹ hervorgingen. Zuerst bemerke
ich, dass jenes wa, ausser aus freiem e und e + y, sich nur noch in
wa (vocem), also nach einer Labialis entwickelt hat, nicht in a u -
c e l l u m, c r u c e m, n u c e m, a u c a, p i s c i o n e m, vgl. 102. 125.
66; jwaỵu (froh) g² ist wohl französisches Lehnwort.

Auf letztere Thatsache gestützt vermuthe ich, dass wẹ, wa sich
zuerst nach Labialen herausgebildet hat und dann (die Wörter mit
Labial + e sind zahlreich) durch Analogie auf die andern übertragen wurde; die Thatsache, dass man in Tavannes, im nördlichen
Jura, wie ich bezeugen kann, ịnwa, pwa, aber sa, tăl' (tela), da sagt,
gereicht dieser Annahme zur Empfehlung. Ich vermuthe ferner,
dass im Wallonischen die entgegengesetzte Wirkung vorliegt, dass die
œ-Formen, die jetzt allgemein üblich sind, sich ursprünglich nur
nach Nichtlabialen lautgerecht entwickelt haben, später aber verall-
gemeinert wurden. Das ursprüngliche Verhältniss wäre ungetrübt im
Metzischen erhalten, das die œ-Formen nur nach Nichtlabialen kennt.
Der Einfluss der Labialen im Wallonischen ist noch nicht verwischt
in der Behandlung von ĕ + n und in wẹ v o c e m.

Endlich muss die Frage aufgeworfen werden. ob nicht schon bei
dem Lautwandel von *ei* zu *oi* die Labiale eine hervorragende Rolle
spielten, in der Weise, dass *ei* zuerst nach den Labialen zu *oi* geworden wäre. Eine Thatsache lässt sich nicht anders erklären : der
Unterschied nämlich in der Behandlung von L a b. + e + n V o k.
und N i c h t l a b. + e + n Vok., der schon im Ezechiel durchgeführt

ist (*poine*, aber *pleine*). In bwōr' (aus bwęr') etc. hat der Wandel von e zu o sicher einmal unter dem Einfluss einer Labialis stattgefunden. Warum sollte nicht auch *boivre*, aus ursprünglichem *beivre*, unter dem Einfluss der Labialis entstanden sein? Sollte die für die wa-Formen in G gegebene Erklärung Billigung finden, so liesse sich die Frage nicht abweisen, ob sich nicht auch im Francischen der Laut wę zuerst nach Labialen entwickelte. Es wäre damit wenigstens die Entstehung des Lautes w und die Verrückung des Accentes erklärt, wenn auch die Entstehung des ç-Lautes dadurch nicht aufgehellt wird. Ausgedehnte Analogiewirkungen wurden von dem Augenblick geradezu nothwendig, wo man aufhörte, in betonter Silbe fallende Diphthonge (also *oí*) zu sprechen. Der Einfluss der Labiale auch im Francischen ist für *foin*, *moins*, *avoine* gegenüber *reine*, *haleine*, *pleine* unverkennbar, cfr. W. Meyer, Neutrum S. 125. Zu andern Resultaten kommt in der Frage über den Ursprung des Lautes wę G. Paris Romania 11, 607. Wie man aber auch urtheilen mag, so ist die Thatsache von Bedeutung für die Geschichte der Laute wę, wa, dass wa in G nur freies e und e + y vertritt, nicht aber (mit Ausnahme von vocem) o + y und au + y.

I (betontes) = lat. ı.

FREIES ı.

71. Freies ı hält sich im ganzen Gebiet, sofern es nach gemeinfranzösischen Lautgesetzen nicht im Hiat steht : medi (Mittag) ^{w}, muri (sterben) c[7], çdǫrmi e[8] und alle Infinitive und Participien auf -i; līv' (libra) e[1]f[1], līv' d[5]d[8]; līv' d[5] (liber, Buch, hat ı als gelehrtes Wort), līv' ^{w}; fi (filum) d[8]. Eine durchgreifende Trübung des auslautenden i zu e stellte ich nur für d[12] fest : fe (filum), pœre (faulen), mure (sterben), nœre (nähren), dęrme (schlafen), cware (*quérir*), fęrme (Ameise)[1]), aber rir' (lachen); s. auch unter i + n; vgl. auch 55 mę, te, das in d[12] aus gemeinlothringischem mi, ti entstanden ist. Man sagt ecrer' (schreiben) d[3], rer' (lachen), der' (sagen) d[3]d[4], aber 1s. ri, di; in g[4] notirte ich vįvr' (leben), in a[1] tǫsę (gemeinlothringisch tǫsi, hier).

72. I im Hiat wird in A und D nach wallonischer Art zu ey', zuweilen zu œy'[2]) : p'sey' (vessica) d[2]d[7]d[8]d[12]d[15], f'sey' a[2], p'sœy' d[4]; utey' (urtica) d[2]d[6]d[7]; truãdrey' (Faulheit) a[1], teruãdrey' d[3]

---

1) Jedoch nicht in den Verba auf -i = *ier*, lāṣi, tręvęyi.

2) Dieser Lautwandel findet sich übrigens auch nicht in allen wallonischen Mundarten (vgl. Zeitschr. IX 481); von einem Wallonen, mit dem ich befreundet bin, Herrn Dumont aus Huy, höre ich, dass man in Huy vęsiy' (nicht vęsey') sagt; damit hängt es auch zusammen, dass in Huy das Participium femin. der Verba, die dem Bartsch'schen Gesetz folgen, auf -iy' endigt, manyiy' (gegessen), nahiy' (müde); vgl. Zeitschr. IX 496.

(Suffix-ıa); mȩrşȃdey' (altfrz. *marchandie*) a¹, marşȃdey' d³ d²¹, mwarşȃdey' d⁶ d⁸, mwartşȃdey' d⁹; vey' (vita) a¹ d²—d⁵ d¹⁵ d²¹ (auch in *ψ*); malȩdey' d³ d⁴ d⁸ d¹²; poşȏn'rey' (Schweinerei) a¹. coşȏn'rey' d³; 1s. fey' (*je me fie*) d³ d⁴, fœy' d²³; 1s. r'mȩrsey' d⁴; 1s. natey' (*nettoie*) d³, natœy' d²¹; 1s. mȩrey' (*marie*) d³, mȩrœy' d²³: 1s. mwaştey' (mastĭco) d⁷; 1s. ley' (ich binde) d² d⁴ d⁷ d¹⁴, s. 207 I; ebenso im Part. f. der Verba auf - i r e : gerey' (geheilt), garney', nerey' (ernährt) d³, batyey' (gebaut) d⁵ d⁸ d²¹ (dafür in a¹ gȩrnis'. geris', rȗplis'). Derselbe Lautwandel findet sich auch bei sekundärem Hiat-i : über 1s. rȋbey' (vergesse) d⁶ d⁸, sofey' (ich blase) d⁷ d⁸. rȋpey' (ich fülle) d⁸, vgl. 207 I^b; über 1s. şey' (caco) s. 8; über die Part. fem., die dem Bartsch'schen Gesetz folgen, vgl. 12. Aus dem unter 13 Gesagten erhellt, dass der Wandel von i' zu ey' (wahrscheinlich durch die Mittelstufe -iy') in eine verhältnissmässig späte Zeit fällt; dafür spricht auch der Umstand, dass ey' sich in französirten Formen findet wie in 1s.r'mȩrsey d⁴, P. f. garney', gerey d³. A m i c a scheint in lautgerechter Behandlung nicht vorzukommen; über f o r m i c u s (nicht formica) s. 95; die Negation mi (mica) d⁷ e¹⁰ e¹¹ ψ wird wegen häufiger proklitischer Stellung nicht zu mey' : mȩ a¹ d¹² d¹⁷, mĭ d¹⁹, mẽ a³ b⁵ sind sekundär, s. den Anfang dieses Paragraphen und 55. Ueber die Reduktion von mi zu m s. 192. Wie weit im Anschluss an A dieses ey' nach B hineinreicht, kann ich nicht angeben; in D ist es für d¹⁹ d²¹ d²³ noch gesichert: d¹ schlägt sich zu C; in ψ notirte ich p'χey'. Ich hörte f'sey' in b⁴. Beispiele für die i-Form sind : utĭ' (urtica) d¹, otĭ' c⁴; spi' (spica, in D ist χpyat' üblich) e¹ e² e¹⁰ ω; vesi' d¹, v'si' e¹ ω, p'si' e² e⁴ e⁷ e¹⁰; mwatşȃdi' nur f¹, sonst tritt dafür marşȃdiz' a³. morşȃdiz' e¹ ein; vi' (vita) c⁴ c⁵ d¹ c⁴ e⁸ f¹ ω; malȩdi' c⁴, molȩdi' e¹; 1s. fi' c⁴ c⁷ c² c⁴ ω, 1s. mȩri' c⁴ c⁷, 1s. mari' e², Negation mi (mica) c⁸ f¹ f⁵ ν.

73. i + N a s a l. i + n o wird zu einem Laut, den ich in Ermangelung eines besseren Zeichens durch iɲ notire und den ich als ein geschlossenes i auffasse mit reducirtem n, das heisst mit dem blossen Ansatz zur Artikulirung des n : viɲ a³ c² d² d⁸ f¹ f⁴ ω; cusiɲ (Federbett) d⁸; pȃpiɲ (Grossvater) a¹; ş'miɲ b⁴ b⁶, sȩmiɲ a³ c⁴, vgl. 24; fȩştiɲ a¹ (Gastmahl), fȩχtiɲ c⁴; jadiɲ a¹, jödiɲ c⁷, vgl. 166; mȩtiɲ a³ ω; sȩpiɲ (Tanne) und piɲ ω; cȩziɲ (Vetter) a¹; in d³ notirte ich reines i, li (linum), vi. Der Laut iɲ begegnet jedoch nicht überall : in b⁵ b⁷ hört man französisches ȋ : ş'mȋ; jȩdyȋ (Garten) b⁷, ḥȩdjȋ, vȋ b⁵ (b⁶ ḥȩdjiɲ. viɲ); ebenso in g¹ g² vȋ; tş'mȋ, pvsȋ (Hühnchen) g² (aber in g³ viɲ, tş'miɲ, prsiɲ). In einigen Ortschaften in D glaube ich jedoch nicht, dass französischer Einfluss anzunehmen sei (vgl. 55, 71, 98) : mölȩ (Mühle), sȩmȋ d¹², sȩmȋ d¹⁷ d¹⁹; auch in e¹¹ hörte ich vȩ (vinum). — Der Laut iɲ entwickelt sich auch aus sekundärem i + n (über prsiɲ vgl. 107) und aus i ohne folgendes n bei vorhergehendem Nasal. Den zuletzt erwähnten Lautwandel fand ich nur in a¹ konsequent durchgeführt : Part. miɲ, f. miɲz' (*mis*), Inf.

t'niṇ, dręmiṇ (schlafen), v'niṇ, ęmiṇ (amicus), niṇ (nidus) a¹; mⁱniṇ (Müller), pręmiṇ (der erste) a¹ a³. Mǫtiṇ (Kirche) a¹ ist analogisch gebildet. Vgl. noch 177ᵇ.

74. -ina wird in dem grössten Theil des Gebietes zu -in' : jęlin' b⁵ s. 142; cejin' (Küche) b⁷ s. 93; cuzin' (Base) e⁸; pin' (spina) f⁴. In folgenden Orten findet jedoch eine Trübung zu e, resp. œ statt : cⁱjẹ̈n' (Küche), cǫzẹ̈n' (Base), fçyẹ̈n' (faine), pẹ̈n' (spina), fçrẹ̈n' (Mehl) a¹; j'lçy' (gallina), fçrçy' (farina). cuʰçy' (Küche), fuyçy' (fouine) d¹²; cuʰçy', ʰ'lçy' (gallina) auch d¹⁷. Cⁱjẹ̈n' g¹ g²; farẹ̈n', djęrẹ̈n' (gallina), tṣęmẹ̈n' (chemine) g²; djęrẹ̈n' g³ g⁴, ẋẹ̈n' (clinat, er neigt) g³. farẹ̈n', cyœjçn' g⁴, tẋœjçn' g³.

75. i + y. Ueber die Wörter auf -ica ist schon oben gehandelt. Sieht man von denselben ab, so lässt sich folgende Regel aufstellen, die auch für das Wallonische gilt : i + y wird i, mit Ausnahme von i + l y und i + n y, das vor folgendem lat. a zu e oder ç wird, und zwar auf dem ganzen Gebiet : ti (tilius, Linde) d³, daneben ci d² d³; çẋi (Achse, ob axiculus?) d⁴ d⁸ f¹ ωψ, ęṣi a¹; m. gri, fem. griẋ' (grau, it. grigio) b⁵ d⁷ e¹. grij' a¹ g³; biẋ' (Nordwind, vgl. it. bigio) c⁷ d⁷ e¹, bij' g³; ṣ'miẋ' (Hemd) b⁵ d² d³ e¹ ω, ṣęmiẋ' d¹ c⁷, ṣ'mij' a¹, dagegen, unter der Einwirkung der Labialis. ṣ'mⁱj' e¹⁰, ṣ'mⁱẋ' d⁴ d⁶ d¹² d²⁰ d²¹ e², beachte auch ṣęmiṣ' b⁷. — Vçny' (vinea) f⁴ f⁵, vⁿny' b⁵, vçy' d¹ d³ d⁴ d⁸ d¹² e⁴; lçy' (Angelruthe) d¹ d⁸; ṣ'ney' (Raupe, e halboffen) ψω, ẋ'ney' d²¹ f¹; lętey' (Linse) e⁸, litey' c¹ c⁷ d² d⁷, nitey' b⁵, nätęy' a¹, nätey' a³; nätiy' c⁸ ist durch das Französische beeinflusst: grey' f. (craticula, der Rost) f¹; ẋtrey' und ẋtęrey' (strigilat, er striegelt) d⁸; jätey' f. (artig) d²¹; fçy' (filia) e¹, fẹ̈y' a¹, fey' f⁵ g⁴, fçy' g³. Filius ist wahrscheinlich an filia angebildet : fe c² f⁵, fẹ̈ e¹ f¹ ω, fẹ̈ a¹, fœ̈ d¹². — Ueber tṣevey' (Knöchel) s. 24.

Gedecktes i.

76. Neben peti, f. petit' f¹ hörte ich p'te g⁴, p'tœ̈ g². — 1s. piẋ' (ich harne) d⁸. (Infin. piẋi d⁴ d⁸, auch pⁱẋi d⁸, pŭẋi ψ; v und u sind unter dem Einfluss dem Labialis entstanden; in a¹ pǫṣyç). — Quinque giebt siṇc a³ c⁷ d⁸ e¹ f⁵, sic d⁴, sⁱṇc b⁶ d³ f¹, sⁱc b⁵ (vgl. 73), sⁱṇcy g³, sentẋ' g⁴; quindecim : ciṇz' ω, cⁱz' a³ c⁹ d³ f⁵; viginti : vint f⁵, viṇt a³ e¹ ω, vit d²¹, vⁱt d³ d⁸, vẹ̈nt e¹⁰, vçt d⁴; lij' (Wäsche) d⁴, liⁿj' e¹ e², litṣ' e⁹, lendj' g³; über die Vertreter von spinula (Dorn) spiṇg' e⁸, piṇg' f¹ s. 173. — Dem Französischen génisse entspricht j'nä̃s' e⁸ e¹⁰, djęnä̃s' e⁴, ẋ'nœs' e².

I (unbetontes).

77. Neben mirœ (Spiegel) d¹⁹, miru f² f⁵ finden sich Formen, in denen unter dem Einfluss der Labialis i zu v geworden ist : mⱱrœ¹ e⁶ e⁹ ν, mⁱrœ d⁷ d²¹ e³ e⁴, mⁱrⱱ g³; in mire c⁴ d¹ kann sekundäres i

aus *r* vorliegen. — i ist erhalten in pinjọ (pipionem) e⁸ f⁵, pinṣọn̦ (Fink) c⁴, dindọn̦ (Truthahn) f⁵; pizi (harnen) d⁴ (doch vgl. 155): filọr' (Spinne) d⁹; brĩhụ a³ s. Gloss.; vilẹdj' e⁹; zpyat' (Aehre) d³ d⁴ d⁸ d¹⁴ lehrt, dass in D nur betontes i im Hiat zu ey˙ wird. Vgl. auch cyr 171, tya Gloss. Tṣ'veyat' (Knöchel) g⁴ und trẹyẹ (striegeln) a¹ sind analogisch gebildet; tẹya (Linde) a¹ setzt wohl ein tẹy' (tilia) voraus. — i wird zu e in : pẹrme (der erste), pẹrmer' d⁴, pẹrme d⁹. prẹme, prẹmẽr' *ψ*, preme, prẹmer' c⁴; reṣãs' *ṉ* (Reichthum, vgl. reṣ˙ c²); tẽhọ (tītionem) d³; lẹm'sr (Schnecke) d⁷, lẹm'si d² d³, lẹm'sõ e¹, lemẹsõ f¹. — i ist geschwunden in : m'rœ (Spiegel) *ψ*; f'ler' (Spinne), v'hi (vicinus) f¹; l'mesõ *ṉ*. — Ueber hr'sõ (ericionem) s. 129.

O (betontes) = ọ.

FREIES Ọ.

78. Man vergleiche das in der Einleitung Gesagte. — In A C F *ψ ν ṉ* ist der Diphthong durchweg erhalten, und zwar in A und F in der Form yœ. In a¹ syọ (soror), pyọr (ich kann, nach potes, potest), vyọ (volo), cọlyọf' (colọbra), fyọ (foris); sonst ist der Laut mehr geschlossen, byœ (bovem) f² f⁵ a³, yọ (ovum), nyœf (novem), syœ *ψ*, nyœf a³. In ṣœ (soror) f⁴ und zœ f¹ ist das i zur Bildung des ṣ, resp. z verwendet worden. Suffix - o l u s wird zu yœ in filyœ (filiolus) f¹, doch notirte ich filyọ, fem. filyọr' *ṉ*, tṣevirœ (capreolus) f⁵, tṣevr̃rœ f⁴. In C kommt eine doppelte Form vor, c⁵—c⁹ yœ¹). c¹—c⁴ (wo jedes œ = e) ye : byœ, vyœ c⁷, yœ, nyœf c⁹ : bye, nye, (novus), nyef, vye (volo), sye, pye (possum) c²; vyẹ, cọlyẹr', fye, zye (ovum) c³ c⁴, ṣevrye c² c⁴; ser (soror) c³ c⁴, cer (cor) c⁴ sind durch das Francische beeinflusst.

In B E G *μ* hat sich durchweg der Monophthong Geltung verschafft : br, vr (volo), nrf (novem), nr (novus), f. nrv', fr, cọlrv', rr', pr (possum), r (ovum); crr (*crosus, hohl) e² e⁸ e¹⁰; sr (soror) c⁴ e⁷—e¹⁰, dagegen zr e³ e⁵, ṣr g²; tṣevirr c⁸, tṣevirr e⁴; in g⁴ mit dort allgemein üblichem ẹ-Nachklang brẹ. rẹ. In b⁷ und c¹ wird r, auch sekundäres, zu i : si, f'li (filiolus) cri, ṣeviri, ninf (novem), fi, ri' e¹; cœr ist französisch: i, cọliv', ni, f. niv' b⁷ e¹; bi b⁷; das wohlbezeugte br e¹ ist vielleicht eine aus der Umgegend versprengte Form.

In D ist in einer Reihe von Wörtern der Diphthong erhalten, in einer andern der Monophthong eingetreten : syœ, fyœ, cyœz (Herz). nyœf (novem), cọlyœv'; syọ d²¹; culyœv' d⁹. Das fem. nyœv' (nova) habe ich nur für d⁷ und d³ festgestellt. Dagegen br, r, vr (volo), pr (ich kann); muyr (modiolus, Nabe) d⁸; lẹsr (linteolus) d⁴ d¹². lesr d⁸; ṣevrr d⁴; lẹm'sr (Schnecke) d⁷ d¹²; cyr (Linde, tiliolus) d⁴

---

¹) Ueber die Möglichkeit, dass in c⁵—c⁹ yœ zuerst zu ye und dann wieder zu yœ wurde, vgl. Anhang I.

d⁵ d⁸ d⁹ d¹¹; nyv (novus) d⁵ d⁹ d¹¹, aber nyœ̈ d⁷; letzteres wohl nach dem fem. nyœ̈v' umgebildet; crv notirte ich nur in d⁹. In d¹—d³, wo jedes v zu i, jedes iœ zu ie wird, hat man : sye, fye (cǫlyç̆r' d¹), culyev', nyef, nye f. nyev'; cyeχ d² d³; filye, f. filyel' d³ — bi, i, vi, pi; lçmsi d² d³; cri d³; sçvri d² d³.

Fragt man nach dem Grund der eigenartigen Schicksale von ǫ in D. so wird man zunächst sein Augenmerk auf nyv neben nyœ̈f und nyœ̈v' richten und auf die Vermuthung kommen, dass der Diphthong sich nur in lothringisch geschlossener Silbe hielt, dass er dagegen in offener zu v wurde. Diese Annahme setzt freilich voraus, dass in syœ, fyœ r erst nach dem Uebergang von yœ zu v abfiel. Als gesichert kann diese Erklärung ausserdem erst dann gelten, wenn sie für ähnliche Erscheinungen unter ç und e annehmbar erscheint. Filye d³ kann dem fem. filyel' angebildet sein, wie nye d¹ dem fem. nyev'.

Die sechsfache Kombination, in welcher die Laute, die sich aus freiem ǫ entwickeln, vorkommen, veranschaulicht folgendes Schema:

yœ̈ syœ̈ (f¹).   ye sye (c¹).
v syœ (d⁸).   i sye (d¹).
v sv (e⁸).   i si (e¹).

79. Besondere Fälle. Rota wird ursprünglich regelmässig zu riœi', wo das letzte i den durch den Ausfall des t entstandenen Hiat füllt. Ryœy'[1]) ist erhalten in a¹ f¹ ω; eine Vereinfachung des Triphthongs zu rvy' findet statt in f² f⁴ (wo im übrigen der Diphthong erhalten ist); in d⁷ d²³ sagt man rœy`, in b³ d⁸ d⁹ e⁷ e¹⁰ g² rv', in d³ e¹ ri'; ri' aus rv' auch in c⁹ neben byœ̈, yœ̈, nyœ̈f. — In celyev' f¹, celyçv' ω²) ist der e-Laut wohl durch das v hervorgerufen (cfr. 180). — Ein aus mor(i)o lautgerecht entwickeltes mv hörte ich nur in e⁷ e⁸ e¹⁰ g²; die 1s. mȏr b⁵ c¹ c⁷ d²¹ ist nach dem Inf. muri c⁷, mœr g³ nach dem Inf. mœri gebildet³). — Apud hoc diphthongirt nicht wegen häufiger Proklisis : çvǫ d³ d⁴ d⁸ e⁹ f¹, avo g³ g⁴, avȏ b⁵ c⁷, avǫn c⁴, çvǫn c¹ c⁹, çva a¹; vgl. damit s'nǫ (sine hoc) e¹ ω. — Trœf' (ich finde) sagt man in a¹ nach dem Infinit. trœvç, trǫv' d¹. — Opera kommt nur in der Verbindung wǫ d'yœ̈v' ω, wç d'vv' e¹⁰, wa d'rv' e³, wa d'iv' e¹ vor; es ist wörtlich guère d'œuvre und bedeutet eine Kleinigkeit, frz. pas grand' chose. In weitaus dem grössten Theil des Gebietes ist der Ausdruck unbekannt⁴). — Rosa wird zu roz' f¹, ruz' a¹. — Ueber *plǫvit (es

---

¹) Vgl. häufiges rueie im Ezechiel.

²) S. ähnliche Beispiele bei Adam S. 315.

³) Ein selteneres lautgerechtes miœ neben analogischem mur erwähnt Haillant III.

⁴) Ein Beispiel bei Thiriat S. 413: Jé posse qu'è n' fré rœ̃duve dé note Bautis = Je pense qu'il ne fera pas grand' chose de notre Baptiste. — Kéd. u. Voinraux S. 13 kommt es in etwas verschiedener Bedeutung vor: On n'poyçye rœu dieuve voir de pu risible = on ne pouvait guère voir de chose plus risible.

regnet) und den Infinit. s. 214 v. *Pleuvoir.* Das Substantiv ist: pyow' a¹d³d⁵d⁸, pyū c¹c²d¹e⁸, pyœj' ω, pyœdj' f¹g³g⁴.

80. Was das historische Verhältniss von *v* zu iœ betrifft, so unterliegt es keinem Zweifel, dass iœ die ältere Form ist. Für den Uebergang von iœ zu *v* lassen sich folgende, immerhin beweiskräftige Analogien anführen:

1) cyœtsǫt' (Glöckchen) e², cyœtsǟt' e⁴ wird e³ zu crṣǟt', e¹ zu cişǟt'; cyœtse̜ (Glockenthurm) e⁴ wird in e³ zu crṣe̜¹, in e¹ zu cişe̜¹.

2) Von florere kommen neben den regelmässigen Formen wie die 3s. fyœre̜ ψ auch solche mit *v* vor: 3s. fcr' e²e³, fir' e¹, Infin. fcri e², 3pl. fcrā e³, firā e¹ (man vergleiche auch im Gloss. fcrya, fcryǟt').

3) Gott ist dv in g¹e⁴, lǫ bõ dc e¹⁰, dce g³, das nicht aus lat. deus (cfr. 33), sondern nur aus dem französischen *dieu* hervorgegangen sein kann. Aehnlich mõsc e¹⁰e¹¹ aus frz. *monsieur*.

Daraus, dass *v* aus ǫ an dem Wandel von *v* zu i theilnimmt, ergiebt sich, dass der Uebergang von iœ zu *v* älter sein muss als der von *v* zu i[1]).

81. ǫ + Nasal. Bonus. bona wird zu bwǫn̥ bwǫn' f¹ω, bwǫ bwǫn' d³, bwā bwǫ̈n' d¹¹, bwõn̥ bwǫn' f². bwīn̥ a¹a³, bwī bwcn' d¹², bwe̜ bwcn' d²¹. bõ c⁷g³, bõ bǫn' e²e⁸e¹⁰, bõ bwǫn' g², f. bǫ̈n' d¹. Das u ist durch die Labialis hervorgerufen. — Homo wird zu ã in a¹, zu õ in d³d⁶d⁸g². — Sonat und tonat werden zu sę̈n' tīn' d³d⁶d³, sịn' tịn' e⁸, sin' tin' d⁴d⁷d²¹e⁹e¹⁰, sīn' tīn' c², tīn' c⁴, sę̈n' a¹, tycn' f¹, sin' d⁵.

ǫ + y.

82. Die Grundform aus ǫ + y ist von B bis G œ, resp. œ̈ˡ; ebenso in μ *r* ψ ω : nœ (noctem), œt (octo, zu yœt b⁵—b⁷ vgl. 191), cœ̈ (corium), cœr' (*cuire*); pœ (*poteus) d⁵d⁷d¹²f¹ω, pœ̈ˡ e⁸, pœ̈ˡ c⁷, pǣχ b⁵; ahudœ (hodie) d¹², oj'dœ f⁴ωg², aj'dœ g⁴; vœ (vocitus, leer) f¹g²—g⁴, fem. vœd' d¹²g²; œ (oculus sing. u. plur.) d⁴d⁸; sing. œ̈, plur. œy f¹; sing. œy ωe⁴; plur. œy e⁸g⁴; œ̈χ' (ostia) d⁴d⁹d¹¹; cœ̈χ' (coxa), pœ (*posteum, *puis) f¹, d'pœ a¹. Ein i-Nachklang ist wahrnehmbar in e⁸e¹⁰ : nœˡ, vœˡ, f. vœ̈ˡd', pœˡ,

---

[1]) Was den Uebergang von iœ zu *v* betrifft, so vermuthe ich, dass yœ zuerst zu ie̜ wurde (ähnlich wie pye zu pyi vgl. 31 Anm.) und dass darauf das i schwand, weil ie̜ eine im Lothringischen missliebige Lautverbindung ist (vgl. fcte̜, fyce̜ = afrz. *flauter* Zeitschr. IX 504). *Diù* (phon. die̜, deus) verzeichnet Oberlin S. 151, ebenso *fiù* (foris) aus Lunéville. Die Vorstufe zu yœ war vielleicht *uo*, nicht aber *ve*, da das Gesetz (es ist auch wallonisch), demzufolge vortoniges lat. ū im Iliat zu u, nicht *v* wird, gewiss alt ist, vgl. Zeitschr. IX 488. — Vereinzeltes *ycrre* (opera) findet sich Ezechiel 48, 18. — Interessant ist, dass freies ǫ = iœ auch im Wallonischen vorkommt, cfr. M. Wilmote, Note sur le Patois de Couvin S. 7 (Extrait de la Revue de l'Instruct. Publ. en Belgique, Tome 29, 4ᵉ livr.).

œ̯t. dagegen cy̆œ̆ (corium); nœ̯ⁱ auch e³ e⁷, nœ̆ⁱ c⁸. In ſœy' (folia) f¹ g⁴. ſçy' a¹ liegt ebensowohl wie in den Vertretern von oculus reines y und nicht bloss i-Nachklang vor; in den meisten Orten ist übrigens das Deminutivum fuy̆ăt' allein üblich. In c¹—c⁴, d¹—d³. e¹ werden die œ-Laute zu e : ne, cer' c³ c⁴ d³ ; 1s. ce. Part. m. ce, fem. cet' d³ ; ey̆'; pe (pǫteus) d³ c⁴; ĩem. ved' d³ ; ce (corium); ne (oculus) d³; trēt' (Forelle) d³ ; d'pe (depuis) e¹. Einen i-Nachklang vernimmt man in e¹ : ęneⁱ (heute. ad noctem), cę̆ⁱ (corium). pwę̆ⁱ, trę̆ⁱt' (Forelle), cç̆ⁱ (coctus), dagegen ŏy̆'. cĕy̆' und Inf. cer'. Eine Ausnahme bildet œ̯ⁱt (octo). Denselben i-Nachklang notirte ich auch in c² in neⁱ und Part. f. ce̯ⁱt', dagegen cer'. P. m. ce und cĕy̆' (coxa). — Für pǫteus ist ein besonderer Einfluss der Labialis nur in pwę̆ⁱ e¹ ersichtlich.

83. Coxa wird regelmässig zu cœ̆y̆' oder cĕy̆' und bedeutet lothringisch Ast und Schenkel. An vielen Orten findet sich jedoch eine Nebenform cïy̆', der ausschliesslich die Bedeutung Schenkel zukommt. während cœ̆y̆' dann nur den Ast bezeichnet. So sind cœ̆y̆' und cïy̆' neben einander üblich in c⁷ d⁷ d¹⁰, cey̆' und cïy̆' in c⁴ d³. Beide Bedeutungen vereinigt cœ̆y̆' in d⁹ d¹² ψ, cĕy̆' in e¹. In cïy̆' liegt theilweise Anbildung an das französische cuisse vor; vgl. Zeitschr. IX 502. In e¹⁰ ist neben cœ̆ş' (Ast) frz. cuisse gebräuchlich.

In puş (pǫteus) g³ (neben nœ, vœ) wurde der y-Laut zur Bildung des ş verwendet; es fand keine Kombinirung desselben mit ǫ statt (œ ist aus o + y entstanden). — In g¹ ist cyᵉ (corium) neben nœ, œt, tyę̆r' (kochen) üblich. In 1s. ęnuy' (j'ennuie) d¹², ęnǫy' d³ d⁵ d⁸, ęnoy' e¹⁰ (vgl. 1pl. ęnǫyǫ d⁸, Inf. enǫyi d³) hielt sich das im Hiat stehende y neben dem ǫ und verschmolz nicht mit demselben zu œ.

84. In A wird ǫ + y zu v wie im Wallonischen : vt, oj'dv, cvr' (kochen), cvr (corium) a¹; nv (noctem), vv f. vv̆d'; 1s. cv (koche): pvş (pǫteus) a¹, pvy̆ a³. Ausgenommen sind cœ̆y̆' a⁴; cœş', œ̆ş (ostium), fęy (folia) a¹; ausserdem. nach bekanntem Gesetz. 1s. çpay' (appuie), cfr. Inf. ępayę) a¹ und 1s. ãnay' a¹ (Inf. ãnaye).

Zu beachten ist. dass von A—G ǫ + y dasselbe Ergebniss giebt wie o + y, wodurch die Diphthongirung des ǫ in der Entwickelung der Gruppe ǫ + y ausgeschlossen erscheint. In A, wo v + y regelmässig zu v wird, könnte man allerdings für vt, cvr' etc. ein ursprüngliches (francisches) vit, cvir' vermuthen, und dies umsomehr als in A ç + y. gleichfalls abweichend von der Behandlung in B—G, zu i wird. Allein diese i-Formen sind wahrscheinlich francische Lehnformen. Bei jener Annahme müsste man wenigstens für cῡ̆y̆' und œ̆ş' eine Ausnahme annehmen; 1s. ępay' könnte nach dem Infinitiv umgebildet sein. Wahrscheinlicher ist mir, dass das v aus ursprünglichem œ hervorging wie auch im Wallonischen. In coxa, ostium wurde der y-Laut zunächst zur Bildung des y, resp. ş verwendet; ob ausserdem eine Verbindung desselben mit o stattfand. ist fraglich. Das schnell gesprochene ǫ konnte spontan zu ǫ̈ werden. Zu Gunsten dieser Auffassung spricht das wallon. uχ'. cǫχ' neben nɪ̈t. ɪ̈t.

85. **Focus, Locus, Jocus** zeigen durchweg dieselbe Entwickelung wie ǫ + y : fœ d²¹ c⁴ f¹ f⁴ g² ω, fœ̈ⁱ c⁸ e⁸ e⁹, fœ̈ǫ g⁴; jœ c⁹ f¹. jœ̈ⁱ c⁸ — fe c¹ d³, je c³ c⁴ d³, jǫ̈ⁱ, fǫ̈ⁱ e¹. Locus ist an vielen Orten ungebräuchlich. Ich hörte nur lœ̈ f¹ ω, lœ̈ⁱ e⁵, lǫ̈ⁱ c¹. A hat fɪ̈. jɪ̈. die ich für a¹—a³ konstatirte. Es fragt sich, ob wir hier die francische Entwickelung anerkennen sollen oder ob nicht vielmehr c, statt abzufallen, zu y wurde und mit o zu œ zusammenfloss. Der i-Nachklang, der sekundär sein kann (vgl. 39), genügt nicht, um die Frage zu entscheiden. Für die letzte Auffassung spricht das Metzische fɪ̈. jɪ̈.

Eigenthümliche Formen hat **jocare** in f¹ und ω entwickelt. In ω lauten vom Praes. Indic. 1. 2. 5. jɪ̈. 3. 4. 6. jyǫ, in f¹ 2. 3. djɪ̈. 6. djɪ̈t, 1. djǫ, 4. djǫ, 5. dji. Es fragt sich, ob für die ɪ̈-Formen ein Typus *(d)jiœi' zu Grunde zu legen ist, aus **jocas, jocat**, der sich zu ɪ̈ vereinfacht hätte, wie ryœy' zu rɪ̈'; rɪ̈' kommt freilich gerade in f¹ und ω nicht vor.

86. **Olea** giebt ɑl' a¹. wǫl' c¹ c⁷—c⁹. ǫl' d¹, ōl' b⁵ b⁶ d³ d⁵, wɑl' g³, ǫl' f¹ f² f⁴ f⁵. Ueber ǫl' vgl. 70. In wɑl', wǫl' darf man nicht Diphthongirung annehmen; am einfachsten erklärt sich der w-Vorschlag aus der Einwirkung des Francischen. Vgl. das auch in C vorkommende dwaɣ' 50. woɣ' (auca) 125, woyi (audire) 126. Kombinirung des o mit dem y-Laut schliessen alle jene Formen aus. Eine Ausnahme macht das von mir nur in e⁸ e¹⁰ gehörte œⁱl', e¹¹ ō"l'.

Gedecktes ǫ.

87. **Gedecktes ǫ vor r** diphthongirt in C. D, e⁷ e⁸ e¹⁰ (wohl auch in e⁹ c¹¹; hier fehlt es mir an Beispielen). also in dem östlich von dem Vogesenkamm gelegenen Theil von E, in F (Beispiele aus f³ fehlen mir) und in ω; über μ ɣ ψ kann ich nichts Bestimmtes sagen : cwod' (chorda) d³ d⁸ d¹⁵ d²¹ e⁸. cwǫt' c² c⁷ c⁸; fwo (fortis) c⁸ ω, fwō d²¹, fem. fwot' d² d³; pwot' (porta) d³ d¹⁵ d²¹ f⁵; χcwoχ' (écorce) d³ d⁵ d⁸. scwoṣ' e⁸ c¹⁰, cwōχ' c¹ c²; pwǒṣ' (porticus) c⁴, pwots' d¹⁵; cwon' (cornua) d² d¹⁵ d²¹, cwǫn' d³ f¹. cwōn' ω; pwǒ (porcus) c³ d¹ d² d⁴, pwǒ c⁴; fwoṣ' (Kraft) e⁸, fwōχ' d²¹ f¹; mwō (mortuus) d⁵ d⁸ e⁷ e⁸; mwo (mortem) e⁸; gwodj' (gorge) e⁸, gwoj' d²¹. gwoṣ' c⁹. gwoṣ' c¹ c²; wodj' (Gerste) e⁸. woṣ' c² c⁹, wǫṣ' c⁷; mwod' (mordere) c⁵ d⁴ d⁸ d²¹ e⁹ f² f⁴, mwǫd' f¹ ω, mwǫd' d¹. mwǫd' c³ c⁴ c⁶ c⁷; twǫd' (tordre) c⁷, twod' c¹ c⁶ c⁹. twod' c⁵ e⁸; à notirte ich in twɑd' c⁵, cwɑn' c⁹ und in d¹² in cwɑd', pwɑ. fwɑ, cwɑχ' (Rinde).

Statt der diphthongirten Form braucht man χtod' (extorquere) d³ d⁵ d⁸ d¹⁰, χtǫd' d⁴. tod' f¹, tàd' d¹². — Das lautgerechte two (*tort*) hörte ich nur in e⁸; tor c¹ d³ d²¹ und auch to d⁸ ist durch das Französische beeinflusst. Dasselbe gilt von cor (corpus) neben richtigem cwo e⁷ e⁸. Die Diphthongirung fehlt in A, B, e¹—e⁶, d. h. in dem westlich von dem Vogesenkamm gelegenen Theil von E, und in g¹—g³; über g⁴ fehlen mir Nachrichten:

a¹ : tur (*tort*), cud', cun', fur (fortis), cur (corpus), ûrṣ' (Gerste), put' (porta). aber moᵘ (mordeo, 1pl. mǫdā), moᵘ (mortuus), f. moᵘt'; mod' (mordere) a³; ōχ' (Gerste) a³ a⁴; trd' (*tordre*) macht in a¹ a³ a⁴ eine bemerkenswerthe Ausnahme. Mordere giebt ferner : moc' b⁴, mot' b³, mod' b¹ e³, mody' e¹, mūd' e⁴; torquere : toc', 1s. to b⁴, tod' b³ e², stody' e¹. stūd' e⁴; chorda : codṣ' b⁴, cod' e² e³; corn(u)a cōn' e¹—e³; g¹ hat po (porcus), potṣ' (porta), ordj'; g² : potṣ', cotṣ'. motṣ' (mortua), mo (mortuus); g³ dagegen guęrdj', puę (porcus), fūę (fortis), f. fūętṣ', mūtṣ' (mortua), puętṣ'.

Für cętoχ' (quattuordecim) d³, cętoṣ' f⁵, cętor ω ist mir eine diphthongirte Form nicht begegnet. — 1s. put' (ich trage) ist in d³ üblich (Inf. putç).

88. Gedecktes ǫ, mit Ausnahme von ǫ + r + Kons. und ǫ + n + Kons. In collum, colpum, mollem, dossum etc. wird in dem grössten Theil des Gebietes lat. ŏ zu o, nur ausnahmsweise zu ǫ. Jenes o ist jedoch nicht rein; es folgt auf dasselbe oft ein schwer zu definirender Nachklang, über dessen Wesen die Ansichten getheilt sind und den ich als einen u-Nachklang auffasse. Einige eigenartige Entwickelungen und besondere Fälle bespreche ich zuletzt:

coᵘ (collum), coᵘ (colpum) c¹ c² c⁹ d⁸ e⁴; coᵘ (collum) b⁴ d¹⁷, cǫᵘ ω; moᵘ (mollis) c² d⁸; foᵘs' (fossa), doᵘ (Rücken) a¹ e⁴; toᵘ (bald) a¹ d³; boᵘ (Holz) a³ d³ d⁸ e¹⁰ ψ; coᵘt' (costa) c⁹; oᵘs (Knochen) e¹⁰. Bloss o, resp. ǫ notirte ich in : bo f⁵, bŏ c⁷; do ω; co (Hals und Schlag) b⁶ d²¹ f⁴. cǫ g³; fōs' c¹ d³ d⁵; tö ψ, to d⁸ d¹⁰; ōs (Knochen) d³ f¹, os d⁸, ǫ g³; cōt' (costa) c⁹ d¹² d²¹. — In e⁹ e¹⁰ tritt aᵘ an die Stelle von oᵘ : caᵘ (Schlag) e⁹; caᵘt' (costa, Rippe), cyaᵘtṣ' (Glocke), aᵘs (Knochen) e⁹ e¹⁰; aᵘt' (hospitem) e¹⁰. — In e⁷ e⁸ trifft man eine nasalirte Form : in e⁸ notirte ich cyõtṣ' (Glocke), dõn̦ (Rücken), tõn̦ (bald), cõn̦ (Hals und Schlag), bõn̦ (Holz), cõt' (Rippe), fõn̦ (*fou*), çcõl' (Schule), õt' (hospitem). In e⁷ fõs' (fossa), don̦, con̦ (Hals), cõn̦ (Schlag), cõt', õs (Knochen). — Lat. ŏ wird zu œ in e¹—e³ und in g² ¹); voran stelle ich die Formen, die ich in den vier Orten aufgeschrieben habe : dœ, cœ (collum u. colpum), bœ; bītœ (bald) g²; stœ be (vielleicht, *si tŏt*, cfr. Gloss.) e³; tœ e¹; cœst' e¹, cœt'

---

¹) Auch in g¹, wenn das einzige Beispiel bœ (Holz), das ich in meinen Notizen finde, den Schluss gestattet.

e²e³; œs c¹; fœs' e¹e²; çcœl' e¹c²; ty͞q̄s̱' (Glocke) e¹, cyœts̱'
e²; rœ̨s̱' (*roche*) e¹, rœts̱' e²; nœ (noster), vœ (*voster) c¹. Das
erwartete grœ (grossus), f. grœs' findet sich nur in g²; gro, gros'
sagt man in e¹; gros' notirte ich auch in e³, groᵘs' in c². Sonst
sagt man gro. gros' d²d⁹, gru d³e⁴. Eine merkwürdige Nebenform
des Wortes (wenn es dasselbe Wort ist) ist gwo c¹c²c⁹e⁹c¹⁰. fem.
gwos' c²c⁹, gwǫs' c¹ ¹).

89. Molere giebt mor' c⁴d³d⁵e¹⁰f⁵ℳ, mur' a¹c⁷, mǫr' b⁵.
mœr' g¹. 3s. mœ, mod' f¹, mœd' c¹. mœdr' g³. Auffällig ist mwor'
d¹², womit cwor' (Ulme) d⁸ (aus colyrus st. corylus) zu vergleichen
ist. Sollte hier l vor r geschwunden sein, bevor es lautgesetzlich
in u überging, und zwar so früh, dass stellenweise das nun vor r
stehende ǫ noch diphthongiren konnte? Duodecim wird zu dǫz'
d³f⁵, doz' c⁹. — Zu den bereits erwähnten Formen für *rocca
und *clocca füge ich noch folgende hinzu: rǫts̱' d²², rots̱' f²;
cyœ̨s̱' d⁴c⁹, tχœ̨s̱' c⁷c⁸, tχœs̱' b⁶, tyœs̱' b⁷, cyes̱' c¹c²; cyes̱' auch
in d⁶d⁸d²¹, wo sonst œ nicht zu c wird; ǫ hat überhaupt eine Neigung, vor (t)s̱ zu œ zu werden: ich erwähne noch: crœ̨s̱ (*croc*) d¹,
1s. çpᵟ̨rts̱' (*approche*) e⁸, ꞓepres̱' c², epers̱' d³; hierhin gehört wohl
auch brᵟ̨χ' (Bürste) f¹, brᵟ̨s̱' e⁹, breχ' d³. Ueber die dem franz.
soc (Pflugschar) entsprechenden Bildungen, die ebenfalls œ haben.
vgl. 133.

90. Noch in einer andern Reihe von Worten, und zwar zu-
meist vor den Doppelkonsonanten tt, pp findet sich jener eigenthümliche oᵘ-Laut nicht; dafür tritt ǫ. selten o ein. Die Quantität (jene
Vokale werden meist kurz gesprochen) scheint hier auf die Qualität
der Laute eingewirkt zu haben: trǫ̈ (zu viel) d³d⁶d²¹c⁸f¹f²f⁵g¹g².
tró d¹; cǫ̈t' (Unterrock) d³d⁸e⁸f¹, côt' c⁹; mǫ (*mot*) d³eˣf¹. mo d⁸;
nǫ̈t', vǫ̈t' (*notre, votre* in konjunktiver Stellung) c⁶c⁹e⁸. Eine Be-
sonderheit von A ist, dass hier an Stelle von ǫ a erscheint: trä.
căt', (in a³ căt'), mä, năt', văt'. Dazu schlagen sich äs (ossum), cyä̱s̱'
(Glocke) a¹, und pya, f. pyăt'. sofern Suffix -ottus, -otta zu
Grunde liegt (*petiot*) und nicht -ittus. Diese Formen kann ich
übrigens nur für a¹a² bezeugen.

Schliesslich sei noch cwo (Hals und Schlag) in f¹ erwähnt, wo
sekundäres w sich nicht nur nach Labialen, sondern auch nach c
einstellt.

---

¹) Man hat den Eindruck, als ob jenes oᵘ (œ, ö) aus einer Verdoppelung oder Zerdehnung des ursprünglichen ǫ hervorgegangen sei. Bestärkt
wird man in diesem Gefühl durch die Thatsache, dass unser ǫ dasselbe Ergebniss giebt wie a + vo und dass der oᵘ-Laut in doᵘ aus dossum sich
von dem oᵘ in coᵘ nicht unterscheidet, wo doch eine Verbindung des o mit
einem aus l entstandenen u stattgefunden haben muss. Eine Stütze findet
jene Annahme an *boos* im Bernhard. Vgl. eine ähnliche Erscheinung unter
ç. Wie wäre eine derartige Verdoppelung wohl zu erklären? Etwa als Er-
satz für die hier nicht, wie vor r + Kons., eingetretene Diphthongirung, also
eine Art Analogiebildung?

91. O + n + Kons. wird zu ǫ oder zu ǫɳ : frǫɳ (frontem)
c²f²e³, frǫ d³; pǫ (pontem) f², pǫɳ d³, frǫɳ, pǫɳ d¹²; frõ notirte
ich in e². Aehnlich giebt somnus sǫ d⁴, sǫɳ c¹c². sõ e¹f¹, ho-
minem ǫm' d³g¹g²g⁴, ŏm' d¹². ŏm' d³, ăm' e¹⁰, om' c⁴, õm' c⁷
b⁷. — Für longe (loin) notirte ich lã e²e³, lõ f¹, lǫ d³; frz. besoin
entspricht b'zõ f¹.

Unbetontes ǫ.

92. Einwirkung des betonten Vokals liegt vor in : Part. m.
twådji (tordu), mwådji c⁶c³, twodji, mwodji c⁵; mwǫdi c⁴. vgl. 87;
twǫdjʋ g³, mwǫdjʋ g⁴; 1pl. mʋrǫ (wir sterben) e⁷; tinar' c⁴, tinor'
e⁴, tinǫr' d⁷d²¹, tyǫnǫr' f¹; P. f. sinay' (sonata) d²¹, sinõt' (Schelle)
c⁴. Eine derartige Einwirkung braucht man für nœtey' (nuitéc) dˢ
(s. Gloss.), Inf. vœˡdi e³ und nɩjät' a¹ (noisette) nicht anzunehmen,
da vortoniges ǫ + y regelmässig doch wohl auch zu œ, resp. ʋ
wurde ¹).

93. Ob und wie sekundäres y aus c und ty in *cocina und
*poteare ǫ beeinflusst hat, ist nicht recht ersichtlich : ersteres gab
cɩjĕn' a¹, cũ̈hin' b¹b³b⁵f¹ω. cǫjin' b⁷, tχũ̈hin' b⁶. cchin' e¹, cɩjĕn'
g¹g² (vgl. djɩ̯ǫdi g³. Donnerstag), cyœjĕn' g⁴, tχɩ̯jĕn' g³, aber daneben cuhin' c⁴c⁹d³d⁷d¹³. Poteare wird zu puhi b⁵, puhyǫ c⁴.
aber pɩ̯hi d⁵d⁷ω (danach wohl die 1s. pɩ̯h' d⁷), pɩ̯he ʋ, pɩ̯je f⁵
(1. Praes. Indic. pɩ̯je f⁵, pɩ̯he f¹), pɩ̯jyǫ a¹, pɩ̯jiǫ g³, pihi e¹d⁴.
Ob ʋ unter dem Einfluss der Labialis p entstanden ist?

94. Dem frz. meunier entspricht moni g¹, mɩne, f. mɩner' f⁵,
mɩniɳ a¹a³, mine¹ e³, minē c⁴d²d³d⁶dˢd⁹d¹²d²³. Ist mine aus
mɩne entstanden, und dieses aus mone (mune) durch Einfluss der
Labialis? Man vgl. mǫliɳ (Mühle) c⁹e¹, mŏlǫ d¹². rãmǫlu (remou-
leur) a¹.

95. O wird zu œ (ǫ) in : fǫrmi (Ameise) d¹⁷e⁴f¹ (fǫrmi d³dˢ,
ähnlich fǫrmǫj' d³) — Inf. drǫmi f¹, dǫrmi d² — Inf. mœri e³f¹g³.
1pl. mǫrã a¹, danach 1s. mœr g³ — vor cc in cyœsǫt' ψ, cyesat' d¹,
cyesǫt' c⁴ (s. das Weitere 80); byœsạ (Block) d⁷; cǫ̈rṣa (s. Gloss.)
dˢ; Inf. ǫpǫrtsǫ e³, ǫprǫsyœ c⁹. vgl. 89.

96. U, resp. o, haben ausserdem : Inf. muri c⁷, 1pl. murǫ d³
(vgl. 214); part. mudi (gebissen) d¹, mǫdʋ e⁴, mudʋ f⁴, modjʋ g¹:
todʋ eˢ; culγœv' (colobra) d⁷ neben cǫlγœv', cɩlγǫʋ' f⁴ (vgl. 78. 79)
mõtiɳ (monasterium) a³, mǫte d¹d¹¹d²¹ ψ, mǫte¹ d¹²; pǫṣe¹ (porcellus)
cˢ, pǫṣe¹ e⁹, pǫṣǫ g¹. puχe e²e⁴f¹. puχyõ d²; muχe (morceau) dˢf¹:
Konj. 3s. ɩputǫ́s (emporte) dˢ, Inf. putǫ d³ (darnach s. 169 1s. put'),
putže b⁷; cǫrbay' (Korb); fuyat' (Blatt, an vielen Orten statt des
einfachen folia üblich) b⁷d³d⁴d⁷; tụte (Kuchen) c². tǫte d³; nǫve
(nouveau) ω: cǫnay' (Rabe, cornicula) d⁷, auch cwonay' d⁷, cwǫnay'

---

¹) Dasselbe würde dann auch von dem Wallonischen ǫ + y = ʋ gelten;
s. Zeitschr. IX 486.

f[1]; monoy' (moneta) f[1], munay' (ω); mọyç (*mouiller*) a[1]; cʋye (*cueillir*)
f[5]: cuyœ (Löffel) d[21], s. cuɥi Gloss. Ueber dẹm'hōl' (dominicilla)
vgl. 63. 97. Ausfall hat stattgefunden in : Inf. s'nç (sonare) a[1]. Part. s'ue
d[3], 3pl. s'nọ e[8]e[10]; p'ṣe (porcellus) a[1]; t'nẹr' (Donner) e[2], t'nor'
e[10]; c'nay' (*quenouille*) b[5]d[5]e[10]; p'tç (portare) a[1]; m'nay' (moneta)
d[12], m'nảy' e[8], m'noy' b[4]. Die Ausstossung des Vokals in der ersten
Silbe war nur möglich in unmittelbarer Anlehnung an ein anderes
Wort (vgl. frz. *la m'sure*). Es liegt demnach hier ein Fall von
Satzphonetik vor.

O (betontes) = geschloss. o.

Freies o.

98. Die bei weitem vorherrschende Form ist u : ṣảlu (calorem),
nu (nodus); nŭl' (mōra, *mûre*) d[2], mũr' f[5]; ju (jugum) d[8]; ūr' (hora)
ωg[2]; cu (cotem) a[1]; lu (lupus) f[1]; su (sudorem) d[3]e[2]; mọyu (meliorem) ψ; tṣolu g[2]. Von der Regel. dass freies ō zu u wird, giebt
es zwei Ausnahmen : In einem Theil von D, d[12]d[14] und d[16]—d[19] tritt
für u œ ein : fyœ̆ (florem). ṣalœ̆, œr'; tṣalœ d[16]d[17]; muyœ (meliorem)
d[12]d[19]; cœv' (scopa. Besen) d[12]. Beeinflussung durch das Französische
scheint mir in diesen zum Theil abgelegenen Orten ausgeschlossen.
In Ste-Marguerite (d[15]), in unmittelbarer Nähe von St-Dié, von wo
ein derartiger Einfluss hätte ausgehen müssen. findet man wieder u[1]).
In g[3] traf ich regelmässig ʋ : tṣalʋ. ʋr', malerʋ. tṣĭtʋ (*chanteur*); wie
verhält sich dazu χwç (florem)? In mʋrʋ (Spiegel) und mwçtṣʋ
(Taschentuch) kann ʋ auch auf - orium beruhen. In g[4] notirte ich
cuç (coda) neben malẹrʋ, in g[2] nur u : syu (florem), ūr', du (duo).
99. Besondere Fälle. Florem wird nicht überall zu fyu
wie in e[8]d[2]d[21]; es lautet fyu f[1]ω, fyọ e[1]e[4]e[9]. — In e[4] hörte ich
neben tṣalu ʋr', in f[1] myŏ (meliorem) und χpçvrœ (*expavorosus*,
furchtsam; vgl. Thiriat s. v.). Scopa wird zu χcœ̆v' d[4]d[5]d[8]. Der
Infin. lautet in d[4] χcœ̆vç, in d[2]d[8] χcŏve. 1s. χcov'; das Subst. χcev'
d[2] aus χcœv'. Hier scheint Einfluss des v im Spiel zu sein. — In
coda war der Hiat von Wichtigkeit für die Schicksale des Vokales :
cu' e[1]e[10]. co[u] d[8], tχœ b[6], cũy' ω. — Super giebt χu f[1], ṣʋ g[1].
sʋ d[8]; pro pu c[9]d[2]d[3]d[8]f[1] ω. pŏ e[1]e[8]. — Nos, vos wird zu nọ,
vọ und zwar als absolutes und konjunktives Pronomen: avŏ no (mit
uns) b[5], tṣi nọ (bei uns) f[5], ṣi nọ d[3]d[4]e[1] ω. äter nọ (unter uns) d[8];
siɴ vọ (möget ihr sein) f[5]; vọ Pron. conj. ω; vọ rẹmʋa trọ f[5]; no (o
zwischen o und ọ) räpyçnŏ (wir füllen) g[2]; abweichend nœ nœrä
g[1]. — Floret wird zu fyer' d[8], fiçer' (3pl. fyçrọ) ω; Näheres s. 80.
108. — Cubat wird zu cọv' d[8], cuv' d[3], *demorat zu d'mor' d[3]

---

[1]) Zu beachten ist, dass in denselben Ortschaften ị dem gemeinlothr.
iɴ entspricht. — Die Ausdehnung jenes o = œ-Gebietes bedarf genauerer
Umgrenzung.

d⁵ (Inf. d·mörç d³ d²³); Imperat. dọmwẹr˙ b³, d·mūr' c⁷ (vgl. 3s. Perf. d·mure. 3s. Imperf. demuri f¹. Inf. d·març a¹). — Im Hiat wird o zu -ow˙ in now' (ich knüpfe, von nodus) d⁷ (Inf. nue). 100. O + Nasal. Aus o + n, m bei männlicher Endung entwickelt sich der rein französische Nasalvokal nur in A und in G : hẹr'sõ (Igel), mojõ, sajõ, rajõ a¹; wie weit dieses õ nach B hineinreicht, muss noch festgestellt werden; puẹşõ (Fisch) g³g⁴, mäjõ g¹, mojõ g². Sonst findet man durchweg -ọᶇ oder -ọ : mahọᶇ c³c⁴, mwähọᶇ d¹⁹, mohọᶇ d²² : rahọᶇ c³; piᶇdjọᶇ (Taube), diᶇdọᶇ f⁵; gazọᶇ, piᶇsọᶇ (Finke) c⁴; rahäᶇ, mwahäᶇ d⁷; mojọ, bacọ (Speck) e⁸. rahọ d³d⁵. mähọ d³, tşarbọ d⁹, nọ (nomen) e¹f¹, şäsọ d⁴. Vereinzelt habe ich auch õᶇ, äᶇ notirt, mohõᶇ c¹, nœräᶇ (wir nähren) d⁷, doch habe ich auf diesen Punkt nicht genauer geachtet; er bleibe einer eingehenden Untersuchung vorbehalten. Mir wird es überhaupt nicht leicht, zumal wenn schnell gesprochen wird, ọᶇ von õᶇ zu unterscheiden. Rein orales n nach o hörte ich nur in f². und zwar nur in mwojọn', daneben rojõᶇ. Diese Singulärstellung nimmt mõhọn' auch im Wallonischen ein, vgl. Zeitschr. IX 486.

Wir wenden uns zu den Schicksalen von o + n, m bei weiblicher Endung : dẹn' (donat) d²—d⁵d⁸d⁹e¹e⁸e⁹. an vielen Orten tritt dafür bçyi (bailler) ein, z. B. d²¹; dõn' (donat) c⁹; nõn' (nona, Mittag, õ 1.) a¹; sarhẹn˙ (er hustet) d³d⁵; 1s. sarhọn' d²¹ ist vielleicht nach dem Infin. sarhọne umgebildet; s. Gloss. u. Zeitschr. IX 499; pọ̃m' (poma, in D Himbeere. s. Gloss.) d²d⁴d⁷f¹f⁵ω, ẹpœ̃m' d⁸ (s. 191), pọ̃·m' a¹a³, pọm' f² (den Apfel nennt man meist c·ma, c·mat'); 1s. ọrsọ̃n' (j'ourle) d⁴, çrsin' d⁷ (s. Gloss. u. Zeitschr. IX 503); paşẹ̃n· (persona) e⁸; in pẹsun' a¹, pwazõn' d⁵, pazọn' d³ liegt vielleicht Beeinflussung durch das Französische vor.

101. O + y zeigt dieselbe Entwickelung wie ọ + y; die Grundform œ, resp. œ·¹ wird in c¹—c⁴, d¹—d³, e¹ zu e, resp. e·̆ : crœ (crucem) b⁵c⁷, crœ̈· f⁵, crœ̈· e⁷—e¹⁰, cre d³, crẹ· e¹; nœz (nucem) b³b⁵ d⁴d⁶, nez c¹c²d²d³, nœ·j· e⁸e¹⁰. Suffix -orium liegt vor in : mọşœ (mouchoir) d⁶, muşœ d⁷, mutşœ· e², muşœ· b⁷, muşe d¹; mᵉrœ (Spiegel) d⁷. mᵉrœ· e³e⁸c⁹, mire c⁴d¹; v'rœ̈ (Riegel) d⁴d⁶, v'rœ· f⁵, vrč d² (s. Gloss.), nur in c⁴ v'rọ, das auf -uculum zu beruhen scheint; tşẹşœr˙ (Peitsche. wörtl. chassoire) f⁵; rẹzœ (Rasirmesser) d¹², bẹtœr' (frz. un battoir) d¹²; auch zayœr' (Sessel) b³. zçyer' c⁴ ziehe ich hierher (s. Gloss.), wenn auch zayer' f⁵ und şir' a³ unmittelbar auf cathedra zurückgehen mögen; cõlœ (Sieb) d⁵, cọlœ· e¹⁰. Die 3s. pœ·̆r' (pourrit), Inf. pœ·ri und 1s. nœ·̆r' (nourris), Inf. nœ·ri e⁸, Part. fem. pœri' g⁴, 3s. pe·̆r' c², 1s. ner', 1pl. nerọ d³ (vgl. 207 II) erklären sich am einfachsten durch die Annahme, dass Verbindung von o + y vorliegt, dass also Formen wie 1s. põtrio. põtriunt, Konj. põtriam, nõtrio für die lautliche Gestaltung der beiden Verba maassgebend wurden. Merkwürdig sind 1s. nyœr', 3s. pyœr' c⁹ (Inf. nyœri c⁸c⁹, pyœri und 1pl. nyœrọ c⁸).

102. In A wird o + y zu *r* : cr*r* (crucem), m*ęlr* (Spiegel), mos*ę*, bet*r*' (Schlägel), 1s. n*rr*', p*rr*' (vgl. Inf. n*r*ri. p*r*ri). bęs'n*rr*' (*bassinoire*) a¹; cǫl*r* (Sieb), brîh*r* (*brisoir*. s. Gloss.) a³. Die *r*-Formen von n o t r i r e , p o t r i r e sind über A hinaus verbreitet und finden sich in einer Reihe von Orten in B, wo sonst o + y zu *œ* wird : 1s. n*rr*' (Inf. n*r*ri, p*r*ri, 1pl. n*r*rõ) b⁵ neben cro*r*, no*r*χ; 1pl. n*rr*ă b³ neben no*r*χ u. s. w.; 3pl. p*rr*ǫŋ neben no*r*rǫŋ b⁴; aus *r* wird regelrecht i in b⁷; niri. piri, 1pl. nirõ. daneben ătǫn*œ* (Trichter). — In G finden wir den *r*-Laut wieder in cr*r* g³g⁴; dagegen nŭṣ (nucem) g⁴, vgl. 83. — In Inf. c'noχ (cognoscere) d³d⁸*œ*, cǫnaṣ' a¹. 1s. Praes. Ind. c'no d³*r* scheint eine Verbindung des y mit o nicht stattgefunden zu haben. — V o c e m wird zu wę c¹d³d⁷d²¹ f⁵. vu e¹, vwę a¹e⁸, wa g²g⁴. Es ist kein Zweifel, dass die abweichende Behandlung durch die anlautende Labialis bedingt ist. Das Wort theilt im Wesentlichen die Schicksale von freiem betonten *ę* nach Labialis. vgl. 47.

103. O + l y u n d n y. G e n u c u l u m giebt j'nǫŋ c⁴. j'nǫ d¹² e⁸*œ*. h'nǫ d³d²¹e¹f¹, j'nõ c²d¹, dj'nõy g⁴. j'nûy' g³. Die Nasalirung kann durch das vorhergehende n bewirkt sein, vgl. jedoch avõ 79; j'nă a¹ kann auf - ĩ c u l u s beruhen, vgl. gęrnay' a¹; zu c'nay' und s'lǫ s. 53; zu v'rǫ c⁴ 101: gręnuy' notirte ich g⁴, gęrnuy' d². P e d ŭ c u l u s (Laus) giebt põŋ e³. po" c²d³d⁸; pĭ a¹, puy f¹f⁵; es hat hier Ausfall des e oder wahrscheinlicher unter dem Einfluss der Labialis Assimilirung des e an das o stattgefunden. Auch der d-Hiat verdient Beachtung. — P u g n u s wird pwă c⁸. pwo d²d⁹, pwǫ d³, p u n c t u m pwŏ d⁸, pwǫ f¹. p u n c t a (frz. *pointe*) pwęt' d¹². Hier ist der Einfluss der Labialis unverkennbar.

Gedecktes o.

104. Vorweg zu nehmen ist der Fall. wo auf o ein zu u gewordenes l folgte : hier zeigt sich überall u : cut' (cultrum) d²e², mu (multum) f¹*œ*. pûr' (pulverem) d³d¹²f⁵. ut' (ultra) d³, çχcut' (er hört) d⁷. Sieht man von diesem besonderen Fall ab, so wird in der Regel gedecktes o zu ǫ : χtŏp' (stuppa) f¹, stǫp' e¹, tǫp' a³; jǫ (diurnum) e¹d¹², tǫjǫ *œ*. djǫ e⁸g¹g²; fǫṣ (furnus), tǫ (*tottus*), f. tǫt'. fǫtṣ' (furca) e⁸: cǫṣ (kurz), bǫtṣ' (bucca) e⁸, bǫṣ' d²d³e²; mǫṣ' (musca) a¹; 1s. dŏt' (dubito, ich fürchte) e⁹; tǫ (turris) *œ*: tǫ (tottus) c⁷g², f. tǫt' a¹e⁴g¹g²; rǫj' (rubeus) e¹*œ*. rǫdj' f¹, rõṣ' a¹; bǫc (*bouc*) d¹d²d⁹d²¹; oχ (ursus) d⁸; cõr' (currere) a¹e¹b⁴, 1s. cǫ b⁴; rǫt' (Strasse) f¹; cǫt' (es kostet) d⁶; tõ (die Reihe). cǫd' (cubitus), cǫṣ (curtus). cǫ (Hof) a³; χǫ (surdus) a³, sǫ a¹; gõ (gustus) a¹; gŏt' (gutta) a¹d³; sŏp' (Suppe) a¹g¹; 3s. χǫf' (sufflat) a³; dǫv (duplus) d³e². Neben ǫ findet man in D und C häufig u und sogar u : muχ' (musca) c²d³. mŭχ' d¹²; cut' (es kostet) d⁴; duy' c²d¹d⁸d²¹, duy' d⁷, duby' g⁴; crut' (crusta) c¹c² neben tǫ (Reihe)

und jǫ; cųχ (kurz) d² c⁹; sųf' (er bläst) c¹ e⁸; f. tųt' d⁸; puy' (Henne) b³ b⁷ (pǫy' a¹) ¹).

105. In einigen Orten entwickelt sich ein sekundäres u nach Labialen und c. Ich gebe sämmtliche Beispiele, die ich notirt habe : cwǫr' d⁶ d⁸ f¹ ω; cwǫχ d¹ d⁶ d⁷, cǫχ ω, cwǫ f² f⁴; bwǫχ (Börse) d⁷ f¹ ω; fwǫχ (furnus) d⁶. fuχ d⁷, während man in dem 1 Kilom. entfernten Poutay fwǫχ sagt, fwo f¹ f² f⁴ ω; bwǫts' (bucca) f¹. — Wie cwǫ (kurz) g⁴ und twǫ (Reihe) g³ g⁴ aufzufassen sind, vermag ich nicht zu sagen; man vergleiche damit χwǫ (florem) g³ und djwǫnǫǫ (journée) g⁴. — O wird zu œ in crǫ̈st' (crusta) e⁸. crœ̈st' e⁷, crǫ̈s' e⁹, crǫ̈χ' d²¹, crǫ̈χ' d⁴ d⁸ d⁹ neben crųχ' d³, crųt' c¹ c², crǫst' e¹, crǫt' e². — Tǫ̈s' Subst. (Husten), 1s. tœ̈s' e⁸ (cfr. Inf. tœ̈si). Subst. tes' e¹. — Consuere (nähen) wird zu cus' a¹, cuz' f⁵, cǫs', 1s. cǫ d³ d¹⁶, cudr', 1s. cu g² g³. — So (satullus) f¹, soᵘ c⁹. — Medulla giebt mōl' d³ d⁵ d⁶ d⁸ d¹² f¹ ω, mǫl' d⁴, maᵘl' e¹⁰, mœl' e¹ (wo geschlossenes o überhaupt zu œ wird), myol' g³; vgl. das 103 zu pedunculus Bemerkte ²). Der Einfluss eines Nasals muss in Betracht gezogen werden in tōn' ich drehe c²; fǫn' (fuscina) a¹ d⁷, fǫ̈n' b³; pǫr' (ponere) e⁸; jǫd' (jungere, anspannen) ω; trāų (truncus) e⁸; jān' (juvenis) a¹, jon' c⁴ c⁸ d⁸, jōn' b⁵ c⁶, jǫn' d³, djrǫn' g⁴, jǫn' f¹ ω; letzteres findet sich in demselben Bezirk, wo olea (86) zu ǫl' wird. — Höchst auffällig ist ių̈c' (ungula) a¹ c⁷ d³ d⁸ e⁹ f² ω, zių̈c' c² c⁴; ein abweichendes ōy' hörte ich nur g²—g⁴. Ein lat. ungula würde der i-Form besser gerecht; man vergleiche ōclių (Oheim) a¹ c⁴ d³, ōcių ω. Vor -ngl zeigt auch das i von singularis (68 Schluss) abnorme Behandlung.

ō (unbetont).

106. O + y wird auch in vortoniger Silbe zu œ, resp. ι' : nœhi (Nussbaum) d⁷, nœhat' (Haselnuss) d⁷ f¹, nœjot' f⁵; nœjol' (Walnuss, nucem galam, vgl. Zeitschr. IX 505), nœj'le (Nussbaum) f⁵; Inf. nœri. pœri, 1pl. nœrǫ d⁴, Part. m. und fem. pœri g¹ g⁴; dieses œ wird regelrecht zu e in nēhat' d² d³, nēhǫt' c². nēhe c⁴; Inf. peri. neri d³. vgl. 101; nōhat' d⁴ und nui d² d⁴ c¹⁰ weichen ab. Ebenso erhält man crrjyǫ (croiser), nɹjät', prri. nɹri a¹, doch nœ̈hät' in a³. In puhō (Gift, potionem) ist eine Einwirkung des sekundären y auf o nicht wahrnehmbar; ebenso wenig in muhi (schimmlig, von *mūcere?) d¹ d⁵ d⁸ d²³ ψ, nɹji a¹. mœji e¹⁰.

107. O + l + Kons. wird zu u : cute (cultellus) a¹ d¹ d³ d⁵ d²¹ f⁵, cutǫ g², cute b⁷, cutçⁱ e¹; scutǫ (hören) e¹. çχcutǫ d³; χpusa (Staub, s. Gloss. u. Zeitschr. IX 499). Besondere Beachtung verdienen

---

¹) Die Frage muss wenigstens aufgeworfen werden, ob nicht auch in dieser Stellung o ursprünglich diphthongirte, wie dies für gedecktes e wahrscheinlich ist; ǫ wäre eine Vereinfachung aus ou, wie o, a als Vereinfachung von oi vorkommt. Beide Elemente wären in dem ᶙ-Laut noch fühlbar.

²) Schon der Bernhard hat molle 9, 29.

4 *

die Vertreter von pullicenum (Hühnchen) : p*si*ŋ a¹a³d²¹f²g³, p*si* d¹²g², p*si*ŋ f¹; pisiŋ c¹e¹ (wo r = i) findet sich auch da. wo *r* nicht zu i wird, nämlich b⁵d³d⁴c⁸c¹⁰. Ob *r* unter dem Einfluss der Labialis entstand und aus *r* i wurde? vgl. 93 p*r*hi.

108. *œ*-Laute entstanden aus o ohne folgendes y : 3s. fy*œ*rcy (floret) *w* (in d⁸ P. f. fyercy', 3pl. fyerọ); 3s. sy*œ*ri, 3pl. sy*œ*rŭ g²; über *r*- und i-Formen vgl. 80. Tŭsi (husten) e⁷, tŭsye f¹*w*; s*ọ*fri (leiden) Inf. u. Part. f. f⁵: p*ọ*mi (Apfelbaum) b¹b³; χc*ŭ*vẹ d⁴, vgl. 99.

109. o wird zu ọ in folgenden Wörtern; ich gebe gleichzeitig etwaige Nebenformen mit ụ, u, o an : cọzïr' (Nähterin, vgl. 14) d¹¹, cuz'rọs' f⁵; tọjọ b⁵d¹d⁸; cọtrŭ (Ellbogen) d³d⁸f¹; dọta (dubitare) *w*, dọt*ẹ* d³c⁸; cọta (kosten), Subst. cọtoj' ω; sọle (Schuh) b⁶d³d⁴, sụla f²; fọsat' (Gabel) d³, fụsat' d²¹; mụstol' (mustela) e⁸, mọstol' e¹⁰, mọstody' c¹ : Inf. sọfyi d³ (vgl. 207 I^b); mọχat' (Biene) b⁶d²d³d⁷ d⁸, mọsät' a¹. mụsät' e⁸. mụsọt' f²f⁵; bọtay' d³d⁴*w*, botọy' e¹. bụtay' f²: tọte (Kuchen, tourtcau) d³; ọrsọŋ (ourlct), Inf. ọrs'nẹ d² (vgl. Gloss.); cọl*r* (Milchsieb) a³, cŏlo• d⁵; degọtï (dĕgoûtant) g⁴; ọti' (urtica) c³c⁴, utey' d²d⁶d⁷; pọmc f², pọmi g², pọmị g⁴. Ueber mọsœ, musœ s. 101. über cognoscere 214.

110. U, resp. ụ, o notirte ich nur für : cutsọ (kurz) g¹, cotsọ g²; Inf. sula (satullare) f¹; fune (Ofen) c⁸d⁴; tụnẹ (drehen) c²; nue (nodare) d³; über demorare vgl. 99. — ä hat nâni (nein) c⁸.

111. Man beachte noch fwọne f¹, fwone d⁸ (Ofen); djwẹnẹ (journĕe) und mwẹtsụ g⁴ (Taschentuch) zeigen die abweichende Behandlung des o, die wir auch in der Tonsilbe fanden.

112. Ausfall des o liegt vor (s. 97) in : Inf. d'na (donare) f¹, 1s. d'nẹ; Inf. d'nẹ d³d⁵: c'ma (Apfel) s. Gloss.; s'lọ (Sonne). s'ray' vgl. 53: s'vọ (oft) f¹; in vortoniger Silbe in ọrs'nẹ, s. 109, und muχ'na (moissonner) f¹ s. 42.

U (betontes) = lat. u.

FREIES U.

113. Freies lat. ū, sofern es nach gemeinfranzösischen Lautgesetzen nicht im Hiat steht, wird, mit Ausnahme der Orte, wo *r* in i übergeht, zu *r* : mr̈χ (murus), d*r*χ (durus) m. f. b⁶d⁸d¹²e⁴f¹*w*, mr̈s. dr̈s a¹f⁴f⁵. m*r* g¹; d*r*, f. d*r*r' g¹; p*r* (plus) a¹d¹d¹¹f¹f⁵; n*r* (nudus) d²¹e⁸; χ*r*rj*r* (sedere, jusum) d²¹; Part. m. vọd*r* c⁸. P. f. b*r*s' (getrunken) d⁴d⁸d²¹. In b⁷Cd¹—d³ und e¹ wird jedes *r* zu i : mr̈χ, dïχ c²c⁴d³e¹. sorji b⁷, Part. m. vậndi c⁹. pwedi (verloren) e¹, pi (plus) d³, 1s. ẹχir' (j'assure) e¹, 1s. jir' (juro) d³.

Besondere Fälle. Zum Verständniss des Folgenden ist es nöthig, daran zu erinnern, dass in c¹—c⁴, d¹—d³. e¹ jeder œ-Laut zu e wird : Neben sa*r* (*sabucus, Holunder) d⁸. säy*r* d⁵d⁹d¹¹, sey*r* f⁴, sẹyi d¹, sayi d²d³ findet sich say*ŭ* c¹⁰*w* (vgl. Zeitschr. IX 504); neben fẹrχ*r*r' (fressure, Leber) d⁴ fẹrχœr' d⁹ und fẹrχẹr' d². Durus

wird zu dyŭ, f. dyǫ̈r' g³ g⁴, m a t u r u s zu mǫyr ω, f. meyr̩r' f², meyŏ̈,
f. meyǫ̈r' d⁴ d¹² e⁶, m. u. f. meyŭ̈ e¹⁰, meye c² d³ e¹, f. meyes' c².
f. meyǫr' d³, m. meyi c⁷ c⁹, f. meyis' c⁹; χodǫ̈r' (Brennnessel. von
excalidare) a²; 1s. jǫ̈r' (juro), ädǫ̈r' a¹; 1s. çχyœr' (j'assure) ψ,
çsr̩r' a¹. In liv' (über), ïv', livr' (s. Gloss. u. Zeitschr. IX 501)
wird u auch da zu i, wo dieser Lautwandel sonst nicht stattfindet.
wohl unter Einwirkung des v; vgl. 180. — T u wird als Pronomen
conjunctum im Nominativ. und zwar vor dem Verbum, zu te dⁿ e¹ f¹ f² ω.
te und tę g², tę e¹⁰, vorausgesetzt, dass ein Konsonant folgt; vor
Vokal findet Elision statt. t'e (*tu as*) f⁵.

114. U i m H i a t, also bei weiblicher Endung, wird in einem
Theil des Gebietes. in A D ψ, nach wallonischer Weise zu ow' oder
ǫw'. aw' : sęrǫw' (Pflug) a¹, sarow' d³ d⁴ d⁸ d¹² d²¹ d²³ ψ; row' (Strasse)
d⁷; now' (nuda) a¹ d⁴ d²¹; crow' (cruda) d³ d⁴ d²¹, in a¹ tritt das
unorganische crv̇t' ein; 1s. tow' (tödte) d²—d⁴ d⁸ d¹⁷ d²¹ d²³; 1s. r'mow'
(*je remue*) d⁸. çrmow' d³; 1s. sow' (ich schwitze) d³; 1s. çχow' (*j'essuie*)
d³ ω; Part. fem. väṇdow', pędow' (*perdue*) a¹ d⁵ d²¹, vädŏw' d³—d⁵ d¹⁹,
bǫvow' (getrunken) d³, v'now' (gekommen) a¹ d³. Man beachte auch
die Nebenform vädoy' d¹⁸ d²². Diese Formen fand ich auch noch in
b¹ : sarow', now', vädow', aber auch hier crv̇t', und in b³ vädäw'.
1s. su' (*j'essuie*), su' (schwitze). r'mu' in a¹ sind Analogiebildungen
nach Inf. swę u. s. w., ebenso 1s. χu', tu' a². wie Part. fem. vädaw'
beweist. In D weicht nur d¹ ab, wo man sarü' Subst. und 1s. tu'
sagt wie in C. In C und dem grössten Theil von B nämlich
findet man statt ow' u' : sarü' b⁷ c⁸, saru' c²; 1s. tu' b⁵ b⁷ c¹ c⁴ c⁵.
r'mu' c¹, sü' (sudo) c², eχu' (wische ab) c⁴, su b⁷. Für c r u d a
tritt das unorganische crv̇s' ein b⁵ b⁶, crïs' c¹ c² c⁷—c⁹, dessen v̇(i)
durch das masc. crv̇. cri bedingt ist; so ist wohl auch fem. ni' c² c⁷
zu erklären; f. nu' hörte ich in C nicht, ebensowenig ein Part. fem. auf
u' : lę vęs' a väṇdi' (die Kuh ist verkauft) sagt man in c² c⁹ d¹. Der
1s. si' (sudo) c³ c⁴ c⁸ liegt vielleicht die francische Form zu Grunde,
was für 1s. sv̇' c⁷ gewiss ist.

In E hörte ich die Feminina : cru' (cruda), nu' (nuda, masc.
nv̇). Part. vǫdu' (masc. vǫdv) e⁸, dann 1s. tu', r'mu' c¹ e² e⁴ e⁶ e⁸, χu
e² e³; Part. fem. vädu' e⁷, vänduy', cǫzuy' (genäht) e¹⁰, väduy', pę-
duy' (verloren) e⁴, vadi' e¹, vädv̇' e² e³ e⁶ e⁹ ω, cuzv̇' e²; für c r u d a,
n u d a sagt man crv̇' e³ e⁴, nv̇' e⁶, nuy' e⁴; tsaru' c¹ e² c⁹ e¹⁰; 1s. su'
(ich schwitze) e² e⁴ v̇, 1s. tv̇', r'mv̇' ω. Die ursprünglichen u-Formen
weichen hier allmählich vor den v-Formen zurück. In F und G
finden wir v : P. f. vädv̇' f¹; tsęrv̇' f¹ f² f⁵, tsęrv̇y' f⁴; 2s. r'mv̇' f²
f⁵, r'mvy' f⁴; 2s. tv̇y' (tödtest) f⁴; Imper. ręsv̇' (wische ab) g⁴; 1s.
sv̇' (sudo) g³; f. nv̇', crv̇' g³; bvę (Wäsche) g³, nv̇ę (Wolke) g⁴;
tsarv̇' g¹ g².

115. U + N a s a l. U n u s wird als Pronom. c o n j u n c t u m i
d⁴ d⁸ f⁵ ω oder iṇ d² d¹² e⁸ f², ï c⁵ (wo sich auch sçmï, vï findet) g¹ g²
g⁴ — als a b s o l u t e s Pronomen iṇc' a¹ a³ d³, vgl. 26 cicïc d¹² u. s. w.,

ṣẹciŋ a¹; ɾŋ f⁵. Una giebt ẹ̈n' von D—G (in G habe ich es nur in g¹ g² aufgeschrieben), ausserdem in c¹—c⁴; ẹ̈n' notirte ich in a¹ b³ b⁶ b⁷ c⁷ c³; es wird wohl überall dort vorkommen, wo jene œ-Laute auftreten, über die Anhang I gehandelt ist. Pẏ̈m' (pluma) sagt man d¹ d³—d⁵ d⁷ e¹ e¹⁰ f¹ ω ψ, pyẏ̈m' a¹ b⁵; cẽm' (Schaum) d⁷, scẽm' e¹⁰, χcẹm' d³ d⁴; rïm' (Husten) d⁴ e¹ f¹; fim' (er raucht) d⁴ e² ψ, fṃm' d⁸, fẹm' a¹; lïn' (luna) c⁸ d³; äcyẏ̈m' (Amboss) a¹.

116. U + y wird regelmässig zu v¹): Inf. cõdïr' a¹ f¹, P. f. cõdɾt' a¹; frï a¹ b⁸ e¹⁰ ω, frɛt' (cfr. ital. *frutta*) g⁴; lɾ (*lui*) als Pronom. absolut. a¹ b⁵ d⁶ d⁸ e¹⁰ g³ g⁴ (lc e¹ f¹ scheint an das fem. ley angebildet); lɾ (lucet) ω; brɾ (*bruit*) d⁸ e¹⁰; fïr' (laufen, vgl. *fuire* Yzopet) g¹; tɾrtɾ (afrz. *trestuit* plur.; sing. tortọ), jɾŋ (Juni) f¹, in a¹ klingt das Wort wie franz. *jun*. Dieses ɾ nimmt an dem Wandel zu i Theil : li (*lui*), cõdïr', tɾrti e¹; frï c⁹ e¹; li (lucet) a¹ d³; bri e¹. In a¹ bildet dieses li eine Ausnahme. Dem frz. *pertuis* entspricht regelrechtes pwatɾ ω, pɾtv f¹. petɾ f⁵; der œ-Laut in patœ d⁶ e⁸, pwatœ d⁴ d¹² d¹⁵ c² e³ (pate d³, pwatye e¹) beruht möglicherweise auf Suffix -orium. — Acucula (sofern diese Grundform hier anzunehmen ist) giebt awuy' c⁷ d¹² d²³, awɛy' a¹, ẹwœy' f¹ ω, ẹgɾy' g², adyœy' g³.

Gedecktes u.

117. Hier kommen nur wenige Wörter in Betracht : pꞷ̈, f. pꞷ̈t' (putidus) a¹ c⁷ f¹ g⁴, pœ, pœt' e¹⁰; djꞷ̈t' (justus, in dem Ausdruck *c'est juste*) e⁸ e¹⁰, jꞷ̈t' a¹, jet' c² d³ d⁷; hꞷ̈ṣ' (*huche*) d⁴; 1s. sꞷ̈s' a¹ (Inf. sꞷ̈syẹ, *suœr*) a¹. Der Wandel von ɾ zu œ scheint durch die Kürze des Vokals mit bedingt zu sein.

ü (unbetontes).

118. Nach einem der wichtigeren Lautgesetze des Wallonischen und Lothringischen wird tonloses lat. ü im Hiat nicht zu ɾ, sondern zu u (w), resp. i : u findet sich von A—E und wird vielfach w gesprochen : χtɾnwẹ (sternutare) d³ d⁸, tanwe c⁸; cwel' (Schüssel) d³ d⁹, cwɛl' a¹; twẹ, χwẹ (abwischen) a² b⁵ c⁴ d³ e², ẹwẹ a¹ b⁷; swẹ (sudare) a¹; dem Inf. sie c⁸ liegt wohl dass frz. *suœr* zu Grund; truä (faul) b⁵ b⁷ d¹ c², teruäŋ d³ d⁶ d⁸, tɾruä d⁷ d¹²; berwẽr' (*bruyère*) d⁸. Bruer' (ein Städtchen in den Vogesen, frz. *Bruyères*) e⁶; nway' (Wolke) d³ d⁸ e⁸ (ausnahmsweise nọay' e¹, neuay' d³), nuẹy' d¹ ψ; bwey' (Wäsche, *buée*) d⁷ ψ, in Poutay bei d⁷ bway', bway' auch e¹⁰; cwe (*cuveau*) d⁸ e¹, cwẹ¹ d²³ e¹⁰; χderwel' (*truelle*) d⁸; su (sudorem) d³ e² steht für *suu. In F und ω findet sich i : χtanye f¹; tyẹ

---

¹) Die allen östlichen Dialekten gemeinsame Abneigung gegen ɾi muss alt sein.

(tödten) f¹ f⁵ ω, 1s. Praes. Ind. tyę f² f⁴; Inf. und 1s. syę (sudare) f¹, syu (Schweiss) f¹ f⁵; Inf. erχyę (r + *essuyer*) ω; byey' f¹, byay', nyay' f⁵, nyęy' ω; gęryat' (Leber. s. Gloss. v. gruät' e²) f¹, griad' ausnahmsweise auch d⁷ ¹). Der Inf. tşęrrye (den Pflug führen) f⁵ ist wohl durch tşęrr' beeinflusst; 2pl. ręmra f⁵, Inf. r'mrę f¹ f² ω lehnen sich an das Französische an. In G, also im Dialekt der Franche-Comté, hat jenes Gesetz keine Geltung mehr.

119. Der Uebergang von *r* zu i findet sich auch in unbetonter Silbe : sirmǫ (sicher) d³, cire (Pfarrer) d³ e¹, Inf. jiri (jurare) d³ e¹.

120. U + sekundäres y : lıney (lucebat) ω, Inf. ęrlıni d⁸; bıhö (buteonem, Hühnerhabicht) ω; ęruhi (r + acutiare) d¹ d⁶; s. auch Gloss. ręmuhi d⁸, ręv'hi ω; jılę (Juli) f¹, jıyę a¹.

121. U statt francisches v zeigt sich in : muzē (Schnauze) d² d⁵ d⁸ d²³, dagegen mœze^i e¹⁰; χcurǫ (Eichhörnchen) d²—d⁶ d⁸, ęcurä c⁴ (dagegen ecırü d¹² f⁴, scırü e², scırǫn d¹⁵, ęcryę a¹); punel' (Pflaume, *prunelle*) d⁸ d⁹ d¹¹ setzt ein *purnel' voraus (vgl. Adam und Zeitschr. IX 505), ähnlich punä (Pflaumenbaum), zu pęnęl' a¹ s. Gloss.

122. Vor Nasal zeigt u noch folgende Erscheinungen : ęyǫn (Zwiebel) e¹ d⁷ (vgl. 178), ęnyǫn f¹ f⁵ ω; fījēr' (Rauch, fumigare) d¹, s. Gloss.; lemcr' (Licht) d⁹, lęmcr' d⁸ ω, lęmir' a³; lındi f¹ g³ ω, lidi d³ d⁷; fimey' c⁹ d⁷, fęmay' f⁵ ω, χ'may' e¹, f'may' e⁴; Inf. fimę e², fıęmę a¹; ındyęs' (Alaun, (al)umen + glacia) d³, ıngyęs' a¹ (auch bei Thiriat); scęm'räs' (Schaumlöffel) e⁴, cęm'räs' a¹ b⁷, cęm'räs' d¹⁴; ıngiat' (Klaue der Schweine) a¹.

123. Ein œ-Laut entwickelt sich in jęryę (jurare), cęryę (frz. *curer*) a¹ (1s. cęr'), aber ęşıryę (*assurer*) a¹; ędęrye (*endurer*) f¹, aber ędıri d⁸ d¹²; brœle f¹.

Diphthong au (betont).

124. Au wird durchweg behandelt wie das gedeckte ǫ in collum, fossa, grossus; es sei deshalb hier ausdrücklich auf 88 verwiesen. Die Grundform ist oᵘ, statt deren oft o eintritt : şo" (caulis) c² d³, tşaⁿ e¹⁰; po"r' (pauperem) d³ e⁸, pör' d¹ d²¹ e⁸ f¹ ω; cyor' (claudere) d³ d⁸ d¹², tyor' f¹ ω, Part. cyo d⁸, Imper. cyo ψ; şo"z' (causa) a¹, şoz' d³ d²¹; 1s. oz' (auso) d¹ d⁴ d²¹, 2s. ǫz' e²; tro" (Loch) a¹. — şœ (caulis) e¹, tşœ g²; pœr' (pauperem) e¹ e² g²; parœl' e²; cyœr' e² ; şœz' e¹, 1s. œz'. — röb' (*robe*), 1s. öz', Inf. cyör', 1s. cyön (vgl. auch den Infinit. özę) e⁸; eine vereinzelte 2s. öz' hörte ich auch cⁿ; P. f. cyǫ"z' (clausa), Imper. cyǫᵘ e¹⁰. — U-Laute kommen in a¹ und g³ vor : uz', rub' a¹; Inf. χyur' (claudere), l'art. fem. χut' g³. — Dem französischen *encor* entspricht cǫ d³, cö

---

¹) Dję (jocare) f¹, jyę ω ist wohl aus juę hervorgegangen. In dję wurde das y in bekannter Weise durch den Palatal absorbirt. Darnach wäre die Annahme berechtigt, dass den i-Formen solche auf u vorausgingen.

c², ca a¹; man vgl. die Endungen des Imparfait prochain (s. 209 V)
or f⁵, o' und œr' c¹, ŏr e⁷, welche die von G. Paris gegebene Erklärung aus dem altfranz. Adverbium or(e) bestätigen.

125. Au + y. Ōy' (Gans) B D F a³ e³, uy' a¹, œy' e¹, ŋey'
g³, wŏy' c⁷, woy' c¹ c² c⁹. wọy' c⁸, zwọy' c³, zwây' c⁴. Oy' entspricht der 1. u. 3s. audio, audit, sei es, dass eine Form wie
audio, audiunt. audiam maassgebend wurde, sei es dass Anbildung an den Infinit. erfolgte : 1s. oy' d¹ d³ d⁸ e⁸ c¹⁰ g²; 3s. c⁷ d² d³
d⁴ d⁸ e¹; 1s. ŋy' a¹ c². Der Vorschlag w findet sich auch hier wieder
in einigen Orten in C : woy' (audit) c⁹; 1s. zwọy' c⁴, woy' ψ; es fragt
sich, ob man in diesem w Einwirkung des Francischen oder eine
besondere Art, den Hiat im Satze zu beseitigen, sehen soll. — Djoy'
(gaudia) e³, jöy' d³ d¹². Ich füge hier po (paucus) an d³ f¹ ω.

au (unbetontes).

126. Aucellum giebt ṷhe d² d³ d²¹ f¹ ω, uję̃ⁱ e⁷ e⁹. uje f², ohe̊ⁱ
c⁷, ọhe e², ṷhœ̃ d⁴ d⁸; auricula aray' a¹ b⁵ f¹ g³ g⁴, arây' e³ ω. aroy'
c⁸, ọrọy' e¹, eray' d³, çray' d⁴ d⁸. çrọy' d¹² c² c⁹. Tọre (Stier) d¹²,
tore̊ⁱ e³; tọrȩχ' (Färse) d⁷; robăt' (Rock) d⁹. robọt' c⁷; sọza (causari,
schelten) ω; naᵘji (*nauseare. belästigen) e¹⁰; ŏclin (Oheim, sofern
man aunculus, dreisilbig wie bei Plautus, zu Grunde legen darf) a¹,
ŏcya, ŏcyę̃¹ e⁸; 1pl. cyohọn (wir schliessen) d⁸, tyohọ ω; joyu (froh)
ω, jọyu d³; Inf. oyi (audire) d³. woyi c⁹, zwayi c⁴. 1pl. oyọ d³,
Part. woyi c⁹, zwayi c⁴; ọyat' (Gänschen) d⁵ c¹⁰, uȩyŏ g³. usŏ a¹;
r'pŏzȩ (ausruhen) e³, r'pozȩ c².

Anhang I.

Die œ-Laute.

127. œ-Laute entwickeln sich gemeinlothringisch aus freiem
bet. ọ, aus bet. ọ + y und o + y. Daneben entstehen œ-Laute
aber auch in einem Theil des Gebietes aus e (= lat. ç und lat. a)
und o + Nasal; von dieser zweiten œ-Reihe soll hier allein die Rede
sein. Dieselbe fand ich in a³, B (doch fehlen mir ausführliche
Nachrichten über b¹ b²) und c⁵—c⁹. In lothringisch offener
Silbe findet sich œ :
1) In den Verben, die dem Bartsch'schen Gesetz folgen (vgl. 10) :
mĩjœ, pȩχyœ̃ (harnen) a³, sọhyœ (beladen). tọsyœ̃ (saugen); χafyœ̃
(wärmen), sọyœ' (sägen), seyœ (mähen), pyọyœ' (plicare) c⁷.
2) Bei Suffix -arius : premœ̃ b⁴—b⁷ c⁷ c⁹; das Fem. ist prȩ-
mȩ̄r' b⁶ c⁷, premer' b³ b⁴; in b⁵ b⁷ premœ̄r' wohl analogisch nach
dem Mascul.; in b³ notirte ich als masc. prȩmi (die Form von
A), ebenso pwȩri, pœ̃mi (Apfelbaum); prọmœ̃, f. prọmœr' c⁸; c'mọtœ

(Apfelbaum) b⁵c⁷c³; pwęrǎ· b⁵, pworo· cˣc⁹; pęmǎ bᵘb⁷, pęmœ b⁴; hǫdœ (Sauhirt) c⁷; seĺęḱǎ· cˣ; nuho· (Nussbaum), cordǫnyœ (Schuster) c⁹; dārǎ· (der letzte) b⁵bᵘc⁹ (fem. darer' c⁹).

3) Bei freiem ę : pyǎ· (pedem) cᵘcˣc⁹, myǎ· (Honig) cᵘ und ę + y : pǎ (pectus, Euter) b⁵c⁷, lǎ (lectus) b⁴b⁵cᵘc⁷c⁹, dęmǎ· (halb) b³—b⁵c⁷.

4) Die Verbalformen habes, habet : t'ě (habes) cᵘ—c⁹, ǎ· (habet) b⁵cᵘ—c⁹; die 1. Singul. lautet j·e cᵘc⁹, j'ǎ· c⁷cˣ; in bᵘ 1—3 j'a, t'e, l·e; in b⁷ j'a, t'e, l'ě.

5) Ueber die Negation mǎ· (mica) a³b⁵ s. 72, über mǎ (me), tǎ (te) vgl. 55. — Merke noch s'lœχ' (Kirsche) b⁵.

Dagegen sagt man : twę (tödten), tχe (hell), sǫlęⁱ (Schuh), sǫle (salzen) c⁷, nę (nasus), sǫlę cˣ. sǫlęⁱ, cęseⁱ (zerbrechen), nawę (natalis) a³. Dieser e-Laut, den ich bald mit e, bald mit ę notirte, steht in der Mitte zwischen e und ę; er ist halboffen, und deshalb wohl wird er nicht zu œ. Die œ-Laute von 1—5 scheinen dagegen sämmtlich aus geschlossenem e hervorgegangen zu sein.

In lothringisch-geschlossener Silbe entwickelt sich ein œ-Laut:

1) In ǎ̧n' (una), pyǎ̧m' (pluma), cfr. 115.

2) Aus freiem ę : lyǎ̧r' (Hase) c³c⁹, lyǎ̧r' c⁵—c⁷; fyǎ̧f' (febris) cᵘ—c⁹; fyǎ̧χ (bitter), fyǎ̧l' (Galle) a³; pyǎ̧r' (petra) c⁹, pyǫr' c⁷cˣ — und aus ę + y : χœr' (sequere) b⁴, χǎ̧r' b³ (vgl. 1s. χœⁱ, Imp. χœ b⁴); pyœs' (pìcce) c⁹: χǎ̧χ (sex) b¹b⁵bᵘc⁹c⁷c⁹ψ, ṣǎ̧ṣ b⁷; eine bemerkenswerthe Ausnahme ist dēχ (decem) b⁵bᵘcᵘc⁷c⁹ψ, de'ṣ b⁷¹).

3) Gedecktes ę wird in der Regel nicht zu œ : Ausnahmen sind lǎtṣǎ̧n' (Laterne) c⁵ (in eˣ lǎtṣǎ̧n') und pœṣ' (Stange) c⁹. Auch ęsyǎ̧t' (Teller) c³ mag erwähnt werden²).

Es erübrigt eine wichtige Frage zu erörtern. In einem Theile des Gebietes, in dem die z-Laute zu i werden, werden sämmtliche œ-Laute zu e (vgl. 82). Diese Regel gilt für d¹—d³, c¹—c⁴, e¹. Es scheint dies aber ein lautphysiologisches Gesetz zu sein, das nicht bloss für gewisse romanische Dialekte, sondern auch für deutsche (den Berliner, Strassburger, Leipziger), ja für alle Sprachen Gültigkeit hat. Eine Ausnahme würden c⁵—c⁹ bilden, in denen

---

¹) Der Unterschied in der Behandlung beider Wörter scheint durch die Quantität der betonten Vokale bedingt. Ob die Quantität auch noch in andern Wörtern maassgebend war, ist schwer zu entscheiden. Die meisten œ-Laute sind freilich kurz in dem besprochenen Gebiet : zu den bereits erwähnten Fällen füge ich hinzu : 1s. ātęr' (intro) b⁵c⁷, 2s. Konj. ṣǎtéχ', ĩputéχ', 1s. vyǎ· (volo), tχǎ̧ṣ' (Glocke) c⁷, cǎ̧χ' (coxa) b⁵c⁷, ǎ̧χ cˣ. — Doch fehlt es auch nicht an Längen, so : yœt (octo) b⁵—b⁷cᵘc⁷; pœⁱ (Brunnen) c⁷, pǎ̧χ b⁵; crǎ̧ (crucem) c⁷, crǎ̧ⁱ b⁵; χǎ̧ (Talg); cǎ̧r' (kochen) c⁷; ṣǎr (fallen) cᵘc⁷; nǎ̧χ (Nuss); tœl' (Ziegel) b⁵; χęyœr' (Sessel) cˣ, ṣęyǎ̧r'; j'ǎtǎ̧r (trete ein) b⁷.

²) Ueber sporadische œ-Laute aus lateinischem ę in D und E vgl. man 31, 39, 40, aus lat. i 72.

v zu i wird und trotzdem, wie soeben dargethan wurde, zahlreiche œ-Laute vorkommen, sowohl die gemeinlothringischen, als auch diejenigen, die in diesem Anhang besonders besprochen werden. Es fragt sich nun, ob man annehmen soll, dass in c^5—c^9 jenes Gesetz gar nicht zur Geltung kam oder ob sämmtliche jetzt vorhandene œ-Laute in jenen Ortschaften erst entstanden, nachdem das Gesetz, demzufolge *v* zu i und œ zu e wurde, nicht mehr wirksam war. Ich halte die letztere Ansicht für wahrscheinlich. Die Thatsache, dass viele dieser œ-Laute sich aus e = lat. a. lat. ç und ę + y entwickelt haben und deshalb verhältnissmässig jungen Ursprungs sein müssen, gereicht dieser Vermuthung zur Stütze. Darnach würden freilich diejenigen Wörter, in denen der œ-Laut aus freiem bet. ǫ. ǫ + y und o + y hervorging, in jenen Ortschaften ganz eigene Schicksale gehabt haben. Bovem wäre in c^5—c^9 zuerst zu byœ, dann zu bye, dann wiederum zu byœ geworden, ebenso nœ (noctem), mirœ. Auf Grund dieser Annahme würden sich folgende relative Zeitbestimmungen ergeben:

1) Zuerst wurde -yœ = ǫ zu *r*, weil dieses sekundäre *v* an dem Uebergang von *v* zu i Theil nimmt.

2) Darauf wurde *v* zu i und œ zu e.

3) Zuletzt würden in c^5—c^9 sämmtliche œ-Laute aus e hervorgegangen sein. Gleichzeitig hätten sich in a^3 und B diejenigen œ-Laute herausgebildet, die in diesem Anhang besonders besprochen wurden [1]).

Anhang II.

128. In einem Theil des Gebietes, der genauerer Umgrenzung bedarf, wird vortoniges o (auch sekundäres aus au) im Hiat zu aw: nawi (Nussbaum), cyawę (nageln) und analogisch 1s. ciaw', aber cyō" (der Nagel), nawę (knüpfen), 1s. naw' aber nū (nodus), cawę (secouer), nawyō (Kern) a^1 (aber juę spielen, luę vermiethen); nawę (Weihnachten), trawę (durchlöchern), 1s. traw' $a^1 a^3$. aber Substantiv tro" a^1: sawät' (chouette) $a^1 c^4$; tҳawe¹ (nageln). 1s. tҳāw'. aber Subst. tҳo (Nagel) b^4. Besonders zu merken ist tręnawę (sternutare), 1s. tręnaw' a^1.

---

[1]) Auch in e^1 giebt es eine Reihe von œ-Lauten, die aus gedecktem ǫ, au, a + v hervorgingen, vgl. 88. Nach dem Gesagten wären auch diese œ-Laute erst nach dem Uebergang von *v* zu i und œ zu e entstanden.

KONSONANTEN.

II.

129. H ist erhalten in deutschen oder muthmaasslich deutschen Wörtern : hęş' (Axt) d²d¹²; haᵪęl' d⁸ (s. Gloss.) von *hart.* Vgl. überhaupt das Glossar, Littera H. — In Wörtern lateinischen Ursprungs findet sich h in ho (altus) e⁹, hȧ d⁷, ha d⁸ — nicht immer in den Vertretern von cricionem (Igel) : hɪ̆r'sö, Inf. hɪ̆r'sye (*hérisser*) f¹ ω; hǫr·sö, hœr'syç a¹; hǫr'sǫ, hœr'si e⁸; dagegen ir'sȫŋ, hęr'si e¹; er'sö d³, çr'sǫ d⁵, ur'sǫŋ c². Aehnlich steht es mit erpicem, vgl. 37 : beachte besonders die 1s. hǫrtş' neben dem Iufinit. ortşi und dem Subst. Iş' g¹ und das Subst. hirp' a¹.

C.

C vor a, o, u und Kousonanten.

130. In dem ganzen Gebiet wird c ausnahmslos vor a (au) zu tş, resp. ş̣. ş begegnet ausschliesslich in A — C. Das ursprüngliche tş fand ich in einem Theil von D (d⁵d⁹d¹¹d¹⁵d²⁰d²²), von E (e²e⁴e⁷—e¹¹) und in ganz F und G; Beispiele finden sich auf jeder Seite dieser Abhandlung.

131. Vereinzelten Uebergang von ş̣ zu ᵪ stellte ich fest für : Inf. çᵪta (kaufen) f¹, çᵪtç, 1s. çᵪt' d³; ᵪa (Fleisch) d⁴; pyȹᵪ' (Stange) a³. piᵪ' a⁴. Der beliebte Laut ᵪ greift immer weiter um sich. Im nördlichen Theil des Gebietes wird auch das ş̣ von şadö (Distel) d⁷ zu ᵪ : ᵪadö a³a⁴, ᵪadjö b⁵, ᵪadyö b⁶, vgl. noch 166. In d⁵ notirte ich ᵪdȧd'li (Leuchter). — Nach Konsonaut wird inlautendes c zu 'h in şǫhyȁ (*charger*) c⁷, s. 25.

132. Ueber den Einfluss von anlautendem c auf folgendes a, vgl. 7. 24. C ist im Inlaut als y erhalten in öy' (auca), s. 125, bray' (braca) s. 8. Ueber carruca s. 114. In soga (sägen) f¹, sçgç e¹, Subst. f. sçg' (Sägemühle), sçgö̧t' (Säge) e², zegat' e¹⁰ ist Eiufluss des deutschen sägen u. s. w. unverkennbar; s. 42 die lautgerecht entwickelten Formen von secare. Ueber acucula und acutiare s. 116 u. Gloss. v.

ravúhi: über evọ (apud hoc), wo c im Gegensatz zum Francischen fällt. s. 79. Ueber frẹmẹdj' s. 141; über ṣáhyc (*charger*) s. 143; über cevycẓ' (Deckel, cooperculum) s. 173. — C'l (g'l) in halbgelehrten Wörtern wird im Osten zu l : vgl. Gloss. sol' (*seigle*); ẹv'l' (*aveugle*) a¹; tẹl' (tegula) s. 53.

133. CC nach betontem Vokal und vor lateinischem o wird zu ts oder ṣ, und zwar überall da zu tṣ, wo nach 130 tṣ überhaupt erhalten ist : sẹ̈ts (saccus, Sack) e²c⁷-e¹⁰f²f⁴f⁵, sẹ̈ṣ b⁷d²d²¹c³; säts' (siccus) e²e⁹, säṣ' b⁷d³ⁿ. soṣe¹, und zwar dienen diese Formen für Mascul. und Feminin.¹). Besondere Formen für das Maskul. und Fem. fand ich in F, sä. säts' f¹, so, sọ̈ts' f²f⁴f⁵. G scheint den besprochenen Lautwandel überhaupt nicht zu kennen : sa (saccus) g¹ g²; sa (siccus) g¹, sö g². Ferner sẹ̈ts (*soc*. Pflugschar) e²e⁷eˢ, suts d¹⁵, sẹ̈ṣ e¹e⁹, soṣ b³d²d⁴, suṣ dˢψ, in c²f⁵ sọc; crẹ̈ṣ (Hacke mit zwei Zinken, *croc*) dˢd¹ˢ, crẹ̈ts e¹⁰. Nirgends fand ich die lautgerechte im wallonischen bẹts erhaltene Form für bẹ̈c (Schnabel) b⁷, bec c⁷e¹⁰. bác d²d³dˢc². Bẹ̈ṣ (Trog) ω (s. Gloss.) ist franz. *bac³*).

134. Zu tṣ, ṣ wird cc auch bei Ableitungen : cẹrṣa (*crochet*) dˢ, byœṣa (von *bloc*) dˢ, byœtṣa d⁵. Ein lautgerechtes bûts (Bock) hörte ich nur in e⁷eˢe¹⁰. Statt dessen braucht man bûtsọ g¹, butṣo f⁵. buṣa e³ω, in a¹a³ jedoch bocat' (Ziege); über das Wort in der Bedeutung Haufe s. Gloss. und Zeitschr. IX 500. An vielen Orten braucht man das Francische bẹc e², bẹ̈c b⁷d¹—d³dˢd¹⁵ψ²).

135. Es erübrigt, eine merkwürdige Umbildung von saccus, siccus zu erwähnen : statt sẹ̈ts, sẹṣ sagt man tṣẹs d¹⁵, sẹ̈s d¹d⁴ d⁶dˢe¹ψ; ebenso tṣas (siccus) d¹⁵, sọ̈s d¹²ψ, ṣas (aber Infinit. saṣi) d¹. Als Bindeglied zwischen beiden Formen ist sẹ̈ṣ, sọ̈ṣ c²c⁹, sä̈ṣ (siccus) a¹ aufzufassen. Von soṣ (*soc*) kann ich eine ähnliche Umbildung nicht nachweisen. Wahrscheinlich ist es mir, dass sẹṣ durch Assimilation zu ṣẹṣ wurde (vgl. 152), dann durch Dissimilation wieder zu ṣẹs. Mein Wirth in Raon s Plaine vermochte in Folge eines Sprachfehlers das dort übliche ṣẹ̈ṣ' nicht zu sprechen, er sagte ṣẹ̈s³).

136. Porticus giebt pwös' c⁴ (Hausflur), pwots' d¹⁵.

137. Cl. Der Nexus cl wird im Anlaut und im Inlaut nach Konsonant in dem ganzen Gebiet zunächst zu cy : vgl. clavus 4; cyẹ

---

¹) Die Erscheinung ist auch wallonisch, also alt; es fragt sich, ob wir sie nicht schon in dem *cily cedre fu seche* des Jonas erkennen sollen.

²) Vgl. *bouch, sach* im Lothringer Psalter, *bouchet* im Lyon. Yzopet.

³) Da im allgemeinen die im (französischen) Auslaut stehenden Schluss-konsonanten im Lothringischen schwinden, so fragt es sich, ob in sẹ̈ṣ etc. eine Ausnahme von dieser Regel vorliegt. Da ein Palatal nach gemein-französischem Gesetz nicht im Auslaut stehen kann, so musste, nachdem cc zu tṣ (ṣ) geworden war, ein Stütz-e antreten, welches den Abfall der Konsonanten tṣ verhinderte. Demnach muss der Lautwandel cc — tṣ alt sein.

(clavis) f² ; cyor' (claudere) d³ s. 124; cyœ̯s̯ʼ (Glocke) d⁴ s. 89.
Dieses cy wird in e¹f¹ω regelmässig zu ty : ŏtya (Oheim) f¹; tyo
(clavus) f¹ω, tyœ e¹ ; tyꞓ (clavis); tyꞓχ (clarus) f¹ω; tyoṣ̯ʼ (Glocke)
ω, tyœ̯ṣ̯ʼ e¹; tyor' (claudere) f¹ω, tyœr' e¹; tyꞓ (clavis) auch in f⁵.
Ty findet sich auch in c⁶—c⁸ und B, doch entwickelt sich daselbst
das y zu einem χ-Laut, der mir wie schwach gesprochenes deutsches
c h in i c h klang und den ich mit χ̇ notire : tχ̇œ̯s̯ʼ (Glocke) b³ b⁴ b⁶ b⁷
c⁷ c⁸, tχ̇œ̯ṣ̯ot' c⁷, tχ̇ꞓṣ̣i (clocher) b³ ; über c l a v u s s. 4, dazu Inf.
tχ̇awe^i (nageln), 1s. tχ̇aw' b⁴ ; tχ̇ꞓr (clarus) b¹ b³ b⁴, tχ̇ĕr b⁶, tχ̇c
c⁷; tχ̇ĕ^i (clavis) c⁶—c⁸, tχ̇e b⁶; tχ̇or' (claudere) b⁴. In b² b⁵ habe
ich mir keinen Fall von c l = tχ̇ notirt, in b⁷ nur tyœṣ̯ʼ.
In g¹ g³ g⁴ ist c l zu χ̇ geworden, dem oft noch ein y nachklingt :
χ̇yœ (claude) g¹, χ̇yur' (claudere), P. f. χ̇ut' g³; χ̇yꞓ (Nagel) g³ g⁴;
χ̇yꞓ (clarus) g³, χ̇ꞓ g⁴ ; χ̇yꞓ (clavis) g³, χ̇ꞓ g⁴ ; χ̇ꞓn' (clino, ich neige)
g³, — dagegen mit sy syꞓtṣ̯ʼ (Glocke), Demin. syꞓtṣat' g⁴. Sy findet
sich durchweg in g² : sya (clarus und clavis), syœ (clavus). — Ueber
c l im Auslaut s. 173.
138. Nach c entwickelt sich y in einigen Orten auch vor o und ꞓ:
cyr (Leder), tyꞓs̯ʼ (Schenkel), tyꞓr' (kochen), tχ̇r (Hinterbacke) g¹,
aber cꞓ g²; cyœjꞓn' (Küche) g³ g⁴, aber crjꞓn' g¹ g². In den Orten
von B, wo c l zu tχ̇ wird, entwickelt sich dieses tχ̇ auch aus einfachem c : tχ̇ꞓ^hin' (Küche) b⁴ b⁶, doch cœhin' b¹; tχ̇ꞓχ' (Schenkel)
b³ b⁴ b⁶, in b³ auch cꞓχ', ebenso b¹; tχ̇œr' (kochen) b⁴ b⁶, Part. m.
tχ̇œ̯ b⁶, Part. f. tχ̇œt' b⁴; tχ̇œr (Herz) b⁶ ¹); tχ̇ꞓ (Leder), tχ̇œ
(Schwanz) b⁶; tχ̇ꞓnꞓr (Ente) b⁴, tχ̇ꞓnar b⁶; tχ̇r (cul) b¹ b⁴ b⁶; tχ̇i
und cuyi (Löffel) b³, cuyi auch b⁴; tχ̇ findet sich nie in co" (Hals
und Schlag) b¹ b⁴, cō b⁶, cꞓχ (kurz) b³, cꞓse^i (zerschlagen) b⁴.

C vor e, i.

139. Nach Vokal und vor e, i wird c in dem ganzen Gebiet zu h,
resp. j (s. Anhang III), also in dem Falle, wo francisch zu sanftem
s mit vorhergehendem sekundärem i wird. Im Auslaut verdichtet sich
h zu χ, j zu ṣ. Da ci + V o k. diesem Lautwandel nie unterliegt,
so ist kein Zweifel, dass der Anstoss zu demselben von dem sekundären i ausging : Beispiele für den Inlaut : lahad' (Eidechse) ω; über
pyꞓhi (placere) d³, ꞓrhᵗhi (re + lucere), lahi (licere). muhi (moisi)
s. 54; über uhe (aucellum) 126; dꞓm'hal' (demoiselle) 63; cœ̯hin'
(Küche) 93; d'he (dicebam) d³; die 1. Plur. fꞓyꞓ, 3s. fäyey' (faciebat)
ω (s. 214) sind nach den entsprechenden Formen von v i d e r e,

---

¹) Die Wortform ist bis auf den Anlaut durchaus französisch. Darin
liegt der Beweis, dass der Wandel von c zu tχ̇ nicht alt sein kann. Dafür
sprechen auch Formen wie vinꞓtṣ (Essig), sꞓptṣ (Zucker), mrzitṣ (Musik),
Vitṣ (Ortsname Vic) b³.

credere etc. umgebildet (dasselbe gilt vom Konjunktiv)[1]. — Neben
dem seltenen, lautgerechten rǭhī (Traube) b⁵, v'hi (vicinus) f¹. findet
man meist das francische wǫzių a¹, rǫzi d⁷. Beispiele für den Auslaut : über noχ (nucem), das überall χ zeigt, s. 101; über pwŏχ
(picem) d³ s. 47; vereinzelte Formen ohne χ wie pwǫ ω können französische Lehnformen sein; über dǫχ (decem) s. 35. Bei der Bindung sagt man dīhǫ't' (achtzehn) a³, dejǰäm' (zehn Männer) e¹⁰, dehŏm'
d¹ dˢ d¹¹ ψ, dījŏm' a¹. Statt des seltenen pāχ (pacem) c⁷, paș a¹
gebraucht man fast überall die französische Wortform. χ findet man
nie in crœ (crucem) 101 und wǫ (vocem) 102.

140. Besondere Erwähnung verdienen : usɔ̃ (oison) a¹, mit scharfem
s; rɔ̃χ' (roncc) ω, rɔ̃ș' a¹. Weitaus in den meisten Orten sind diese
Bildungen unbekannt, in d¹² rūs'. — Ueber rc = χ s. 165.

Beispiele für die Behandlung von cy sind : masɔ̃ s. 28, m'nǫsi
(drohen) d³ e¹. menǫsye f⁵, ǫbrǫsye, lǫsye (lacer) f¹.

G, J.

141. G, J sind in der ältesten Form dj überall da erhalten.
wo c vor a zu tș wird. vgl. 130. G, J wird zu dj, resp. j vor allen
Vokalen : djo (gallus), djoy' (gaudia) e⁸, djäb' (Bein) e⁹, dje (egỏ)
d⁵, djǫ e² e⁸. In den Orten, wo sich regelmässig dj entwickelt, habe
ich doch einige Ausnahmen notirt : in e⁹ j'lin' neben djäb', in e⁸
j'lin' und j'nɑ̈s' (génisse) neben djo (gallus), in f⁵ jęlin', j'net'
(Ginster), nœjol' (Nuss, nucem *galam) neben djǫ (Tag), djǫta
(kämpfen. jouter); in f² djelin' und j'lin'; oj'dœ (heute) g²; in e¹⁰
j'lin', j'nĕt', j'ma, j'nǫ. j'nɑ̈s' neben djo; es scheint sich also vor
folgendem Konsonant dj zu j zu vereinfachen; djenet' f⁴. — Es sei
an dieser Stelle noch ausdrücklich darauf hingewiesen, dass in den
Orten, wo lateinisches g und j überhaupt zu dj werden, der Laut dj
jedem französischen j entspricht, möge es einen Ursprung haben,
welchen es wolle : frǫmǫdj' (Käse) e², mīdji (essen) d²⁰, rǫ̆dj' (rot),
pyœdj' (Regen), tșīndje f², tșadji (beladen) e⁸.

142. In einer Reihe von Orten wird anlautendes j, gleichviel
welchen Ursprungs, zu ʼh. Dieser Wandel ist jedoch überall da unbekannt, wo lothringischem χ und ʼh ș und j entsprechen : ʼh'nĕt'
(Ginster) d³ d⁴ d⁶ d⁸ e², dagegen j'net' d² d¹⁰; ʼh'nab' (juniperus) d⁸,
ʼh'novr' e², dagegen j'navr' d¹⁰, j'nav' d¹ d⁴, j'nab' d²; ʼh'lïn' (gallina)
d³—d⁵ dˢ dⁿ e¹ ω, aber j'līn' d¹, djelin' e⁴, jelīn' c⁴; ʼh'mel' (jumelle)
d⁸; ʼh'ma (jamais) e¹; ʼh'nǫ (Knie) d³ d²¹ e¹. Zuweilen klingt dieses
ʼh stärker, wie χ. resp. ș : χ'ti (werfen) d³ dˢ, ș'ti c² e⁸, χ'tǫ (jeton,
Bienenschwarm) d³; χ'nɑ̈s' (génisse) e², aber djęnœs' e⁴. In f¹
notirte ich ʼh'ma, ʼh'nǫ neben djale (Hähnchen), djęlin', djǫdių

---

[2] Vgl. faious Ezech. 35, 2, 19.

(Garten). *Jardin* wird zu ʽhadjī und ʽhędjī b⁵, ʽhadjī c⁶, ʽhędjiɳ b⁶, dagegen jadyī c⁸, jędiɳ a³, jędyī b⁷.

143. Auch inlautend wird dieses j zu ʽh : aʽhudœ (heute) d¹², aʽhoʼdœ d⁸ : χarçhi c⁴ (sich setzen, wo ʽhi = jɛ = jusum) ist. Statt ṣaji (*charger*) d⁸ sind in C Formen mit ʽh üblich, ṣoʽhyœ, s. 25. Der Wandel von j zu ʽh findet nicht statt in einsilbigen Wörtern, auch nicht in zweisilbigen, wenn die letzte Silbe dumpfes e enthält : daher djȧ (gallus) d⁹ neben ʽh'lin', und immer djy̆ oder jy̆ (Tag), djȧb' etc. Nach Adam wird das j von ję (ego) an mehreren Orten zu ʽh, wohl in Folge häufiger proklitischer Stellung; ich hörte nur ʽhę dǫ pī = ich habe Brot, ʽhę deχvri = ich habe zerrissen in d¹³ aus dem Munde eines Knaben, der nicht aus dem Orte selbst, sondern aus dem benachbarten Saulxures war.

144. G ist als y erhalten in pyay' (Schlag) a¹ s. 8, als g in agru (glücklich, augurosus) a¹. — Nicht gehört wird g in ju (jugum) d³ d⁸ ω. — Ueber die Vertreter von tegula s. 53; regula ist nur als *règle* bekannt. — Lõṣ' (lang) ist als Maskul. u. Femin. üblich in a¹; über ṣ in diesem Wort und in lȧrṣ' a¹ s. Anhang IV. — Ueber ego s. 32.

145. Gl. Der Nexus gl wird zunächst in dem ganzen Gebiet zu gy : gyȧ (Eichel) d⁸, gyẹ̄s' (Eis) a¹ d⁴ d²¹ e¹ f² f⁴, auch im Inlaut vor dem Ton : χiɳgye (Eber) ω vgl. 68. Wie cy = cl zu ty, so wird auch gy zu dy : dyẹ̄s' b¹ b³ b⁷ e³ f⁵ ω; dyoryu (*glorieux*, citel); sȧdye^i (Eber) a³, sȧdye b⁷; iɳdyes' (Alaun, (a)lumen + glacia) a³ ¹). In dem Theil von C und B, in dem jenes ty zu ty̆ wird (vgl. 137) findet auch eine Verdichtung von dy zu dy̆ statt : dy̆ẹs' b⁴ c⁷, dy̆ȧ (Eichel) c⁶ c⁷, dy̆oryu b⁴, sȧdy̆e (Eber) b⁵. — In G wird anlautendes gl zu y : yȧs' g¹, yẹ̄s' g³ g⁴.

In ungula wird in dem Nexus n + gl l nicht zu y, sondern schwindet : von A—F sagt man iɳc' (s. 105); iɳgl' ψ ist durch das Französische beeinflusst. Abweichend verhält sich G mit õy' g²—g⁴. — Strangulare wird zu χtranye f¹, trȧnyę a¹ und nach 178 zu χtrayi d⁸, χtrȧi d³.

Qu.

146. Bei anlautendem qu ist der u-Laut erhalten von A—F : cwẹ̈t' (quattuor) a¹ a³ d³ d⁸ d¹² d²¹ f⁵ ω, cwat' e¹, aber cętr' g³; cwer' (suchen) d³ d⁴ d¹⁵ d²¹ ω, cwǫr' ψ und cweri (*quérir*) e¹, cwęri b⁵ f¹ ψ, cwȧre d¹²; cwȧ (wann) d³ e¹; cwęrom' (*carême*) a¹. Ueber qu(i)e-tiare und qu(i)etus s. 56. Doch zeigen mehrere Wörter das w nie oder selten : casę (quassare) s. 17 ist wohl durch das Francische beeinflusst, während cwęs' (Hanfbrache) b⁵ von diesem Einfluss unberührt blieb; zu cīz' (quindecim) vgl. 76; cętoχ' (vierzehn) d³, cętoṣ' f⁵, aber cwętoṣ' e¹⁰; zu ce (qualis) vgl. 3.

---

¹) Auffällig ist Gyodę a¹, Dyod' f¹ ω, Dyodi, Dyoda von *Claude*.

147. Qu im lateinischen Inlaut. Aqua wird zu ov', av', ow', aw' s. 18; sequere zu ser' und χιr' s. 214 v. suivre; cinque ausser zu siṇc' zu sīṇcy g³ und sentẏ' g⁴; das altfranz. *mais que* (magis quam) zu māc' und mẹc'; altfrz. *alques* (aliquid) zu āc' und ẹc' s. 9.

S, X.

148. In dem Nexus Vokal + sy. ssy + Vokal entwickelt sich s zu h, resp. j, ss zu χ, resp. ş (vgl. Anhang III) und zwar in dem ganzen Gebiet; im Auslaut wird h(j) aus einfachem s + y oft zu χ, resp. ş : ẹhi (*aise*) d³, ẹhỹs' (*aisance*), aχ' (*aise*) f¹; bajẏẹ (küssen) a¹, bahi d⁷; prijῤ (Gefängniss) a¹, príhọ d°: über die Vertreter von ma(n)sionem s. 28; über şẹmiχ', biχ' und fem. griχ' 75; über s'liχ' (Kirsche) 15. ẹgrẹχi (*engraisser*) d³ d²¹ e¹, ẹgraχi ʷ, ẹgreşi e⁸, grẹsyẹ a¹ und das Postverbal dazu grẹχ' (Fett) d³ d⁸ e¹, grẹş' b⁷ f² g³ g⁴; ẹbẹχi (*abaisser*) c¹ d³ e¹, bẹşyẹ a¹; über muχ'na (*moissonner*) s. 42.

149. S und ss vor und nach Vokalen und ohne y in ihrem Verhältniss zu χ, resp. h und ş. Dass s und ss ohne y zwischen Vokalen nicht zu χ, h wird, beweisen folgende Beispiele: fo"s' (fossa), gros' (grossa), s. 88; f. grås' (fett) 17; χpäs' (spissa) d³ f¹, Inf. pẹsẹ a¹ e⁹; şoz' (causa), oz' (ich wage), r'pozẹ. s. 124. 126; cuzin' (Base) e⁸¹). Dasselbe gilt für den Auslaut : os (Knochen) s. 153.

150. Doch giebt es eine Reihe von Ausnahmen : in ẹχar (*assẹdere*. s. *asseoir* 214) mag χ aus s + sekundärem y des diphthongirten ẹ gebildet sein. In ẹsẹryẹ a¹. ẹχiri d³, 1s. ẹχιr' a³ d⁶ d⁸, ẹşure (versichere) f² fragt es sich, ob nach Ausfall des c das tonlose e von adsecurare zu y werden konnte²). Interessant ist die erste sing. ẹχïɑr', die ich nur in ψ hörte. Vessica wird zu p'χey' nur in ψ, vielleicht durch Angleichung an pü̃χi (harnen) vgl. 76. ẹχọde (betäuben) d⁸, esọdẹ a¹ mit χọ (surdus) a³, şọ a¹ bleibt unaufgehellt. ẹsyœtẹ (adsẹditare) sagt man a¹, ẹχïœtẹ a³, aχχetẹ, 1s. ẹ̀χyet' c², vgl. Part. m. syetẹ g³, siẹtẹ g⁴. Tuχẹ (husten) ψ, 1s. tuχ' d¹³ ʷ (aus tussiare?), dagegen tẹsi c⁸. Statt des regelmässigen Femin. bês' (bassa) d³ g². bẹs' d⁸ f² g¹ sagt man in Angleichung an den Infin. bẹsẏẹ a¹ u. s. w.: bẹş' a¹ b⁷ g³, bẹχ' c⁸, m. u. f. bẹχ b³ c¹ d¹. In tröχ (tres) e¹, tråχ d³ d⁸ erklärt sich χ aus s + sekundärem y aus dem diphthongirten lat. ē³). In absoluter Stellung hat das Wort überall χ oder

---

¹) Von einer scharfen Aussprache des einfachen s zwischen Vokalen (abgesehen von dem Anhang IV besprochenen Fall) wissen die heutigen Patois nichts; sie muss demnach auch der alten Sprache abgesprochen werden.
²) Man vgl. das zweisilbige *eslicu* (*esleu* = *ẻlu*) in Froissart's Trésor Amour. S. 190, v. 2.
³) Aehnlich würde sich maj' (Tisch) erklären. das nur mensa sein kann. Ich hörte das Wort nur in g⁴; es soll aber nicht in g¹ selbst, sondern in der Umgegend gebräuchlich sein.

ş; vor Konsonant lautet es z. B. tra in d³, trœ a³, bei der Bindung aber traz, traz ŏm' d⁸ d¹¹ ψ, trœz ŏm' a¹ a³, traz çſ᷉ a e⁸.

151. Auch anlautendes s vor Vokal wird in der Regel nicht zu χ, ş : set, s. 40, sawç s. 214, sŏp' Suppe a¹ g¹; vgl. Gloss. Littera S. Eine Reihe von Ausnahmen, die zum Theil der Erklärung Schwierigkeiten bieten, die jedoch, mit Ausnahme der beiden ersten, das Gemeinsame haben, dass sie nur in einem Theil des Gebietes vorkommen, vermag die Regel selbst nicht in Frage zu stellen. Von A—C entstehen aus sex in absoluter Stellung Formen mit doppeltem χ, resp. ş : χīχ a³, şᾰ᷉ş b⁷, χᾰ᷉χ b⁵ c⁷ ψ, χᾰ᷉χ c⁴. Ich glaube, dass die ursprüngliche Form *seχ lautete (x wird regelmässig zu χ), woraus durch Assimilation χeχ wurde. Von D—G sind, gleichfalls in absoluter Stellung, Formen mit nur anlautendem χ üblich : χē d⁴ d⁸ d⁹ ω, şeⁱ e⁸, şœⁱ e¹⁰, şe f⁵, χeⁱ f¹, şç g⁴, die durch Dissimilation aus χeχ entstanden sind, vgl. 135. Dies erklärt auch, weshalb unter den Zahlwörtern von 1—10 allein in χe der auslautende Konsonant verstummt ist. Vor Konsonant wird das Wort überall nur mit einem χ gesprochen : z. B. χœ c'ma b⁵; bei der Bindung hörte ich χez ŏm' d¹ d⁸ d¹¹, şiz ŏm' a¹, şœ'z ăm' e¹⁰; χ̄œ (sebum, suif) s. Gloss. ist afrz. sieu, also χ = sy. Ueber soror vgl. 78; im südlichen Theil des Gebietes zeigt das Wort χ-Formen : in e¹ si, in e⁹ e¹⁰ sv, dagegen χυ e³ e⁵, χyœ ω, şœ f² f⁴ f⁵, şυ g² (χ aus s + y in syœ). Ueber singyç (Eber) s. 68 : χiŋgye ω, şiŋgye f⁵. Ueber ser' (sequere) s. 214 : χ-Formen treten in A und B auf : χᾰ᷉r' b³, χυr' a³, şυr' a¹, und danach ᾰşυt', tọ d'şυt' a¹. χυr (sicher) notirte ich a³ f¹ ω, in vielen Orten sagt man sυr. Sυ (super) d⁸, aber şυ g¹, χu f¹. Sarpat' (serpette) a¹, χɛrpᾰt' d² d³ d⁵ d⁸ d¹², χɛrpọt' c⁷, şɛrpᾰt' e¹⁰, şarpọt' f², χarpat' f¹. Zu sudare, sudorem vgl. 114. 118 : 1s. şυ, Subst. şυ hörte ich nur g³. Zu sufflare (blasen) vgl. 207 Iᵇ : χ-Formen kommen nur in A, B und einem Theil von C vor : χọfyœ c⁷, 3s. χọf' c⁸, χọfyi b⁵, şọfyç a¹ (exsufflare würde jede Schwierigkeit heben); χọ (surdus) a³, şọ a¹ ist selten, meist sagt man für : er ist taub, il oy' dυχ (er hört hart)¹); χoi (pfeifen) e¹, şœy e⁸, s. Gloss., beruht auf subilare : an ex-subilare darf man nicht denken, da dies in Tavannes, im Jura, nicht zu şυbyç, sondern zu *eşυbyç geworden wäre.

152. Von den erwähnten Fällen ganz verschieden ist das zu 135 besprochene tşɛs, gɛ̆s (Sack), tşᾰs, şọs' (siccus). Ebenso verhält es sich mit şᾰj' (tu songes) d³, şᾰj' d¹², wo der Palatal ş durch Assimilation an den Palatal j entstanden ist; dagegen sõj' d⁸. Aehnlich erklärt sich χejᾰt' (Käfig, casa) d²³ aus şezọt' c⁴; zuerst şejᾰt', dann durch Dissimilation χ für ş.

153. Auslautendes s nach Vokal ist in einigen Fällen erhalten, scheinbar als Ausnahme von der Regel, dass die auslautenden Kon-

---

¹) lheudé bei Thiriat S. 435 und Kéd. u. Voinraux S. 13 ist wohl surdellus.

sonanten schwinden : os (Knochen) d³ d⁴ d⁸, ös f¹ scheint mir auf alt-
ostfrz. *osse* = o s s a (im Bernhard) zurückzugehen, wenn mir das Wort
auch nur als Masc. begegnete (vgl. das 50 zu day' Bemerkte); nach
Haillant III 6 soll es in Uriménil weiblich sein; ǫ g³ würde regelrecht von o s s u m kommen. In dus (zwei) a³ c⁹ f⁵ ω (vor Konsonant
du d¹²) ist der auslautende Konsonant wie in allen Zahlwörtern von
1—10 erhalten wegen häufiger Stellung in der Pause; in g² du
auch in der Pause. In tœ̨s (Husten) a¹ e⁸ kann Anbildung an tœ̨·syę
a¹, tœ̨si e⁸ vorliegen.

154. In einigen Fällen entspricht lothringisches sanftes s einem
francischen scharfen; es hat dann immer Anlehnung an einen sanften
Konsonanten stattgefunden : d'zǫ (*dessous*) d⁷ f¹, dęzǫ d¹², od'zo a¹,
d'zur (*dessus*) f¹, oz'be (*aussi bien*) c¹; vgl. 170.

155. Sc (c x c) vor a, e, i, x vor Vokal und e x + s werden zu
χ(ş); x nimmt hier keine Sonderstellung ein wie im Wallonischen
(Zeitschr. IX 491), dagegen wird s c vor o, u zu χc. Sca (exca): χol'
(scala) s. 3; etşir' g², etşięl' g⁴ zeigen, dass das Gesetz für G keine
Gültigkeit hat; χǫnd' (scandula, Schindel) f¹, χädr' d³, s. Gloss.;
fraχ' (f. frisca) d³ d⁴ d⁸, fraş' a¹, aber fräts' g¹; χadę (excalidare)
d⁸ d⁸ d¹², aber tşoda g²; χafi (ex + *chauffer*) d⁸ d¹²; çχavat' (*écheveau*) f¹; χępi (*échapper*) d³; mu̧χ' (musca) d³ d⁴, mǫ̨ş' a¹ und danach mǫχat' b⁶ d³, mu̧χät' ω, mǫχǫt' e¹; zu p i s c a r e vgl. 66.

Sc (x s) + e, i : dęχǫnd' (descendere) d⁶ s. 64; şenay' (Rückgrat, skina) c⁸; c'nǫχ' (cognoscere) und cräχ' (crescere) f¹, craχi d⁸
s. 214, cràχä (*croissant*, Sichel des Mondes) d³; puχǫ (piscionem)
d²¹ s. 66; piχi (harnen, *pisciare) d⁴, p'χc f¹, pęχyœ a³, p'χi e¹ ω;
fęχat' (Windeln, von fascia) d³; waχe (Sarg. vascellum) f¹; zu χwę
(exsucare) vgl. 118; eşęyi (exsagiare, versuchen) e⁸, çχçi d³, çχei e¹,
abweichend findet sich in a¹ das auch wallonische sayę, 1s. say', 1pl.
sayä. — Ueber sc'r vgl. 163.

x zwischen Vokalen : l'χiv' (lixiva, Wäsche) d⁷, leχiv' d³, l'χïv'
e¹, lę χiv' f¹, l'şiv' a¹; pęşe (paxillus) a¹; lęχi (lassen) c² d¹² e¹, lęχe f¹,
Imper. lęχ' ψ; teχ' (texere) e¹; zu taχ'rä vgl. 42, zu cœ̨χ' (coxa) a³
s. 83. Latşi (*lächer*, s. 17) weicht ab und erklärt sich weder aus
einem Typus lasc- noch lacs-; es kann frz. Lehnwort sein.

156. S (x) + K o n s o n a n t m i t A u s n a h m e v o n y u n d c
v o r a, e, i. In einem ersten Abschnitt wird vom Anlaut, in einem
zweiten (158) vom Inlaut gehandelt. In den ersten Abschnitt gehören auch die Wörter auf e x + K o n s o n., da das Lothringische
dieselben wie die auf s + K o n s. anlautenden behandelt; ähnlich
ergeht es dem Participium von e s s e r e in einem Theil des Gebietes.

I. Im Anlaut ist lat. s erhalten in einem Theil von E : spi'
(spica) e¹—e⁴; sti (part. von essere) e¹, str e², aber tv e³; stody'
(extorquere) c¹, stud' e⁴; stöy' (stabulum) e¹, stay' e²; sçm'räs'
(Schaumlöffel, v. scuma) c⁴; spol' (Schulter), scutę (hören), spwedi
(*éperdu*), stīd' (löschen), stōd' (extendere), späd' (expandere), stro

(strictus), stoľ' (stela), spĩhi (exputeare, schöpfen) e[1]. Stoy' (stabulum) und scɪrǫn (Eichhörnchen) notirte ich auch in d[15] neben
cęm'ras'.

In dem östlich von dem Vogesenkamm gelegenen Theil von E
tritt vor t ş für s ein (für e[7] und e[9] fehlen mir Beispiele) : ştęnwe
(niesen), 1s. ştęnu' e[9]; ştöl' (stela), ştöy' (stabulum) e[8] e[10]; ştro
(strictus), ştrę (stramen), ştrǫ (Koth) e[10] (ausgenommen ist das Part.
stv̦ e[8] e[10]); dagegen spi˙ (Aehre) e[8] e[10] e[11], spiŋg' (Dorn), scwoş'
(Rinde) e[8] e[10], spa (spissus), sčęm' (Schaum), scœpç (spucken) e[10].

S (x) wird regelmässig zu χ in dem grössten Theil von D:
χtrĩ (stramen) d[4] d[8]; χtęnwę (niesen) d[8]; χcęm' (Schaum) d[3] d[4]; χtra
(strictus), χpa, f. χpäs' (spissus), χtod' (extórquere), χträi (strangulare), χpidr' (Dorn) d[3]; χtay' (stabulum) d[5] d[8]; χcwel' (Schüssel),
χpyat' (Aehre) d[8]; χpǫs' (spissa) ψ; χcwoχ' (Rinde) d[5]; zu χcurǫ
s. 121, zu χcœv' (scopa) 99; in d[21] ştöy' (stabulum), Part. stv̦.

In F fand ich χ nur in f[1] : χpye (épier), χtanye (niesen). χtŏp'
(stuppa), Inf. χtǫpa. In ω (der dortige Dialekt ist ein Mischdialekt)
kommen Formen mit s und χ nebeneinander vor : χtrĩ, strĩ, stoy',
χtra, spiŋg', spol˙ und χpol', stel'.

In B C f[2]—f[5] und G fand ich die francischen Formen : epäl'
b[5] c[7], epol' f[5]; ecwoχ' (Rinde) d[21]; ecɪrö f[4] f[5] (auch d[12]), ęcurä c[4];
etra (strictus) c[7] f[5]; epo (spissus) f[5]; ętwel' c[8], etwal' g[3]; etäp' b[5],
ętäb˙ b[3] (ętob' auch a[1]), etäl˙ g[1] g[3]; etrĩ (stramen) g[2] g[3]; etşir' (scala)
g[2], etşięl' g[4], aber tşoda (excalidare) g[2]. — Ueber etrĩj', etrĩji, das
überall die francische Form zeigt, vgl. 21.

Durch das zuletzt Gesagte ist die Frage nach dem Vorkommen
des prosthetischen e schon erledigt. Die vom Einfluss des Francischen
unberührt gebliebenen lothringischen Dialekte kennen dasselbe nicht;
ja, sie behandeln die Wörter auf e x + t oder p nach Analogie der
Wörter auf s + t (p). Doch kommen vereinzelte Fälle von eχ- vor:
ęχcutę d[3], 3s. ęχcut' d[7]; ęχpyi (épier), 1s. ęχpey' d[7]; ęχpǫr' (afrz.
esprendre, vom Feuer) d[3], Part. ęχpri d[5]; vgl. auch χwe 118 und
ęχei s. Gloss. — In G ist, wie überhaupt in den Dialekten der
Franche-Comté, der e-Vorschlag lautgerecht.

157. Es erübrigt, die Fälle zu erwähnen, wo s, resp. χ geschwunden ist, ohne dass prosthetisches e sich eingestellt hätte.
Regelmässiger Abfall findet sich in a[1] und d[12] : pa, pas' (spissus) a[1]
d[12]; trĩ, pey' (spica), cœvç (scopare), pę˙c' (Dorn) d[12]; tręyę (strigilare), tǫp' (stuppa), cwęl' (Schüssel), pęn' (spina), χtränyę (strangulare), cęm'räs' a[1]. Es weichen ab: stra (strictus) d[12], ştrœ a[1]; Part.
stv̦ d[12]. In a[3] notirte ich tarnwe[i] (niesen), 1s. tarnu'. — Ausserdem
giebt es Fälle von sporadischem Abfall, zum Theil in Orten, in
denen die francischen Formen vorherrschen : cęm'räs' b[7]; pin'
(spina) f[4]; piŋc' (spinula) c[7] f[1], pĩg' d[21]; piy' (spica) f[4]; trĩ (stramen)
ω; pa (spissus) neben strat' (stricta) v; in d[8] hörte ich trö (estron,
Koth), in d[3] cwel', in d[11] neben χtęlay' (stelata, Kuhname) das Mask.

tẹlẹ; tẹlay', tẹlẹ, tọc (*estuc* = *souche*), cọm' (scuma) in d⁷, wo einzelne Leute so sprechen, während andere χt u. s. w. sprechen[1]).

158. II. Im Inlaut fand ich nur in e¹ s vor t erhalten, und zwar nur in crọ̈st' (crusta), aber crằs' (crista, Kamm des Hahns), cọ̈st' (Rippe), mọstody' (Wiesel, must(ela) + arda), nicht aber in tẹt, fẹt', prẹt' s. 40. In e⁷-c¹⁰, also östlich von dem Vogesenkamm, tritt dafür ṣ ein : rẹ̣stẹⁱ (Rechen) e⁸ e⁹ (vgl. r'tẹ d³ d⁶); bọⁿṣti (hinken); dẹvẹ̣sti (entkleidet); bọstẹⁱ (Korb) c¹⁰; crọ̈ṣt' (crusta) e⁷ e⁸ e¹⁰, crọẹs' e⁹; muṣtol' (mustela) e⁸, mọstol' c¹⁰; craṣt' (crista) c⁸ c¹⁰, craṣ' e⁷; ẹ̣st' (*âtre*, Feuerheerd) e⁸ ²). Auch hier, wie überall, ist keine Spur des s nach lat. ĕ, in festa, testa u. s. w. erhalten, ebensowenig in caⁿt' (Rippe) c¹⁰. Eine eigene Behandlung erleiden crusta und crista noch in einem andern Theil des Gebiets : crằχ' (crusta) d⁴ d⁵ d⁸ d⁹ d²¹, cruχ' d³, crọs' d¹², crŏt' c⁹ ψ; crằχ' (crista) d³ d⁵ d⁸ d⁹, crät' d¹⁹, aber crŏ̈c' c² c⁹ d¹², crac' d⁴ d⁷. Eine Spur des s in rein volksthümlichen Bildungen fand ich sonst nur noch in : ẹrvụχti (*revêtu*) d⁹, r'viχti d³; mwaχtyi (masticare), 1s. mwaṣtey' d⁷, Inf. mwaṣti d¹⁰, maχtyi d¹⁹; dọmẹχ' d³ (domesticus, zahm; vgl. Gloss.); aχtằ (ebensoviel, ob *aussi* + *tant*?) c⁴. oχtằ f¹.

Lehnwörter können sein : fẹχtiṇ c⁴, fẹstiṇ a¹, in d⁸ sagt man dafür dejin'; rẹ̈χ' (der Rest) c² c⁴ d³ d⁴ d⁸ d⁹ d¹² d²¹ e¹ e² f¹ ω, rẹs' a¹ c⁸, und das veraltete jẹχtis' (justitia) f¹.

159. Beachtenswerth sind noch : prẽc' (*presque*) d¹ d³ d⁵ d⁸ e⁸ f¹ ; ·jẹcẹ (*jusqu'à*), jẹt'mọ (*justement*) f¹; über djặt' (justus) vgl. 117, über wẹt' (schmutzig) das Gloss. und Zeitschr. IX 498, über et' (essere) 214.

Ueber die Nexus s'r und ss'r vgl. 163, über sty 172.

R.

160. Anlautendes r und inlautendes einfaches und doppeltes r ist in der Regel erhalten; über h'me (Zweig, ramellus) vgl. Zeitschr. IX 502; über die Metathesis des r s. 164. R wird zu l in s'lĩχ' (Kirsche) s. 15, selẹhi (Kirschbaum) d⁸, sel'he c², sẹl'hằ d⁹, selẹhe d¹ (dagegen s'rẹhi d²¹, sẹrji c¹⁰); desgleichen in alằd' (hirundinem) f¹, ọ̈lằd' c¹ ω; mül' (mora, Brombeere) d² d⁴ e² e¹⁰; mẹlr (Spiegel) a¹ ³). — R ist durch Dissimilation gefallen in pằr' (prendere) s. 214.

---

¹) Nicht leicht ist es, über anlautendes χr und χl zu urtheilen; zu χr vgl. das Zeitschr. IX 510 zu rai Bemerkte. Was χl betrifft, so scheint Schwund des l oder Uebergang des χ in z vorzukommen : frz. *eslire* entspricht in d³ χler' (sortiren, *trier*); Thiriat bemerkt S. 433, dass man neben *hlére* auch *zlére* sagt. Statt χleda (Blitz) f¹ sagt man e⁴ zloda. Nach Thiriat S. 433 sagt man neben *hhauyant* (= *glissant*, vgl. Gloss. χayi) auch *hhloyou*. Beachte auch χẹlap' (Schlappe = Schlag) f¹. — Ueber deutsches sch = χ vgl. Anhang III.

²) Ueber brœ̣st' (Bürste) s. 172.

³) Ezechiel 75, 32 *melcur*.

Ueber r in der Schlusssilbe gelten folgende Regeln :

A. Nach Vokal fällt auslautendes r in mehrsilbigen Wörtern : z. B. in den Infinit. der 1. und der 2. Konjug. drẹmi (dormire) c⁴, ervẹni (*revenir*) ω; in den Wörtern auf -orium. s. 101; auf-orem, s. 98; auf-ardus, wie r'nȧ g¹ω. Ausnahmen sind ẹmeχ (bitter, amarus) b⁵ und der Inf. dẹvᵛer e⁸, der zu B β erklärt ist. Dazu kommen in C und d¹ die Infinitive awŏr (habere), sawŏr (sapere), sonst avu, savu u. s. w., s. 214.

B. Im französischen Auslaut stehendes r nach Vokal (auch ursprünglich kompliziertes) in einsilbigen Wörtern wird entweder zu χ (ş), s. Anhang III, oder schwindet. Mit χ kommen vor : dīχ (durus), mīχ (murus) ω, dᵘş, mᵘş f², dïχ. mïχ c², Formen ohne χ nur in G, s. 113. Veχ (vermis) b⁵ b⁶, vēş a¹ b⁷, vᵧeχ c⁴ c⁵ c⁸, vᵧeχ c⁷; von D—G finden sich Formen ohne χ : vᵧe d³ f⁴, vᵧẹ f², ve g¹, vi̧ g⁴. Fïχ (Galle, ferus) b⁵ e¹, fᵧẹ̈χ (bitter) a³ d⁸. Väş (viridis) a¹, wäχ d¹— d³ d²¹ ω. wäş e⁸, vǫχ e¹ für Masc. und Femin.; in f¹ f⁴ lautet Masc. und Fem. wa, f⁵ wäd', g¹ g² g⁴ Masc. wa, Fem. wädj'. Cǫ̈χ (kurz) b³ d³ e² ω, cǫ̈ş a¹ e⁸, cwẹ g⁴ ; ǫχ (ursus) d⁸. Fǫχ (Ofen) b³ d³. fǫş a¹ e⁸. Cᵧǫ̈χ (Herz) d⁴, cᵧeχ d² d³ ist nur in D erhalten, s. 78, sonst ist das francische Wort üblich. Zu c a r u s vgl. 7, zu c l a r u s s. 137. — Ueber f o r i s, s o r o r, f e r r u m, s e r u m s. 78, 37, 49; zu byœ (Wiege) das Gloss.

161. Die Ausnahmen von der aufgestellten Regel, d. h. die Fälle, in denen r vorliegt, bedürfen besonderer Erklärung:

α) Das Mascul. n i g r u m lautet von A—F mit r nœr' a¹ oder nǫr' b⁶ oder nǣr' d⁶. nar' d⁸. nᵉr' f¹ ; ebenso giebt das Masc. i n t e g r u m īter', ᵉter' in den wenigen Orten, wo die volksthümliche Form noch fortlebt, s. 35. Man darf hier nicht Angleichung an das Feminin. vermuthen, da das Lothringische sonst beide Formen auseinanderhält, selbst in Fällen, wo sie im Französischen zusammengefallen sind; vgl. 206. Da in n i - g r u m, i n t e - g r u m g r Silbenanlaut bildete, so musste das Masc. wie das Femin. zu *neire, enteire* werden. Die lothringischen Formen sind also die uralten, lautgerechten, die im Francischen früh durch analogische verdrängt wurden. Ein dem französischen *noir* entsprechendes nwa fand ich nur in g¹. — Ar' (Luft), für das ich wenigstens in einem Theil des Gebiets weibliches Geschlecht festgestellt habe (s. Gloss.), beruht auf a e r a ¹).

β) In den Infinitiven şœr (cadēre), vẹr (videre), ẹχar (assedere) s. 214 sehe ich Analogiebildungen nach cœr' (kochen), crar' (glauben), fᵧr'. dir', ser' (sequere), rir' u. s. w.; ebenso in dẹvᵛer, einer Neubildung nach dem Partic. d e o p e r t u s s. 214. Aehnlich oder durch Einfluss des Französischen sind zu erklären in a¹ : plœr' (können), v'lœr' (wollen), pᵧœr' (regnen). — In den nach den Infinit. muri

---

¹) Nach Haillant III 5 ist *ár* auch in Uriménil weiblich.

und mœri analogisch gebildeten 1s. mŭr und mœr, s. 214, ist mit dem Vokal des Infinitivs auch das r mit herübergenommen; vgl. 79 die lautlich richtige 1s. mʋ e⁷c⁸.

γ) Die übrigen r-Bildungen sind francische Lehnwörter, die im nördlichen Theil des Gebietes, in dem die Französirung weiter vorgeschritten ist, besonders häufig auftreten : tẹr (spät) a⁸a⁴b⁴, tār b⁷, aber tā d³d⁸f¹; yer (heri) c⁸, vgl. yi g⁴: cẹnar, rẹnar b⁵; sir (súr) d³; cyer (clarus) a¹, vgl. sya g²; cʋr (corium) a¹; fer (ferrum), ver (vermis) b⁴; swẹr (Abend) a¹b⁴; ser (soror) c⁴; fyẹr (bitter, stolz), ʋver (Winter), cūr (Körper), fur (stark) a¹; tȫr (Unrecht) d³, tur a¹, vgl. 87; pẹr (Teil), aber pwa d²; ȫr (aurum) f¹; cor (Körper), dagegen lautgerecht cwo (gilet, corpus) e¹⁰. Vgl. noch pu (pour) d⁸f¹; sɩ (super) d³; wa (versus, gegen) f¹, vọ e¹.

162. C. R als letzter Buchstabe einer Konsonantengruppe vor dumpfem e. Ueber r als ersten Konsonanten einer Gruppe sind 165—169 zu vergleichen.

In der angegebenen Stellung schwindet r regelmässig : f'net' (Fenster) d¹, s. 40; bẹt' (schlagen) a¹e¹; ot' (inter) f¹ɷ; cot' (contra) c⁹, cọnt' f¹, cȫt' a¹: dagegen ātẹr nọ̈ (entre nous) d³d⁸, ātẹr nọ e⁸, womit die 1s. mõtẹr (monstro), ātẹr (intro) e⁸, mõtẹr, ātẹr a¹, ātữr b⁷ (s. noch 171) zu vergleichen ist; āt' (altera) d¹; cut' (cultrum, Pflugmesser) e⁸, dagegen cultʋ' d²d⁸; mẹc' (macrum) a³; mẹt' (magistrum) a³, mät' e¹; mät' (mittere) a¹f¹; sục' (Zucker) d⁸, sẹ̈c' a³; parat' (Stiefvater) f⁵; lät' (littera) d⁸d²¹; vọt', nọt' (euer, unser) als Pronom. conj. c⁹f¹ɷ; pet' (perdere) a¹; mwọd' (mordere) c⁴d¹; die Infinitive fāt', vāt' a¹, aber pār' (prendere) d⁸ s. 214, da nach dem Schwund des d, r nicht mehr letzter Buchstabe einer Gruppe von Konsonanten war. Eine Ausnahme macht ābr' (Baum) f¹f²; dagegen āb' e¹ɷ, ẹb' b⁴, s. noch 169. Andere Ausnahmen sind : 1s. surt' (ich gehe hinaus) a¹; ẹlõbr' (Schatten) d⁴f¹, aber ẹlõb' e¹. Für G scheint das Gesetz keine Gültigkeit zu haben : ich notirte tṣābr' g⁴, aber tṣāb'e⁸, ṣāb' b³b⁷c⁸d⁴d¹⁰. tṣābr' d⁵; mœdr' (molere) g³, aber mod' f¹, mor' f⁵; tudr' (torquere), mudr' (mordere) g³, vgl. χtod' (extorquere) d³; cẹtr' (quattuor) g⁵, sonst cwẹt'. Vgl. noch über die Nexus br, pr 183. In ẹ̃rb' (arbor) g⁴, ārb' g² mag man die beiden r gemieden haben.

163. Die Wörter auf s'r, ss'r, sc'r (Ueber die Nexus m'r, n'r, l'r s. 175, 176, 179). Dieselben folgen der 162 gegebenen Regel, werden aber hier zusammengestellt, weil sie, was den Einschub des d, resp. t betrifft, vom Francischen abweichen. Ein eingeschobenes t zeigt nur et' (essere), s. 214, übrigens das einzige Beispiel mit ss'r. Consuere giebt cọs' s. 105, cudr' g²g³. Ueber craχ' (crescere), c'nọχ' (cognoscere), die von A—F nicht mit t und r vorkommen, s. 214; *nascere und pascere finden sich nicht; teχ' (texere) hörte ich nur e¹, teχe (tisser) f¹.

164. **Metathesis des R.** Entweder werden 1) die ursprünglichen Nexus b r, p r, c r, g r u. s. w. durch einen dazwischen tretenden Vokal getrennt — oder 2) diese Nexus werden durch Attraktion des r neu gebildet.

Beispiele ad 1) : Fermă (frumentum) d³, fẹrmọ f¹; pẹrʰe (pretiare, lieben) f¹; bẹrbi (*brebis*), peryẹr' (*prière*) f¹; berwēr' (*bruyère*) d⁸; cẹrsọ (*cresson*) d⁴ d⁸, cẹrsõ d¹² (in dem Wort kann die Umstellung nicht alt sein, sonst wäre rs zu χ geworden); cẹrṣa (*crochet*) d⁵; χtẹryi (strigilare), 1s. χtẹrey' d⁸; 1s. ẹpœrtṣ' (*approche*) e³; gẹrnœ (*grenier*) c⁹, gẹrne d⁷; gẹrnuy' (Frosch) c⁴ d³, gẹrnăy' a¹, gẹrnuy' d¹² : auch in den beiden letzten Wörtern kann die Umstellung nicht alt sein, sonst wäre r vor n geschwunden. Ueber pẹrme (*premier*) s. 14; über tẹrũ (= tru̇̃) s. 118; über punel' (*prunelle*) s. Gloss. und Zeitschr. IX 505.

Beispiele ad 2) : drẹmi (dormire), 1s. drēm' s. 214; crẹvi (bedeckt) g²; frẹbi (*fourbir*) c⁹; crẹbo (*corbeau*) a¹; drẹvi (deoperire) f¹; cruway' (*corvée*) a¹; 1s. s'rẹv' (ich diene) d²¹ e³ (Inf. sẹrvi e⁸); frẹmi (Ameise) a¹; framẹ (schliessen) d³.

Besonders zu beachten ist die Behandlung der Silbe r e (ri, ro) im Anlaut : ẹrpreṣi (*reprocher*) d³, ervẹni ω, ẹrvvχti (*revêtu*) d⁹, ẹrbẹt' (*rebattre*) d⁵, ẹrnoye (renegare) c⁴, ẹrsīnẹ (recenare) f⁵, ẹrvyeχi (*renverser*), ẹrmwẹ (*remuer*), 1s. ẹrmow', ẹrtyi (*rôtir*), 1s. ẹrtey', 1s. je m'ẹrpe (ich bereue) d³; erver' (*rivière*) e¹, ẹrver' f⁵, dagegen rẹver' d⁷; ẹrfẹrbi (reinigen, *refourbir*) g³; ẹrcvri (*recurer*) d¹²; ẹr-, ẹr- ist die Gestalt des Anlauts in absoluter, r' in enklitischer Stellung; vgl. 195, 212.

165. Die Verbindungen R + **Konsonant.** Die Schicksale des r sind je nach dem folgenden Konsonanten verschieden :

I. r + s (aus lat. s, c, ty) wird im französischen Inlaut im ganzen Gebiet zu χ (ṣ) : bọχ' (Börse) d³; gẹṣõ (*garçon*) a¹, găχõ a³ b⁵, gọχọṇ c⁹; puχe (porcellus) c² f¹ ω, pọṣeⁱ e⁸ e¹⁰, pọṣẹ g¹; paṣẹⁱn' (niemand) e⁸; rẹcụχi (*raccourcir*) d³; naχi (*noircir*) c⁹; muχe (*morceau*) d⁸ f¹ ω, mwọṣe g³; byeχi (*bercer*) d²; paχi (*percer*) ω; fwọχ' (Kraft) d²¹, fwoṣ' e⁸; çχa (gestern) d³ d⁴; paχi (*par ici*) e², pọχi c⁴ ν, pwaṣi g², paṣi e¹⁰; r'veχi (*renverser*) e¹; cẹtõχ' (vierzehn) c⁷ d³, cẹtoṣ' f⁵; χcwọχ' (Rinde) d³ d⁵. — Ueber ẹr p i c e m vgl. 37; über pyărχi, parχiṇ, das kein ganz volksthümliches Wort ist, 43 bis. — Nicht zu χ wird r s in hẹr'sõ (Igel) s. 129 und ọr'sọṇ (Saum) s. Gloss., da hier r und s ursprünglich getrennt waren; letzteres ist mit *oresson*, Loth. Psalt., identisch, doch sagt man in a¹ aṣõ. Dasselbe gilt für cursyey' (*courroucée*) f¹. Mẹrsi und 1s. r'mẹrsey' d⁴ sind durch das Französische beeinflusst.

166. II. r + d, t wird in c¹ zu dy, ty, in b⁴—b⁷ und c⁵ c⁶ c⁸ zu dy, ty und oft zu dχ, tχ, in G zu dj tj; über a² a⁴ b¹—b³ kann ich nichts Bestimmtes angeben; in dem ganzen übrigen Theil des Gebietes schwindet r regelmässig vor d, t :

Mętže (Hammer) bᵘb⁷, matže bⁿ, matžeⁱ c⁶, matsǫ g², mętse
g³, mǫtyc c⁸. Putže (portare) b⁷c⁸, putyǫ e¹. 3s. Konj. īputžǫ̇ʹ c⁸.
Jadyī (Garten) c⁸, jędyī b⁷, ʻhadjī bⁿcᵘ, auch ʻhǫdjī bⁿ, ʻhǫdjiⁿ b⁶
(vgl. jędiⁿ a³); ṣadyо̃ (chardon. vereinzelt in c⁷) b⁷, žadjо̃ bⁿ, žadyо̃
bᵘ, tṣadjо̃ g¹ (vgl. žädо̃ a³). Hǫdyi (hardi) e¹, hadji c⁸g¹. Twäd'
(torquere). aber Part. twadji c⁸, twǫd', twädji cᵘ, Part. twodji cⁿ, Inf.
toc', Part. tǫdjɾ, Konj. todjęs' b⁴ (tod', todɾ b³), Inf. todṣ', Part. tǫdjɾ,
Konj. tǫdjęs' bⁿ, todž', tǫdži b⁷, tudr', twędjɾ g³, stody', Part. stodyi
e¹. Pedž (perdere), Part. pedži b⁷, aber pwed'. Part. pwedi, spwedi
e¹. Mwǫd' (mordere) cᵘ, Part. mwädji cᵘc⁸, mwodji cⁿ; moc' bⁿ,
P. modjɾ bⁿg¹, Inf. modṣ', Part. mŭdjɾ, Konj. mudjęs' bⁿ, mody', mо̃dyi
e¹, mudr', mwędjɾ g³g⁴. Cwǫt' (chorda) cᵘcⁿ, codṣ' bⁿbⁿ, cotṣ' g²·
Mädji (Dienstag) cⁿ, mędji g³. Vadyǫ (garder), pwatye (pertuis),
mǫstody' (must(ela) + arda), pǫdyǫy (par dieu) e¹. Potṣ' (porta)
g¹g². Cutṣǫ (kurz) g¹, cotṣǫ g². Fem. wädj' (grün, m. wa) g²g³
g⁴. Patsị (partir), 1s. patṣ', motṣ' (mortua), soladj' (Salat, *salarda)
g². Fem. fuǫtṣǫ (stark, m. fuǫ) g³. Elǫdj' (Eidechse, lac(erta) +
arda) g³g⁴.

R ist geschwunden in: putǫ (tragen) d³e¹⁰; fadeⁱ (Last)e¹⁰; hǫdœ
(Schweinehirt) c⁷; madi (Dienstag), wada (garder) f¹ω; saläd' d⁵e¹⁰;
hǫ̈tǫ (heurter) a¹; toteⁱ (Kuchen, tourteau) d⁸; utī' (urtica) d¹;
mwateⁱ (Hammer) d⁵, męte a¹; syet' (certes) f¹; cud' (chorda)
put' (porta) a¹; ṣadо̃ d⁷; hędi (hardi) f¹; pędɾ (verloren) e⁸; cwät'
(Spielkarte) d⁸; tät' (Kuchen) fⁿ; jǫdiⁿ c⁷, jadiⁿ d²: zu patœ (Loch)
vgl. 116. — Inf. surti, P. f. surtay' a¹ ist durch das Französische
beeinflusst, ebenso ardēn' (Nordwind) c⁸. In tęrtɾ (alle zusammen,
afrz. trestuit) f¹, tǫrtǫ a¹ ist die Metathesis erst nach dem Ausfall
des r vor t eingetreten¹). — Ueber lard vgl. 170.

167. R vor l, n schwindet: mēl' (merula) a¹, myel' c⁴; pwalu
(parleur) d⁸; pęleⁱ (parler) a³, pwalǫ d⁸, palǫ e⁸, pwōla f¹, 3s. pal'
a¹; jǫnay' (journée) d⁸, djęnoy' f¹; tǫnǫ (tourner) a¹, tǫna f¹;
fwone (fourneau) d⁸, fǫneⁱ a³e⁸, fwona g³, fune ωψ; cwǫnay' (cor-
neille) f¹, cǫnoy' e¹; cwōn' (Horn) d⁸d²¹, cwōn' d³; lätyęn' c⁹, über
lätęrm' s. 179. Part. f. garney' (garnie) d³ und Inf. tarnweⁱ (niesen)
a³ sind durch das Französische beeinflusst, vgl. žtanye (sternutare)
f¹, žtęnwę d³, ṣtęnwe e⁸.

168. R vor ṣ, j schwindet in den meisten Orten: totṣe (torcher)
f¹, toṣi d⁸ω; fǫṣät' (fourchette) d³, fuṣat' d²¹, fǫtṣät' e¹⁰; pwotṣ'
(porticus) d¹⁴, pwōṣ' c⁴; vwadj' (virga) f¹, vwaj' ω, waṣ' d¹², vǫj'
e¹; läj' (breit) d³; pweṣ' (pertica) ω; fwōj' (fabrica) d³, fwodj' und
Infinitiv fwodje f¹; mwatṣä (marchand) und mwätṣädi' f¹ (sonst ist
das r in diesem Wort erhalten, vgl. 72, ebenso in męrṣo Hufschmied

───────────

¹) Aus der Vergleichung mit dem 16 und 20 Gesagten erhellt, dass in
dem grössten Theil des Gebietes r erst schwand, nachdem gedecktes a zu ǫ
geworden war.

$a^1 e^1 f^1$ und marṣi mit Füssen treten d^7, martṣc gehen f^5). Ueber wodj' (Gerste) vgl. 87, über ṣaji 143; j, resp. ṣ wird zu χ in öχ' (Gerste) $a^3 a^4 b^5$. — R ist erhalten in a^1 und in G : ürṣ' a^1, ördj' g^1; lärṣ', varṣ' a^1; guǫrdjǫ, pįrtṣǫ, artṣiǫ (erpicare) g^3, ortṣi $g^1 g^2$. 169. R vor Labialen (m, b, p) ist durchgängig erhalten : irmī e^1 s. 43 bis; cǫrbay' $a^1 d^2 d^8 d^{11}$, cųrbay' $f^1 f^2$, curbay' a^1 ṃ, cǫrbǫy' e^1, corbyo d^5; zu fǫrmi (formica) s. 95, zu sǫrpǫ und ǫrpuyi s. 43 bis, zu χǫrpǎt' s. 151, zu tṣǫrpǣny' s. 178; ṣǫrpete (charpentier), parmete (Schneider) d^2, pǫrmete^i e^{10}; ṣǫrmiṇ (carpinus) d^8. Besondere Beachtung verdienen b a r b a und h e r b a : meist treten sie mit r auf, vgl. 16. 37; y$\mathring{e}$b' ohne r notirte ich nur $c^4 c^6 c^7$, bäb' $b^5 b^7$, bǫb' b^3. — Ueber a r b o r e m vgl. 162 : arb' e^{10}, arp' a^1 sind lautgerecht. — Ich erwähne noch sǫrf (ich diene) $a^1 a^3 c^2 c^9 d^6$, sǫrv' d^3.

D.

170. D ist gefallen im Inf. pär' (prendere) d^8, s. 214. — Vergleicht man das weit verbreitete lärd $d^1 d^4 d^5 d^{12} e^1 c^2 f^1 f^2 \psi$, lart $d^3 d^8$ mit r'nā (Fuchs), so ist kein Zweifel, dass dasselbe ein französisches Lehnwort ist. L a r d u m hätte lá ergeben, das ich nur in g^1 hörte. Ein Typus l a r d a wäre zu *lad', in e^1 zu *lady' geworden. Das echt lothringische Wort für Speck ist wohl băcǫ, das ich nur noch $c^8 e^{10}$ hörte.

In Folge von Angleichung des d an den scharfen s-Laut sagt man t'sv (dessus) $d^7 e^{10}$, t'si $d^3 e^1$, vgl. 154.

Wandel von d zu c (wohl durch die Mittelstufe t) liegt vor in moc' (mordere, Part. modjv), toc' (torquere, P. todjv) b^4; vgl. bei Adam S. 362 pauque (porta) und S. 376 toque (torquere).

Ein sekundäres y entwickelt sich nach d in dyœ (durus), f. dy$\mathring{e}$r' $g^3 g^4$.

Der durch den Ausfall des d entstandene Hiat wird durch y nur in ṃ in dem Wort cuy' (coda) ausgefüllt. Man vgl. die Vertreter von m e d u l l a, p e d u c u l u s 103. 105, n u d a, c r u d a, s u d a t 114, s u d o r e m 118.

In dem Nexus V o k a l + d ' c + V o k. wird d'c zu y, nicht zu j : vgl. r'mwayi (remedicare) 42, und rayi (*exradicare, s. Gloss. und Zeitschr. IX 510).

In dem Nexus - n d schwindet d in $d^7 d^8$: χtǫn' (löschen), deχan' (descendere), vgl. 64 auch mõ (tǫ l') = monde, in d^8. — Ueber r d s. 166.

Ueber den scharfen Laut in cwǫt' (chorda) $c^6 c^8$, öχ' (hordeum) $a^3 a^4 b^5$ vgl. Anhang IV.

T.

171. Eine wichtige Rolle spielt im Lothringischen das an Stelle eines geschwundenen intervokalischen t getretene y : über die

Endung -ata s. 2, über seta, moneta, creta 50, über rota 79, über maturus 113. In natalis 3, scutella 118, betulla + itta 43 und in der Endung -uta 114, also nach dunkeln Vokalen, findet sich y nicht. Nicht ganz klar ist die Bildung von ve (vitellus), se (sitellus), s. 69; das erwartete sçye findet sich in a¹. Auch so (satullus) weicht ab, s. 23.

Ein sekundäres y entwickelt sich nach t vor i in bātyi (bauen) und çrtyi, s. 207 Iᵃ, und zu batyey' 72.

T wird zu c vor i, resp. y in : ci (tilius, Linde) d²d³ und dem Deminutivum cyi̇̆ d⁴d⁵d³, cyo f⁴; cyçr' (neben tyçr' = terra) f⁴; cyç (töten) f¹.

T + sekundäres y wird zuweilen zu tṣ in tṣçr', lãtṣçn' s. 37, bẹtṣọɲ (wir bauen) b⁴.

Das Participium fem. von cadere zeigt durchweg t : ṣœt' u. s. w. s. 214 v. choir (durch Angleichung an cocta, lecta, dicta, facta entstanden).

B't wird zu t in çcọta (stützen, accouder) f¹, çcọtœ (Baumstütze) d⁸.

Nach χ klang t meinem Ohr wie d in χdẹ̆tṣ' (afrz. estache), χderwçl' (truelle) s. Gloss.; χdọnd' (extendere) f¹.

Tt ist geschwunden in pyä̆, f. pyä̆t' a¹, das wohl petiot, petiote ist ¹).

Ueber rt s. 166. — Ueber die Behandlung von st in crusta, crista, reste s. 158. In der Gruppe tr tritt bei folgendem tonlosen e Diärese ein : 1s. ätçr (intro) s. 207 III, auch ä̆tçr nọ (inter nos) e⁸, ä̆tçr nọ̆ d³d⁸, dagegen cot' (contra) c⁹, vgl. 162, aber cōtçrfyœ d⁸ (s. Gloss.).

Ty.

172. Ty wird (ähnlich wie c) zu h, resp. j, im Auslaut zu χ, resp. ṣ, überall, wo es sich gemeinfrz. zu is entwickelt : sọhọɲ (Jahreszeit) e¹, rahọ d³, sajọ, rajọ e⁸; piʰhi (schöpfen) e¹; puʰhọɲ (Gift) f¹ ω; prçhi (pretiare, lieben) e¹ ω, pẹrʰhe f¹; biʰhọɲ (buteonem, Hühnerhabicht) ω; rçtiʰhi (attiser). 1s. rçtiχ' und Subst. teʰhọ (tison) d³; çruʰhi (schärfen, re + acutiare) d¹d⁵d⁶; über pọteus s. 82, poteare 93, quietiare 56. Man vgl. damit tṣçsi (captiare) e⁸; fwọχ' (fortia) f¹ ist nach 165 zu beurtheilen.

Auch sty wird zu χ, da sich in der Gruppe sekundäres y entwickelt : œ̨ṣ c⁸ (ostium, oder richtiger ostia, da für einen Theil des Gebietes wenigstens weibliches Geschlecht festgestellt ist, s. Gloss.). — *Posteum (puis) wird zu pœ̈ d⁷ ω. — Nicht ganz sicher ist es, ob brœ̈ṣt' (Bürste) e⁷e⁸, brœ̨̈ṣ' e⁹, brœ̈χ' c⁹d⁸d¹², brọχ' b⁵, brœχ' f¹, breχ' d³, brọṣ' g⁴ von einem Typus auf -sta oder -stya abzuleiten ist.

¹) Von Diez wird Gr. I 127 lothr. petiat als mit petit identisch aufgefasst.

Dem francischen Suffix -*ise* müsste lothring. iħ', iχ', resp. ij', iṣ' entsprechen. Dies findet sich nie. In einigen Orten begegnet an Stelle von -*ise* das alte -*ic*, vgl. 72. Marṣãdiz' a[3], martṣãdiz' e[4], mọrṣãdiz' c[1] und in vielen andern Orten halte ich für ein Lehnwort. Vgl. Zeitschr. IX 503.

L.

173. Ueber die Nexus b l, p l, f l, g l vgl. 182, 186, 145. L schwand in p*v* (plus) a[1] d[11] d[12] f[1] f[5], pi d[1]—d[3], vielleicht in mwor', cwor' 89 und in çc' (aliquid), vgl. 9, das sonst wohl zu ãc' und *õc' st. çc' und ac' geworden wäre. L + Kons. scheint sich sonst wie im Francischen vokalisirt zu haben. Sãvç, sãt'rẹl', fãvat' (s. 26) beweisen nichts für den Ausfall des l; denn überall, wo man sat'rẹl' u. s. w. sagt, zeigt sich der a-Laut konsequent in einer ganzen Wortreihe, in der kein l ausfallen konnte (vgl. 3 und 18) und die in einem andern Theil des Gebiets durchweg o zeigt. Auch prsiŋ 107, wo doch wohl o zu Grunde liegt, erklärt sich nicht leichter bei Annahme des Ausfalls des l. Ebenso scheint die Behandlung von vortonigem o + l 107 die Vokalisirung des l zu fordern.

Ueber fyrtẹ, fvtẹ (afrz. *flauter*) vgl. 23, Zeitschr. IX 504 u. Gloss., über crṣãt' (Glöckchen) und frr', fir' (floret) s. 80, über 1s. cácey' (ich kitzle), sọfey' (ich blase) s. 207 1ª.

Auch in der Gruppe - n g l findet vor dem Ton Uebergang des l in y statt, vgl. siŋgyç 68, doch weicht õcliŋ (Oheim) a[1] c[4], õcli d[3] ab; dagegen õciŋ *(v)*.

In dem Nexus Kons. + c(g)l schwindet l nach dem Ton : sãc' (circulus) a[1]; cẹvyẹṣ' (cooperculum, Deckel) e[8], cevyeχ' d[3] d[5], cçvyaχ' d[21]; zu iŋc' (ungula) vgl. 105, õy' g[2]—g[4] zeigt eine andere Behandlung von g'l; iŋgl' ψ ist durch das Francische beeinflusst. Statt spiŋg' (? spinula, Dorn) e[8] *(v)*, χpiŋg' d[14], χpīc' d[7], piŋg' f[1], pẹ'c' d[12] sagt man χpīndr' d[6] d[8], χpīdr' d[3]. *Scandula (Schindel) giebt χãd' d[7], χọnd' f[1], χádr' d[3].

L ist zu n geworden in nãtẹy', vgl. 75, und in ni ẹn e (*il y en a*) d[3] d[8], nīŋ œ̃ c[8] — zu r in armẹl' (lamina) f[1], ormẹl' *(v)*, dagegen ọlmẹl' e[1]; ferner in armançc (*almanach*) c[9]; 1s. robrey' (vergesse) ψ; savrõ (sabulonem) *(v)*, sovrtọ e[8]; rabọrẹ[i] (pflügen) a[3], rabọrẹ a[1] vgl. 190, raburẹj' d[12]; fiyœr (filiolus) a[1]. Eine grössere Ausbreitung gewinnt der Wandel von l zu r in G : djẹrẹ̃n' (gallina) g[2], djẹrẹ̃n' g[3] g[4]; õr' (ala) g[2]; bãr' (*belle*) g[1], aber bal' g[2]; etṣir' (scala) g[2], aber etṣiẹl' g[4]; s'ray (Sonne) g[3] g[4]; swãr' (Roggen) g[1], aber swẹl' g[3] und sãl' (sella); sọrsīr (supercilium) g[1]. Der Lautwandel ist nicht durchgeführt, wie sõla (*cela*), wãl' (Oel), twal', al', myol' (medulla) in g[3], sulç (Schuh), malẹrr, malẹd', pula (Hahn) in g[4] zeigen.

174. L y wird regelmässig zu y : in filyœ (*filleul*) e[10] f[1] f[5], filye, f. filyel' d[3], filyọ *(v)* liegt Einfluss des Französischen vor, dagegen

fivœr a[1]. Aus dem Französischen entlehnt, und zwar zu einer Zeit, als lothr. ly schon zu y geworden war, sind wohl auch famil' (familia), jųlç (Juli) f[1], gęrnul' e[10]; eine französisch sprechende Frau aus dem Volke sagte in d[1] mŭral' (Mauer). — Auffällig ist pǫy' (? pulla, Huhn) a[1], puy' b[3]b[7], das man als eine versprengte wallonische Form auffassen würde, wenn nicht auch Thiriat *pouyatę*, *poyotę* = *jeune poule* hätte.

Auslautendes l fällt : über s a l, m a l u m, q u a l i s, t a l i s s. 3; in wie weit das Fem. q u a l i s vor folgendem Vokal mit l gesprochen wird, kann ich nicht sagen; ein cel'ur' notirte ich nur g[1]. P i l u s giebt pwç f[1]ω, pu e[1]e[10], pwa g[2]g[3], pwo d[8]; pwēl' b[3] ist frz., ebenso fyǫl (Galle) a[3]; fi (filum) d[8], fe d[12], fil e[2]. Ueber m e l vgl. 31; syel (caelum) f[1]f[2] ist kein rein volksthümliches Wort; in e[1] sagt man dafür tǫ (tempus)[1]. — Das Pronomen il, sing. u. plur., wird vor Konsonant zu i : i fo e[9], in'fo c[10], in'fam (*il ne faut pas*) b[5], im'fa d[8]; i pal' a[1]; i tın' (tonat), i sn̈ (*ils sont*) c[4]: i djäl' (gelat) e[10]; ç fäyçy' (faciebat) ω; ç tşätç, aber çl avwç f[5]: ım' t'i (liebt er) a[1]. — Ueber cçcinç vgl. 26.

175. In dem Nexus l'r wird in der Regel kein d eingeschoben : pür' (pulverem) a[1] d[9]d[12]f[1]; 3s. vure (*voudra*), fare (*faudra*) d[3], forç a[1]; über Inf. m o l e r e s. 89 : an Formen mit d hörte ich : mod' f[1], mœd' e[1], mœdr' g[3]g[4]. M e d l', das e[1] ,besser' bedeutet, kann nur altfrz. *mieldre* m e l i o r sein. — Ueber r'l vgl. 167.

In dem Nexus m'l wird kein b eingeschoben : çsẹn' (insimul) d[2]d[12]e[1], īsẹn' d[5]d[8], çsn̈ŋ c[1], çsẹn' f[1]ω, Inf. r'sęnç (*ressembler*), 2s. r'sẹn' d[8], 3s. Perf. çsamye (*assembla*) f[1]; trǫmulę (zittern) e[1], tramǫlç, 1s. tramǫl' d[23], tramulç, 1s. tramul' e[10], tęrmǫlę (Zitterpappel) d[2], tęrmole d[8], tramulœi e[10] vgl. Gloss.; Inf. trobye f[1] ist frz. *trembler*. — Ueber n'l vgl. 173 spiŋg'.

M. N.

176. Ueber den Nasal m ist überall zugleich mit n gehandelt. — Ueber die Labialis m s. 180. — In dem Nexus m'r ist durchweg b eingeschoben : sãb' (camera) b[3] d[1]d[12], tşãb' d[5]c[8]e[9].

N (m) ist bei Besprechung der einzelnen freien und gedeckten Vokale ein eigener Abschnitt gewidmet und damit die Frage der Nasalirung zum grössten Theil erledigt. Hier sei noch auf folgende Punkte hingewiesen :

177. a) In a[1] kommt die Nasalirung in vortoniger Silbe und bei weiblichem Wortausgang in Fällen vor, wo sie sonst geschwunden ist : ım' (amat), (Inf. īmç), mīm' (*même*), wīn' (vena), frīn' (fraxinus), grīn' (Korn), Mad'līn'; ī ist hier durchweg lang. Vereinzelt 1s. tn̈' (ich drehe) c[2], fm̈' (femina) c[1], vgl. 100; pyīn' (plena) s. 57. In

---

[1] In Huy, im Gebiet des Wallonischen, ist es durch çr (Luft) vertreten.

504

vortoniger Silbe : mãmiŋ (Grossmutter) a¹, sõnyœ (sich bekreuzigen) c⁹; über ãnay' s. 30; 1s. ãnay' (j'ennuie), Inf. ãnayç a¹; P. f. mã-nay' (minata) d³; ĩyo (Zwiebel) d⁸.

b) Ueber den eigenartigen Einfluss eines Nasals auf folgendes i s. 73; hierhin gehört auch sevẹnĩŋ (souvenir) f¹, niŋf (novem) e¹, sçmĩs' (Hemd) b⁷, mwĩtyç (Hälfte) a¹, mĩcẹrdi (Mittwoch) f¹, und vielleicht j'nõ s. 103.

c) Vielfach ist jede Spur des Nasals geschwunden : prọ (nimm), vọdv (verkauft), af' (enfle), sọdj' (er träumt) e⁸; ẹter' (integrum), v'rọ (wir werden gehen), pyç (plenus) d³; mẹj' (er isst), tẹdi (ausgelöscht), pyẹs' (Brett), etrẹj' (fremd) c³; pọr' (ponere) e⁸.

d) Seltener ist die Erhaltung des rein oralen n : fãndv e⁸, mwo-jŏn' (Haus) f², dçχọnd' d⁶, sọnd' (cinerem) f¹, marãnd' e¹⁰. Einfaches n schwindet im frz. Inlaut in cuĥçy¹, fçrçy' u. s. w. d¹² s. 74 und vgl. pç¹, mç¹ 6.

178. Wie ly, so reducirt sich in einem Theil des Gebiets auch ny zu y : über vẹy', lẹy' s. 75, pẽy' (Kamm), çyọ (Zwiebel), χtrai (strangulare, vgl. χtranye f¹) d³ d⁸, vgl. 122; cọya (Ecke eines Zimmers, cuneus) d⁸, cwaya d⁴, cwçyõ d¹²; tsaroy' (charogne) e⁷; cãpçy' (campagne) d³ d²⁴, vgl. auch tsçrpçy' (Korb) d⁵ mit tsçrpẽny' d⁹. Eine eigene Behandlung des ny begegnet in e¹⁰, wo man vĩŋ, lĩŋ, tsarãŋ, tsarpĩŋ sagt. Frz. montagne entspricht mọtçy' d²¹, mõtẹn' c³ c⁹ e¹, mõtĩ e¹⁰ f¹, mit letzterem vgl. Al'mĩ (Elsass) f¹. — Sĩm' (dç lç crœ) f¹ f⁵ scheint das unter Einbusse der Mouillirung herüber-genommene franc. signe zu sein; vgl. famil' 174 und sçny' (Zeichen des Kreuzes) f⁵. — Y entwickelt sich nach n in nyv (nudus), f. nyv' g¹ g².

179. In dem Nexus n'r wird kein d eingeschoben : vãre (je viendrai) d⁸ s. 214; über mãr' (minor) s. 57; tãr' (tenerum) d³ s. 41; pwọr' (ponere, Eier legen), 1s. pwo d³, pọr' e⁸; vãr'di a¹ f¹ ω; jẽr' (generum) f¹, jer' e¹ ω. Eine Ausnahme macht, wie im Wallonischen, cinerem : sãnd' e¹⁰, sọ̈nd' e¹ f¹, sọd' ω, sõndr' d⁸, sãd' a¹.

D stellt sich dagegen in dem Nexus ng'r ein : jẹd' (jüngere, anspannen) ω; über χtẹd' (exstinguere) s. 65.

Ueber den Nexus rn s. 167; in lãtẹrm' d¹⁵ d²⁰ liegt das francische Wort zu Grund, wie das nichtdiphthongirte ẹ zeigt; das unsympathische rn liess man in das mundgerechte rm übergehen. Ueber iŋc' (unus) s. 115.

Die labialen Konsonanten.

180. Nach den labialen Konsonanten m, p, b, v, f entwickelt sich vor vielen betonten und unbetonten Vokalen der Laut w. Wie tief dieses w in die Schicksale der Vokale bestimmend und umgestaltend eingreifen kann, zeigt am besten das über Labial +

freies č Gesagte, s. 47 und Excurs 70. Man vgl. ferner zu den betonten Vokalen : zu a : fwęv' (faba), nur f¹ ω, fwodj' (*forge*) und Inf. fwodje, fwoy' (fata, Fee), pwà (partem) s. 16, bwarb' (barba) d⁷, mwa (mansum, Garten) ω; zu pwa (per) s. 32, zu pwaşi 165; zu ọ. pwę̓ (Brunnen) e¹; zu o pwọr' (ponere), 1s. pwo d³, dọmwęr' (er wohnt) b³; zu e diemwọj' (Sonntag) ω, marway' (Wunder) f¹. — Zu den unbetonten Vokalen vgl. man : mwojõ 28, pwarọ (Eltern) 25, pwęrol' 19, pworī (*parrain*), mworęn' f⁵, bwaşi (*bécher*) d⁷, pwaray' (*pareil*), mwarca (*marqué*), pwahu (friedfertig), tręwayę (arbeiten), Subst. tręway, mwatşā (*marchand*), mwatşãdi' f¹, mwarşe, mwarşā ω, mwęrtşãdiz' f², vgl. noch 72; über pwalọ (*parler*) s. 167. Vgl. noch 37 (am Ende) und 42, ferner mιrω 77, ş'mιχ' 75, pιsiη 107, mōl' 105, mιne 94, pιhi 93, pwarmete Gloss., fwọχ (furnus) 105, fwone 111. Vgl. noch 187.

Zuweilen scheint v (aus b, p, v) den vorhergehenden Vokal in eigenthümlicher Weise zu beeinflussen : s. sīv' 2, χcœ̆v' 99, īv' 113, crǎv' 32, celyev' 79; vielleicht auch den folgenden Vokal in ęrvvχti, r'viχti s. 44.

B, P.

181. Anlautendes p wird zu b durch Angleichung an einen folgenden sanften Konsonanten : b'ze̓ (Erbse, pisellum) e¹ e⁷, b'ze f¹, b'zer' (Erbsenfeld) e¹, aber peze s. 67; b'zã (schwer) d⁸ f¹, Inf. b'za (*peser*); Part. b'dυ (*perdu*) f¹. Der umgekehrte Fall liegt vor in p'şa (*bichet*, altes Getreidemaass) a¹. — In c'ma, c'mǎt' s. Gloss. ist anlaut. p zu c geworden.

Inlautendes p ist lautgerecht behandelt in den Vertretern von scopa s. 99 und papilionem, s. Gloss. v. pavyọ. P, b ist zu w geworden in den Formen von habere, sapere, in denen sie vor betontem e standen, vgl. 214, dagegen Part. ęvυ, sęvυ. Ueber şau (capillus) s. 62. — Auslautendes p p hat sich in sęp' (Tanne), s. Gloss., unter dem Einfluss von sępiη gehalten.

182. Die Nexus bl, pl werden anlautend im ganzen Gebiet zu by, py : pyõ (plumbum) ω, pyęm' (pluma) d⁴, byę (Getreide) g³. Im Inlaut findet derselbe Wandel statt : vgl. Gloss. v. χoi (subilare); rublię (vergessen) c², ręvyę e⁸, ręlyę e¹ (s. 207 I ᵇ) ist kein rein volksthümliches Wort; nur die 1s. i ręyę ω wäre lautgerecht. Im Inf. rępyi (*remplir*) stand ein Konsonant vor pl; s. 207 I ᵇ. In der Schlusssilbe wird intervokalisches bl, pl zu y : tōy' (tabula), ştōy' (stabulum) s. 18, χtọy' (*stupula, Stoppeln) d³, dọy' (duplus) d⁸ e² e⁸, duy' d¹², duγy' d¹ ¹). Dies setzt voraus, dass b, p,

---

¹) Da einfaches l zwischen Vokalen nicht zu y wird, so ist kein Zweifel, dass, als l in y überging, v (aus b, p) noch nicht zu u geworden, resp. geschwunden war. *Taule, doule* im Bernhard ist also *tavle, dovle* zu lesen. — Sọfi, sọfyi (s. 11) beweist, dass der Uebergang von l zu y älter ist als die Reduktion von ie zu i.

vom Francischen abweichend, zuerst zu v wurde. Eine abweichende Behandlung zeigt von A—F nur f¹ mit ęnœl' (Wolke, ?nubila, in f⁴ ęnœy'), tāl', χtāl', dę̆l' (duplus). Eine eigene Entwickelung hat G : tal' (tabula) g³g⁴, tăby' g¹, duby' g⁴ (vgl. rębyę), etăl' (stabulum) g¹g³. Anlehnungen an das Francische sind : dǫp' (duplus), ętob' a¹, ętab' b³, sāb' (Sand) d⁷, trōb', trāb' (Klee) s. Gloss. Ebenso das kirchliche Wort diabolus: dyāl' a³dᵍd⁸eˢf¹ω, dyap' c⁷c⁸, dyab' d¹².

183. Br, Pr vereinfacht sich in der Schlusssilbe nach 162 zu v, resp. f, und zwar in A, B, D− F. Ueber febrem, leporem s. 31, capra 7, colobra 78, libra und librum 71, uber 113. In C jedoch (d¹ schlägt sich hier zu C) werden diese Nexus zu r. Es ist damit der Beweis erbracht, dass diese Labiale im Inlaut, wie vor l, so auch vor r eine Neigung hatten, zu schwinden oder sich in u aufzulösen. Diese Neigung konnte nur in C durchdringen, da in dem übrigen Gebiet das r früher ausfiel : lyę̄r', şyę̄r', cǫlyę̄r' c²— c⁴d¹, şyœr' c⁶c⁹, cǫlyœr' c⁸, lyę̆r' c⁶—c⁹; dagegen ausschliesslich das nicht rein volksthümliche fyef' (febris) c³, fyœf' c⁶—c⁸ ; ebenso wenig findet sich ein *lir' aus librum oder libra, für beide sagt man līvr' d¹. — Nicht lautgerecht entwickelt ist j'nab' (juniperus) d², h'nāb' d⁸, j'navr' d¹⁰, h'novr' e² ¹). — Cuvr' (Kupfer) f¹, cn̄r' e¹⁰ sind Lehnwörter. — In G ist der Nexus erhalten : līvr' (leporem) g², līvr' (uber) g³g⁴, līvr' (librum) g¹ ; fīvr' (febris) g², fięvr' g³ ; über capra s. 7. — Nirgends ist v erhalten in poᵘr' (pauperem), s. 124; unter dem Einfluss des vorhergehenden labialen Vokals ist es früh zu u geworden.

184. Vortoniges vr = lat. pr ist eigenthümlich behandelt in şevęrʋ (capreolus, Reh) d⁸, şevʋrʋ d¹², tşevʋrʋ e², tşeviroe f⁵, tşevʋroe f⁴, tşęvirʋ e¹⁰, vgl. 24; ähnlich sovʋrǫ (Sand) e⁸, vgl. savrō ω²).

185. In caballus wird fast überall b zu w : şwa d³, tşwo e⁹ s. 18, in a¹ ş'vo, ş'fo. Ueber sabucus s. 113. Debebam wird zu d'way' e⁸. Taǫ (*tabonem, Bremse) d⁸, tǫvō c⁷ s. Gloss. Zu sebum vgl. Gloss. v. χœ. Cannabis giebt şīb' d¹e¹, şīv' ω f¹, şīf' a¹, şęn' b⁵, şīm' d⁸d¹².

F.

186. Der Nexus fl wird zunächst in dem ganzen Gebiet zu fy : fyov' (Erzählung, aus fabula, flabla, flaba) e¹ω; in fyav' (schwach, flebilis, s. Gloss.) ist durch Dissimilation das zweite l geschwunden, nicht das erste wie im Francischen. — In G wird fl zu sanftem χ̌ oder zu sy : χ̌ām' (flamma) g¹, χ̌ęm' g⁴; Inf. χ̌yœtra (pfeifen, afrz.

---

¹) Dies ist bei Pflanzennamen öfters der Fall, vgl. oben trōb', auch pyarχi 43 bis und vielleicht cannabis.
²) Vgl. chyreron (= chevron) Gloss. der Geste de Liege, und quicʋerons b. Bartsch, Recueil de textes anciers 527, 41.

flauter), 1s. χγιetr' g¹, Inf. χγotç g³, 3s. χγot', Subst. χγotă (Pfeife)
g⁴ — dagegen 3s. äfy', Part. äfya (geschwollen) g¹, aber 3s. sueχ̧
(*souffle*), äχ̧' (*enfle*) g⁴. In g² : tç syœtrœ (du würdest pfeifen), Inf.
syœtra. syu (flos). 3s. syœri (floret). 3pl. syœrö. Man vgl. damit
f. byãtş' (weiss), bya (Getreide) g¹, byç, pyç (du gefällst) g³. —
Auch in χ'may' (Rauch) e¹ scheint anlautendes f zu χ geworden zu
sein. — F ist durchweg erhalten in foris, s. 78.

V.

187. Der wichtigste Lautwandel ist der des v zu w (auch vw):
am häufigsten kommt er vor e vor : über awǫn˙ (avena). wǫn' (vena). s.
57, wer' (vitrum) 47, war (videre) 214, wãχ (viridis) 58 und
160 B, vwaj' (virga) 168, wayi (vigilare) 66, wa (versus) 37, wç
(vocem) 102, wep' (vespa) a¹; zu cwe (*cuveau*) s. 118; vgl. noch
188. — V ist erhalten z. B. in vyç (vermis), s. 160, vyc (vetus)
32, vyœ (volo), vn s. 214, doch sagt man yœ̆ f¹ f⁵ ω.

In Folge von Angleichung an einen scharfen Konsonanten sagt
man p'sey˙ (vessica), p'si' s. 72, in a² b⁴ f'sey˙; ähnlich f'ci (leben),
ş'fçy' (*cheville*) a¹ und dçf'ti (*devêtu*) c⁷, vgl. ş'fo 185. — In d⁴
sagt man m'nv, f. m'now' für *venu, venue.* — Umgestellt ist v in
ivre für vire (ich werde gehen) c¹, s. 214, v. aller.

Im Inlaut ist v geschwunden in : bramãη (*bravement*) d². bromǫ
f⁵, bramǫ d³; zu benyã (afrz. *bien veignant*) und dã (aus *davant*)
s. Gloss.; zu d'ra, Condit. von *devoir*, s. 214.

V y wird lautgerecht zu dj, j in pyœdj' (Regen) f¹, pyœj' ω, s.
79. Nãf (Schnee) a¹, neben naj' ω scheint durch navç a¹ (schneien)
beeinflusst.

Auslautendes v = f ist erhalten in nyœ̆f (novem) c⁹, nvf e¹⁰, nlf
b⁷, vgl. 153. Lautgerecht ist es geschwunden in nyœ (novus), nye, vgl.
78. Wahrscheinlich in Folge von Anbildung ist es erhalten in sçrf
(ich diene) a¹ a³ c² c⁹ d⁶, sçrv' d³, s'rçv' d²¹ e⁸; durch das Französische beeinflusst sind nçrf, sçrf, s. 37.

W (deutsches).

188. Ist nur in wenigen Wörtern erhalten : wada (*garder*) f¹
ω, wadç e⁸ e⁹, wçdç a¹, vadyç e¹; wer' (*guère*) c¹, vgl. auch wǫ
d'yœ̆v' 79; wçte (*gâteau*) a¹; s. auch wes' Gloss. — Analogisch
gebildet sind wç (vadum) a¹, wiχ (viscum) d⁸. Wçt' s. Gloss. scheint
durch ‚wüst' beeinflusst. — P. f. garney', gerey' (geheilt). gar' (Krieg)
sind francische Lehnformen.

Z.

189. Baptizare wird zu batyi d³, bătyc f¹.

Anhang III.

Ueber das Verhältniss der Laute χ(h) zu ş(j).

Die Quellen der Laute χ(h) sind:
1) s + y, ss + y, sc (x) + a, e, i.
2) s + t. p, c (vor o, u).
3) r s im Inlaut, r im Auslaut (165. 160).
4) j + Kons. (142).
5) Sporadische Fälle, die meist 132. 151. 152 besprochen sind.
In unserem Gebiet tritt nun an Stelle von χ(h) ş(j) in folgenden Orten : $a^1 b^7 c^3 e^7$—$e^{11} f^2$—f^5 und G. Ein Blick auf die Karte zeigt, dass ş, j nicht nur nach Westen zu vorkommt, wie Adam meinte, sondern ebensowohl im Osten, in unmittelbarer Nähe des deutschen Sprachgebietes. Berücksichtigt man das von Adam beigebrachte Material, so gelangt man zu der Einsicht, dass das χ-Gebiet ein geschlossenes ist und dass an den Grenzen desselben, im Westen, im Süden und im Osten (vgl. noch This S. 29) ş erscheint; über den Norden liegen zuverlässige Mittheilungen nicht vor. ş neben χ fand ich in einem und demselben Ort nur in d^7 (mwaχtyi m a s t i c a r e, 1s. mwaştey'); auch in d^{10} Inf. mwaşti, 1s. mwaştey', neben sonstigem χ. Ausserdem noch in d^{21} : χe (sex), χ'ney' (Ran;e). aber ştöy' (stabulum), Part. str : da indessen d^{21} auf der Grenze des ş und χ-Gebietes im Oberelsass liegt, so kann hier eine Kontamination stattgefunden haben, ohne dass man daraus weitere Schlüsse ziehen darf. Es kommt dazu, dass mir dort nur von einer einzigen Person Auskunft ertheilt wurde.

Welches ist nun das historische Verhältniss von χ(h) und ş(j)? Apfelstedt (Lothr. Psalt. XLIII) meint, dass ş der ältere, χ der jüngere Laut sei. G. Paris theilt diese Ansicht Rom. X 607. Ich habe (Zur Geschichte des lat. C) mich ebenfalls zu derselben bekannt, bin jedoch seit längerer Zeit von der Unrichtigkeit derselben überzeugt. Auf eine Begründung seiner Meinung lässt sich Apfelstedt eigentlich nicht ein; er weist nur darauf hin, dass s nur durch die Mittelstufe ş zu χ werden könne.

Vor allem thut es Noth zu bestimmen, in welcher Verbindung oder Stellung χ, resp. ş zuerst entstanden ist. Denn es steht fest, dass der im Neulothringischen so beliebte Laut nicht überall gleich alt ist. Diese Frage lässt sich unschwer beantworten. Dabei muss auch auf das Wallonische Rücksicht genommen werden, das jenen χ-Laut ebenfalls kennt und dessen χ-Gebiet mit dem lothringischen χ-Gebiet räumlich zusammenhängt. Da nun das Wallonische den Wandel von r und r s zu χ(ş) nicht kennt, da ferner dem Wallonischen ebenso wie dem grössten Theil von E der Uebergang von s zu χ vor p, t (in E auch der von sc + o, u) unbekannt ist, da endlich die oben unter 4

und 5 erwähnten Fälle nur sporadisch vorkommen, so unterliegt es
keinem Zweifel, dass χ, resp. ş, zuerst aus s + y, ss + y, sc, x
hervorging. Nicht s oder ss entwickelte sich zuerst zu jenem Laut,
wie Apfelstedt meinte, sondern s in Verbindung mit einem y; da
man aber nicht wissen kann, wie in ältester Zeit jene Lautgruppe
gesprochen wurde, so lässt sich a priori auch nicht behaupten, dass
sie zuerst zu ş, später erst zu χ werden musste. Der Ansicht Apfel-
stedts steht diejenige von Adam und Andern gegenüber, die eine
Schwächung (*adoucissement*) von ursprünglichem χ zu späterem ş
annehmen. Gründe werden auch hier nicht beigebracht.

Voraus muss ich noch schicken, dass, selbst wenn ş der ältere
Laut wäre, derselbe doch nicht als identisch mit dem francischen
und auch lothringischen ş aus lat. c a zu setzen wäre. In der That
giebt es eine Reihe von Ortschaften e⁷—e¹¹, f²—f⁵ und G, in denen
c(a) noch den ursprünglichen Laut tş gewahrt hat. In denselben Orten
entspricht jedem gemeinlothringischen χ ein ş, nie aber ein tş. Damit ist die verschiedene Natur beider Laute erwiesen.

Für das höhere Alter von χ gegenüber ş sprechen folgende
Gründe:

1) In a¹, wo jedem χ(h) ein ş(j) entspricht, sagt man şĩję
(*changer*), mĩję (*manger*), şarşę (*chercher*), cwęşę (*cacher*), ępraşę
(*approcher*), cuşę — dagegen prįyę (*puiser*), rępajyę (*apaiser*), crrjyę
(*croiser*), gręşyę (*graisser*), bęşyę (*baisser*), paşyę (*pécher*). Ich
bemerke noch, dass man in der Umgegend von a¹, z. B. in Thicourt (diese Mittheilung verdanke ich Herrn C. This), ebenfalls mĩjœⁱ
ohne y, dagegen prⁱhyœ̄ⁱ (*puiser*), bęχyœ̄ⁱ (*baisser*), u. s. w. sagt.
Es ist kein Zweifel, dass das y nach ş = χ und j = h erhalten ist,
während es nach den gemeinfranzösischen Palatalen ş und j geschwunden ist, genau wie im Francischen. Diese verschiedene Behandlung
des y erklärt sich nicht bei der Annahme, dass ş(j) = χ(h) der ursprüngliche Laut ist. Denn wenn man auch einst in a¹ statt mĩję mĩdj(y)ę und
statt cwęşę cwęts(y)ę gesprochen haben muss, so kann doch in jenemt (d)
der Grund der verschiedenen Behandlung des y nicht liegen. Nimmt
man dagegen an, dass χ(h) der ursprüngliche Laut ist, so schwindet
jede Schwierigkeit. Nur nach den Palatalen wurde y aufgegeben, und
zwar zu einer Zeit, als χ(h) noch nicht zu ş(j) geworden war. Damit gewinnen wir zugleich eine relative Zeitbestimmung für den
Uebergang von χ zu ş: derselbe kann erst eingetreten sein, nachdem
y nach den Palatalen geschwunden war; er ist also verhältnissmässig jung.

2) Ist ş das ursprüngliche, so erwartet man für s c a l a eine
Form mit sekundärem i und zu œ geschwächtem a (man vgl. 7 die
Entwickelung von c a r u s), kurz, eine Form wie şyǫ̈l', das allerdings
in a¹ üblich ist, aber auch nur da; sonst sagt man χol' (auch in
a²), χạ̈l'. s. 3 (aus ursprünglichem şyǫl' hätte aber nur *χyœl' oder
*χœl' werden können), in c³ şạ̈l', f² f⁵ şöl' (für die übrigen Orte,

wo $\chi = \S$, fehlt mir das Wort); sy̆p̆l'. das man demnach gegen die
Priorität des χ-Lautes nicht anführen darf, halte ich für eine francische Lehnform [1]).
Sicher ist es freilich. dass ein Lautwandel von j zu ḣ vorkommt
(vgl. oben Nr. 4. vgl. auch ṣaḣi 25), aber ich halte denselben nicht
für alt; auch erstreckt er sich nur über einen kleinen Theil des
Gebiets.
Dass deutsches *sch* lothr. durch χ wiedergegeben wird, ergiebt
sich aus Beispielen wie χr̆t'lẹ (schütteln), χlitẹ d^s (mit dem Schlitten
fahren), χöl' s. Gloss., u. s. w. Dagegen wurde Zeitschr. IX 509
an einigen Beispielen gezeigt, dass dtsch. *ch* lothring. in der Regel
durch *k* wiedergegeben wird.
Was das Alter jenes χ-Lautes betrifft, so geht aus dem Bernhard hervor. dass er als Vertreter der Gruppen s y , s s y , s c . x mindestens bis ins 12. Jahrhundert zurückreicht : in jenem Text kommt
nämlich x fast ausschliesslich in Worten zur Verwendung, die noch
heute den χ-Laut haben oder ihn nach den Lautgesetzen haben würden,
falls sie in den Patois erhalten wären : *cxapat* 92, 12; *graixe* 108,
36; *ixuyc* 4, 34; *conisxance* 6, 6; *poixans* 6, 13; *naixre* 67. 25;
dexiricz 17, 6; *pesxier* (piscare) 161, 5; *puyxcrez* 61, 30; *coixe*
(coxa) 52, 30; *dexens* 4, 26; *vaixcls* 106. 27 u. s. w. Dagegen
kann ich x als Bezeichnung für r s erst aus Philippe von Vigneulles
belegen. — Auf ein hohes Alter des χ lässt auch noch folgende
Erwägung schliessen. Es ist wahrscheinlich. dass in einem Wort wie
m u s c a , das zu mọχ' wurde, χ sich entwickelte, bevor c a zu tṣ
wurde, also auf der Stufe scj oder sty. Die Annahme, erst mostṣ'
sei zu mọχ' geworden. lässt sich durch Nichts stützen, während ein
Wandel von scy oder sty zu χ der Regel entspricht.
Wichtig ist noch die Frage. ob χ vor dem folgenden Vokal ein
y abgeben kann. Auf Grund des soeben über χöl' (scala) Bemerkten
scheint diese Frage verneint werden zu müssen. Aber wie erklärt
sich dann ẹrvyẹχi? Ein altfrz. *renversier* ist mir nicht bekannt.
Entstand ein y nach χ etwa bloss vor hellen Vokalen?
Wenn die Annahme richtig ist, dass im Lothringischen χ älter
ist als $\S$, so bedarf die Ansicht, dass sich im Spanischen j(χ) aus $\S$
entwickelt habe, einer erneuten Prüfung. Dass sich sp. χ im Inlaut
unter denselben Bedingungen gebildet hat wie das Lothringische χ,
habe ich Lat. C. S. 49 gezeigt [2]). Die zur Stütze jener Ansicht bei-
gebrachten Gründe sind keineswegs durchschlagend : Namentlich spricht

---

[1]) Ich nehme an, dass überall. wo $\S$ inmitten des χ-Gebietes vorkommt,
χ der ältere Laut ist. Ich verkenne nicht. dass es daneben ein zusammen-
hängendes $\S$-Gebiet geben kann (viell. G), in dem $\S$ nicht aus χ hervorging.
[2]) Schuchardt sagt Zeitschr. V 315 : Das neusp. χ, altsp. $\S$ darf man
nicht als ein Beispiel von Stellenvertauschung anführen; $\S$ ist ein guttural-
dentaler Laut, dessen Natur freilich noch nicht vollständig aufgehellt ist;
indem die dentale Enge gelöst wird, bleibt der gutturale Reibelaut übrig.

der Umstand, dass arabisches sch im Span. durch x wiedergegeben wird, nicht für den Lautwerth x = ş. χ ist recht eigentlich der Vertreter von sc, auch von deutschem sch, im Lothringischen, warum also nicht auch von arabischem, im Spanischen? Andererseits wird dtsch. ch lothringisch durch k wiedergegeben : es folgt daraus durchaus nicht, dass beide Laute identisch oder auch nur ähnlich sind. Auf manche Schwierigkeiten, auf die man bei jener Annahme stösst, hat schon Diez hingewiesen (R. G. I 372). Wahrscheinlich ist es mir, dass χ schon altspan. war und dass das portug. ş eine Abschwächung desselben ist, wie neulothr. ş eine Abschwächung von altlothr. χ ist. Immerhin mag ein Unterschied angenommen werden zwischen der Artikulation des heutigen span. χ und der des älteren.

Anhang IV.

Die östlichen Dialekte haben eine Neigung, im Wortende die sanften Konsonanten scharf zu sprechen, auch wenn auf dieselben ursprünglich stummes e folgte. Diese Neigung wird im nördlichen Theil unseres Gebietes geradezu zur Regel, während im südlichen die sanften Konsonanten meist erhalten sind. Beispiele sind : cǫlyǫf', pet' (perdere), şïf' (Hanf), d'şät' (descendere), väf' (Wittwer und Wittwe), fïf'. hf', arp' (arborem). varş' (virga) a¹ ; lǫf' (levat), crǫf' (crepat) a¹ a³ ; cwǫt' (chorda) c⁶ c⁸. cotş' g² ; vif' (leben) c² ; dyap' (Teufel) c⁷ c⁸ (dyab' d¹²); etäp' (Stall) b⁵ (ştäb' b³); näş' (Schnee), i nǫş' (es schneit) d¹²; lart (Speck) d³ d⁸; woş' (Gerste) c¹ ; waş' (virga) d¹² (vwaj' ω); yõş' (undecim) b⁵, dagegen yõz' c⁹. Vgl. noch die Vertreter von plangere 214, colobra 78, leporem, febrem 31, levat, crepat 32, descendere 64.

Verschiedenes.

190. Den Verben mit vokalischem Anlaut wird häufig ein r vorgesetzt, ohne dass dadurch die Bedeutung des Verbums geändert würde : rǫvyǫ (vergessen) e⁸, Part. m. rǫbyǫ g⁴, rublĭǔ a³; rŏtǫ (wegnehmen) e⁸, rutǫ a¹; rätrǫ (hineingehen) c⁸; rǫşrǫ (wische ab) g⁴; räpyǫni g⁴; r'nai (leugnen) d²¹; r'moyi (heilen) s. 42; räbrǫşyǫ (umarmen) a¹, rǫbrǫşyi d³, rǫbrǫsi d⁷; rǫsevi (vollenden) d³ s. Gloss.; rǫtïhi (attiser) d³; in rabǫrǫ (pflügen) a¹, rabǫrǫⁱ a³ scheint Uebergang von l zu r vorzuliegen.

191. Folgende Fälle von Epenthese kommen vor :
a) von l' oder ǫ (agglutinirter Artikel) : lǫ hv' (uber), lǫ lyǔχ' (erpicem), s. Gloss. v. iv', lyǔχ'; lǫ lyǫrb' (herba) f⁴ : l'ǫlŏb' (umbra) e¹, ǫlŏbr' d⁴ f¹, ǫlǫrb' ω; ǫχavät' (écheveau) f¹ (umgekehrt lǫ χiv' =

Wäsche, statt lẹ leχiv' f[1]); ẹpẽm' (Himbeere) d[7], ẹpẽm' d[8]; vielleicht auch in çn' grọs' çnœy' (Wolke, nubila) f[4].

b) von n (von dem unbestimmten Artikel herübergenommen): çnẹ noy' (auca), çnẹ nur' (hora) b[4]; iŋ ne (oculus) d[3].

c) von z (ob Plural-z des Artikels? doch auch bei Verben): lẹ ziŋc' (ungula) c[2]c[4]; çn' zwáy' (auca) c[3]c[4]; iŋ zye (ovum) c[3]c[4]; Inf. zwayi (audire), 1s. zwoy', Particip. zwáyi c[4]. — Im Satz: ọ-z-çχtõ man kaufte, pu-z-ọ fãr' pour en faire f[1]. — Die Bindung kommt nur vor bei dem Plural des Artikels und Pronomens und bei den Zahlwörtern tres, sex, decem, s. 139. 150. 151. Ausserdem hörte ich nur in f[1]: sat' asa (es ist genug) und fọ· t' çbãd'na.

d) von y (das häufig als hiattilgender Buchstabe verwendet wird; es liegt also hier ein Fall von Satzphonetik vor): yṛt (octo) a[1], yœt b[3]b[6]b[7]c[7], yõs' (undecim) b[5], yõz· c[9], yãc' (aliquid), yũt' (ultra) a[1]. — Im Satz: ç y çn' sevẹt' devọsyõ (à une parcille dévotion), ẹ y et' (à étre) f[1].

e) von d (im Satz, zum Zweck der Hiattilgung nur in f[1]): dọ d'iŋ momã (in einem Augenblick); dẹtọ d'çn' tṣçvey· (avec une cheville); χu d'çn' χayçr' (auf einem Stuhl).

192. Schwund eines ursprünglich betonten Vokals in Folge von Enklisis:

Die Negation mi wird zu m: jẹ nẹ m' fĩm' ç tẹ (fic) b[4]; jẹ n' lọ crãm' (glaube es nicht) c[6]c[9]; jẹ n' vyẽm' (ich will nicht) c[9], vṛm' (will nicht) b[3]b[6]; çn' fçyçm' s'lẹ (thut das nicht) c[4]; jẹ n' pṛm' (ich kann nicht) b[5]; çn' lọ sevçm' (folgt ihm nicht). — Aehnlich wird in G die Negation pa behandelt: çn' fap' rir· (man darf nicht lachen) g[4], çn' χenẹp' trõ (neiget nicht zu sehr), çn' fap' fçr' sola (man muss dieses nicht thun) g[3].

Interessanter noch ist die Erscheinung bei zweisilbigen Wörtern, die den Ton auf der zweiten Silbe hatten: vẹnã tõs' (für tõsi, komm hierher) a[3]c[6]c[7]; 1s. jãtçr tõs' (j'entre ici) b[5], dọmwçr' tõs' (bleibe hier) b[3]; — pãχ' (= paχi, par ici) a[3], pọχ' c[7]; — vãl' (voila) a[1] c[8], vãs' (voici) a[1]; — tọdjẹ (= tọdjọ, immer) g[2].

193. Die gemeinromanische Einschaltung eines r nach t, d (vgl. Schuchardt, Zeitschrift V 318 Anm.) liegt in folgenden Fällen vor: marṣãdrey', terwãdrey' d[3], truãdrey', çrõdral' (Schwalbe) a[1]; syœtra (pfeifen, afrz. flauter) g[2], χyœtra g[1]; lẹtr' (latte) d[8]; cọtre (cubitus + ellus) d[3]d[8]f[1].

194. Eine Zurückziehung des Accentes findet dadurch statt, dass ursprüngliches pau (pavorem) zu paw a[1] wurde; ebenso rçy (radicem) a[1], aus rçi. Aehnlich ist wohl ãy' (ja) zu erklären c[6]d[10] e[10]ψ aus o je oder o il.

195. Die Negation lautet vor folgendem Konsonant çn: çn feye mi s'la d[2]d[4]d[6]. oder çn: çn lọ sevçm' (folgt ihm nicht) c[4], çn feye pa s'lẹ c[1] (vgl. noch 192). Es ist dies als eine Verstärkung der in enklitischer Stellung wie n' klingenden Partikel zu betrachten.

196. Dem francischen *ça c'est* entspricht das häufige săză : saza bṏ e²e⁴, bwọ̈ɳ f¹, wäχ' d¹⁹. djq̃'t' e¹⁰ (aber s'a djq̃t', *c'est juste* e¹⁰), saza duy' (dies ist doppelt) d⁷. Ist der zweite ursprünglich scharfe s-Laut durch Dissimilation sanft geworden?

197. Nasalirung eines anlautenden Vocals kommt zuweilen vor, auch wenn ein Nasal weder vorausgeht noch folgt : P. f. dīvyes' (geöffnet) d², dīvyet' c⁷, ī̄χeyăjɐ (sitzend) d⁴, ītŏle (anspannen), 3s. ītōl' neben ẹtōl' c⁷. Vielleicht liegt Beeinflussung durch die zahlreichen mit ī, ç (= i n) anlautenden Wörter vor.

198. Statt des sogenannten *e muet* vernimmt man zuweilen scharf ausgeprägtes ç, ja ç : çne̦ lyắⁿv' (ein Hase) d¹², çne̦ spi' e³ ; bọnç fī (guter Hunger), bọnç scœvey' e¹⁰.

199. Verdoppelung des auslautenden Konsonanten vor anlautendem Vokal hörte ich in g¹ : äl' l'ʌ bär' (sie ist schön); umgekehrt aṣẹ̇t' te̦ (setze dich) für aṣɐ te̦.

200. Vorschlag eines v : vusce vọz e (wo habt ihr) f¹ ω.

FORMENLEHRE.

Während die Lautlehre eine gewisse Vollständigkeit anstrebt, kann ich zur Formenlehre und zur Syntax nur lückenhafte Materialien beisteuern.

ARTIKEL UND PRONOMEN.

201. Artikel.

Masculinum.

Sing.
Nom. lǫ A—E, le f¹ f² f⁵ (ω), lǫ g¹, vor Vokal l'.
Gen. dǫ̈ (sę̈p' e², mye d¹) D E, dö (metzisch) a¹ a³, di f¹ f⁵ (ω), dv g³.
Dat. o passim; i (medisyę), i (pret') f¹, i co (am Hals) f⁴ ω.

Plur.
Nom. li day' d⁴, liz e (Augen) d³, lįz œy b⁵, lez œy e⁸, liz œ d⁴ c⁹, lįz ŏm' d⁸; lāz ęfä ω, la lœ (Orte) f¹.
Gen. diz os d⁴, di, diz in D; dę pisiɳ e², di χac e⁴, dez ǫm' g¹; da b'ze f¹.

Dat. az Al'mä f¹.

Femininum.

Sing.
Nom. lę, l' pass., la g².
Gen. dę ṣa d⁸, dę crǫw' χa (de la chair crue) d⁴, dę d² d²³, de l'ov' d² f¹ f⁵, de le crǚ f⁵.

Plur.
Nom. lį pass.; la fǫ̈m' ω.
Gen. di pǫ̈m d², di fǫ̈m' d⁶, diz ępǒ̈m' d⁸, diz utey' d² d⁶; de j'lin' f², de fǫm' g¹; da h'lin' ω, da foy' f¹, da py͞ę̈r' f⁵.

515

202. I. Pronomen Personale.

A. Pronomen Conjunctum.

a) Proklitisch.

α) Substantivum.

Dję (ego) e[8], dje d[5], je c[4] d[2] d[4] d[8], ję b[4] b[5] c[6] c[9]; i (auch vor Vokal, i ätr' g[2]) F G : im' cāj' (taceo) g[3], i me love f[5]; vgl. 32.
te (tu) d[5] d[6] f[1] f[2] f[5] g[2] ω, tę d[21] g[3] (tę m' pyę g[3]); t' (auch vor Konson.) : cę t' fęyę́s' e[8] (fasscs), ç ce cęt' ṣāj' b[6] d[5] d[8]; t'ávœ g[2]. — Als Objekt : te vę tę r'pę̈t' f[1], tę d[20].
il (ille), vor Konson. i d[2] d[5] c[4]; i ṣátę d[21]; i djä̀l' e[10] — ę m'oy' (er hört mich) e[1], ç pyu e[8], ęl ç f[1] f[2] f[5] ω, ę fa (il fait) g[4], ę fa (il faut) g[3], ę fę g[3], ęn' fo mi f[5]; a fa, a pyœ g[2]; al a (er ist) g[1].
ęl' (illa) pass., auch g[3] g[4], äl' nur g[1] g[2]; 'l a bęl' (sie ist schön) g[3], 'l ę (sie hat) a[1].
li (Dativ masc.) f[1].
Acc. masc. le tyę (le tuer) f[5]; lọ (ihn) c[4]; lọ cra (glaube es) c[6], lọ crār' c[8].
Reflexivum : se pyãdr' f[5], se ṣosye ω.
Plural : nọ, nọz; nœ dŭ nọ rãpyęnõ (nous deux nous remplissons) g[1].
vọ, vọz d[2] d[4] d[21].
i, il õ d[5]; e, ez f[5]; Dat. lozi f[1].

β) Adjectivum.

Sing. masc. mŏ a[1] d[2] d[4] d[8] d[23], tọ d[2]; s'am'per' (c'est mon père), sa t' per', sas' per' a[1].
Fem. mę d[2] e[8], tę.
Plur. mi d[2] d[4]; nọ̈t', vọ̈t c[9] d[8]; nœ̈, vœ̈ e[1]; lye (ihr), per' d[3]; lŏ (sī) ihr Heiliger f[1].

b) enklitisch.

bęy' mę d[7] e[5], atã mę g[2], evrœ̈m' (ouvrez-moi) g[2] — rot' tę (ôte-toi) d[21]; cuχ' tę d[4] d[21], cuχ te d[1], cuṣ' te f[5]; sov' te e[1]; bãṣ' tę, aṣœ tę g[1]; catṣę tę, caṣę tę g[3]; īm' tọ (liebst du), d'mãd' tọ, nach Vokal 't, vyęt, pyęt (kannst du), wę̈t (siehst du) a[1] — īmt'i (liebt er) a[1]; bęy' li d[7], bęyœ zi (donnez-lui) a[1] — cel' ur' c'a lŏ (was ist die Uhr)? g[1] — ęvœf (habt ihr), d'jœf (sagt ihr), cữhœf (schweiget) a[3].

B. Pronomen Absolutum.

a) Substantivum.

mi, s. 55, mi mom' f[1] ω, mi mõm' d[2].
ti mọm' d[8], vgl. 55 (über mę, mī, mœ̈; tę, te, tœ vgl. 72).

Masc. lv mọm' d⁴ dˢ (lv mŏm' d⁸), lv d²³ eˢ e¹⁰, li mom' *ω*, cot' li cᵘ, ẹvọ le f¹, le mom' e¹ f¹.

Fem. ley (çvọ) a¹ b⁵ b⁷ c⁴ c⁸ f¹ *ω*, ley mọm' d⁸ (auch ley mŏm'), avo līẹ g³.

Plur. nọ a¹ c⁹ e⁸, vọ a¹ d⁴, lọ (= *eux*), ẹvọ lo f¹, avŏ zu b⁵, ẹ zu (*à eux*) a¹, zŏr c⁶; ẹvọ zut, zọ mŏm' (*eux-mêmes*) d⁸.

b) Adjectivum.

Masc. fem. mey, me, s. 33. 1—3plur. năt', văt', zŭt a¹.
Fem. lẹ tey', lẹ sey' d⁸. lọ lye (der ihrige) d³.
Masc. miŋ, tīn, sīn g³.

203. II. Pronomen Demonstrativum.

a) Substantivum.

Sing. m.	l'ot-si dieser		
Plur.	sosi diese		
Sing. f.	l'ot'sīt' diese	e⁸.	
Plur.	sal'si		
Sing. m.	lot'lăt' jener		
Plur.	sola jene		

S. m.	l'at'sit' dieser		
Plur. m.	sot'sīt diese	d³.	
Sing. f.	l'át'lat'		
Plur. f.	sot'lăt'		

Sing. m. sitẹl dieser, l'otẹl jener
Sing. f. sẹtẹl' diese.
Pl. m. f. setẹl. } a¹.

Sing. m.	l'ăt'si dieser	
Sing. f.	l'āt'sit' diese	dˢ.
Plur. m.	sot'sīt'	
Plur. f.	sõt'sīt'	

Sing. m. f. l'ăt'sit' dieser, diese
Plur. m. f. sot'lăt. } d¹².

Sing. m. f. l'at'si
Plur. sot'si } cᵘ.

Sing. m. l'ot'lăt' dieser d²³.

Neutrum : s'lẹ dieses c¹ c⁴ d²¹, s'la d³ d⁶, sula f¹, selo f⁵, sola g¹ g² g³.

Bei folgender Präposition : lọ si d' (*celui de*), lẹ si d' (*celle de*) d³, s'a l'su dẹ m'frer' (*c'est celui de mon frère*) a¹; sŏ d' lŏ nosyŏ (*ceux de leur nation*), sŏ d' și lọ (*ceux de chez eux*) f¹.

Bei folgendem Relativpronomen:
Sing. m. lọ sv ce derjenige, Plur. sv ce d¹⁰.
welcher d⁷ d¹⁰. Plur. m. li sv ce d⁷.
Sing. f. lẹ sv ce diejenige, Neutrum su cẹ (*ce que*) e¹⁰ f¹.
welche.
Sing. m. lọ sv c'a (*celui qui est*) d²³.
lọ su cẹ (*celui qui*) a¹.

b) Adjectivum.

Das Adjektivum wird durch Umschreibung gebildet von A—F :
lọ mẹtiṇ si d¹¹ (dieser Morgen): in g¹ lautet das Femin. s'tẹ.

204. III. Pronomen Relativum.

Sing. m. f. ce d⁷ d⁸ d¹⁰. Sing. m. cẹ a¹.
Plur.   ce d⁷ d¹⁰.   Neutrum cẹ e¹⁰ f¹.
Vor Vokal c', c'a (qui est) d²³ e¹⁰ g⁴, c'awi (qui avait) f¹.

205. IV. Pronomen Interrogativum.

cẹ (quoi) a¹ ; puce (warum) f¹ ; ç ce cẹt' ṣãj' d¹² (woran
denkst du?).

206. ADJECTIVUM.

Während die Flexion des Substantivs im Lothringischen geschwunden ist (Singular und Plural sind einander vollständig gleich),
ist der Unterschied zwischen Masculinum und Femininum der Ad-
jectiva auch in Fällen gewahrt, wo das Francische denselben aufgegeben hat:

bẹ̃ (bassus) e⁸, f. bẹs' d⁸, daneben m. f. bẹ̃χ' d¹ ; vgl. 20. 150.
crṛ (crudus), f. crow', crïs', crṻs', s. 114, crṻt' a¹ b¹ g¹, crṛ' f² g⁵.
m. f. dṻχ' (durus), s. 113, dṿ, f. dṛr' g¹, dyœ̃, f. dyœ̣r' g³ g⁴.
fra (frigidus), f. frad' d⁸.
f. frãχ' (frisch) d⁴ d⁸, frãtṣ' g¹.
grä, f. grãs' (fett) d¹, s. 17.
gri, f. griχ' (grau) e¹, s. 75.
ïter' (integrum) s. 35. 161 a.
χpă, f. χpăs' (spissus) d³ f¹, χpọ̃, χpọ̃s' ψ, pă, păs' a¹.
m. f. lõṣ' (longus) a¹.
mẹyṛ (maturus), f. meyṛr', meyes', meyis', s. 113.
m. f. nar' (nigrum), s. 161α. m. nwa g¹.
nyœ̃ (novus), f. nṛv', nyœ̃v', u. s. w., s. 78.
nṿ (nudus), f. now' s. 114, f. nṛn' f¹, nṛ' g³.
pya f. pyăt' (klein) a¹.
pyï (plenus), f. pyïn', s. 57, f. pyït' a¹ c².
pǎ̀, f. pǎ̃t' (hässlich), s. 117.
prä, f. prăt' (bereit) d⁸, prọ̃, prọ̃t' f⁴.
rä (rigidus) d³ d⁸ f¹, f. rad' d³ d⁸.
sọ̃, f. sọ̃tṣ' (trocken) f² f⁵. m. f. sọ̃ṣ e¹ s. 133, ṣọ̃s' m. u. f.
d¹², s. 133. 135.
vye (vetus), f. vey', s. 32.
vṛ (leer) g², vœⁱ e⁸, f. vœd' d¹² g², vœⁱd' e⁸ ; m. f. vœⁱd' e¹⁰.

wǎ, f. wǎdj' (grün) $g^2 g^4$, wa m. f. $f^1 f^4$, s. 160 B.
waχya. f. waχyat' (grünlich) $d^3 d^8$; s. 17 über ähnliche Bildungen.

KONJUGATION.

207. Indicativ Praesens.

I. Eine Reihe von Verben, deren Stamm auf primäres oder sekundäres i ausgeht, haben in 1—3 in D und zum Theil auch in A die Endung ey' (zuweilen œy'). Es sind:

a) 1s. mǫrey' (heirathe) $d^3 d^8$; 4. mǫriǫ d^8, Inf. mǫrie d^3; 1. mǫrœy' d^{21}. Inf. mǫriǫ $c^2 e^4$; 1. mǫri' c^2; 1. mǫrie f^4.

1. mwaχtey' (mastico, kaue) d^4, mwastey' $d^7 d^8$. maχtœy' d^{19}. Inf. mwaχtyi $d^4 d^7$, maχtyi d^{19}. mwasti d^8.

1. çχpey' (j'épie), Inf. çχpyi d^7.

1. crey' (crie), Inf. creye d^8.

1. sarey', Inf. saryi (charrie) d^7.

1. natey' (reinige) $d^3—d^5 d^8 d^{12}$, natœy' d^{21}, natiy' a^1, nati' e^8. 4. natyǫ $d^3 d^{21}$. Inf. natyǫ a^1, natyi $d^3 d^5 d^{12}$, nati e^{ς}.

1. fey' (fie) $d^3 d^4 d^8$, fi' e^8.

1. ǫrtey' (rôtis), 4. ǫrtyǫ. Inf. ǫrtyi d^3, rǫti $c^1 c^2$.

1. ley' (binde) $d^2 d^4 d^7 d^{12} d^{14}$, li' e^1, Inf. lyi $d^2 d^7 d^{12}$, li e^1.

1. sey' (caco) $d^2 d^4 d^{12}$. Konj. 2. siés' d^4. Inf. si $d^2 d^4$.

1. batey' (baue) $d^2 d^3$, bati $e^2 e^8$. 4. batyǫ $c^2 d^3 d^5 e^8$, batyõ $e^2 e^3$, batyã e^1, bǫtsǫ̨ b^4, batyǫ̨ $c^1 c^4$, Inf. batyi $d^3 d^8$.

Eine verschiedene Behandlung (ob unter dem Einfluss der Labialis?) erfährt ǫrpuyi (erpicare) $d^4—d^7$, r'puyi d^2, ǫrpuyi d^8 d^{19}, 1. ǫrpuy' $d^2 d^{19}$; ǫrpuy' d^4.

b) Eine besondere Klasse bilden die Verba auf Konson. + y aus l:

1. sǫfey' (blase) $d^2 d^5 d^7 d^8$, sufey' d^3, sǫfœy' $d^{12} d^{19} d^{21}$, sǫfǫy' a^1; 1—3 suf' $c^1 c^2 d^1$, suef' g^4, sǫf' $c^9 e^4 e^9 \psi$, χǫf' $b^5 b^8$; 4. sǫfyõ a^1, sǫfyǫ d^3. Inf. sǫfyi $d^3 d^8$, sǫfyǫ $d^{19} e^4 \omega$, sǫfi $c^1 c^2$. sǫfyœ c^9. χǫfyi b^5, χǫfyœ c^7, sǫfyǫ a^1.

3. ãfey' (enfle) $d^3 d^8$, ãfœy' $d^{12} d^{21}$, õfi' $c^1 c^2$, ãfi' $b^5 c^7 e^9$, ãχ g^4; Inf. ãfyǫ c^2. õfye c^1, ãfye b^5, ǫfya f^2, ãfya f^4. Part. masc. ãfyǫ d^{12}, ãfi' d^1.

3. gõfey' (gonfle) d^3.

1. rǫbey' (vergesse) d^3, rĩbey' $d^2 d^6 d^{\varsigma}$, rǫvœy' $d^{12} d^{21}$, robrey' ψ, rǫye ω, rubli' $c^2 d^1$, revi' e^8, rǫli' e^1; 2. rubli' f^4; 4. rĩbyǫ d^8, rǫliã e^1, rubliǫ̨ c^9. 4. 6. rǫvyǫ d^{21}. Inf. rĩbyǫ $d^6 d^{\varsigma}$, rĩbyi d^5, rubliǫ c^2, robliǫ d^8, rǫvyǫ $d^{21} e^8$. rubliœ c^9, P. m. rĩbye d^2; rǫbyǫ $d^3 g^4$, rubliǫ f^2; robliǫ f^4. rǫliǫ e^1.

1. rīpey' (ich fülle) d⁵, rᶜpey' d³, rᶜpœy' d¹², rᶜp' e²e⁸, 2. rīpli d¹, 4. rᶜpyᶐ d³d¹², rᶜpᶐ e¹, rᶜpᶐ e⁸f², rᶜpliᶐ̨ c⁴c⁹, 5. rᶜpe, 6. rᶜpᶐ e⁸. Inf. rᶜpyi d³d¹², rīpyi d⁸, rᶜpi f². Vgl. auch Gloss. v. pyᶜnᶐ.

1. rᵒfᶐy' (schnarche), Inf. rᵒfyᶐ a¹.

1. cacᶐy' (kitzle) a¹, cocey' ψ, cᶐcey' d⁹, Inf. cacyᶐ a¹, cocye ψ, cᶐcyi d⁹.

1. jᶐbey' (wanke), Inf. jᶐbyᶐ a¹.

Ich schliesse an : χtᶐryi (strīgilare), 1s. χtrey' und χtᶐrey' d⁸. Zwei ursprünglich nicht volksthümliche Verba, in denen l nicht in y übergeht, erleiden folgende Behandlung :

3. habᶐl' (er spricht, *habler*), Inf. hablᶐ e⁸, 4. hablᶐ d².

1—3. trᶐbᶐl' (zittern) c⁹d⁷, trᶐbel' c², trᶐbel' d³, Inf. trᶐble d⁷.

II. Die Iterativbildungen auf -isco scheinen der wahrhaft volksthümlichen Rede von B—G abzugehen :

1—3. nᶐœyr' (nutrit) e⁸, nœr' d²¹g², ner' d³, 4. nœyrᶐ e⁸, nœrᶐ d⁴d⁵d⁸d²¹e⁹e¹⁰f¹f⁴g³ω, nœrᵒ e²g¹, nœrᶐ̨ f⁵, nyœrᶐ c⁸, nerᵒ̨ e¹c², nerᶐ d³ ; 5. ncrc d³, nœrᶐ e¹⁰. 6. nᶜrᶐ̨ b³, Inf. nœyri e⁸, nœri d⁴d⁵d⁸, nyœri c⁸, neri c² ¹).

1—3 pœyr' (fault) e⁸, pœr' d⁸f⁴, pᶐr' ω, 6. pœyrᶐ e⁸, pᶐrᶐ̃ e¹, pœrᵒ̨ f⁵, pœrt f¹. Inf. pœyri e⁸, pœri d⁴.
Ueber diese beiden Verba vgl. auch 101. 102.

3. fyᶐr' (floret) ω, syœri g². 6. fyerᶐ d³, syœrᵒ g² ; vgl. noch fᵗr' u. s. w. 80.

Ueber ᶐrtyi (rösten), batyi, rīpyi vgl. den vorigen Abschnitt.

2. batisey' c² (Konjunkt. du bauest, vgl. batyey' c¹), rᶐplisey' c², batisᶐy' c⁹ sind durch das Französische beeinflusst ; französisch sind augenscheinlich Inf. batir, 6. batis' f⁴, 4. finisᶐ f⁵.

In A dagegen und in einem noch näher zu erforschenden angrenzenden Theil von B sind die Iterativbildungen volksthümlich und haben dieselbe Form wie im Wallonischen : in a² : 4. batīhᵒ, finīhᵒ, byᶐsīhᵒ, aber ᶐpyisᵒ ; a¹ : 1—3. grᶐdijᶐ, grᶐdijœ, grᶐdīn' ; b¹ : 4. rᶐpīhᶐ, bᶐtīhᶐ ; b³ rᶐpᶐhᶐ, aber nᶜrᶐn. Nᶜri, pᶜri zeigen auch hier die Iterativbildungen nicht : in a¹ sagt man 1—3. nᶜr', pᶜr', 4. nᶜrᶐ, pᶜrᶐ, 6. nᶜr', pᶜr' ; vgl. noch 102. — Auffällig sind h und j, während sonst lothring. dem lat. sc der scharfe Laut χ, resp. ş entspricht.

III. Die Verba, deren Stamm auf tr ausgeht, schieben 1—3. zwischen t und r ᶐ ein : mᵒtᶐr a¹e⁸, mᵒter d⁸ ; rᶐtᶐr d²¹, ᶐtᶐr d³, ᶐtœr b⁵c⁷, ᶐtœr c⁹, ᶐtœr b⁷ ; — dagegen 1. i ᶐtr' g², 4. ᶐtrᶐ d³, Inf. ᶐtrᶐ d³, rᶐtrᶐ d²¹, mᶐtrᶐ e⁸.

IV. In F endet die 1. Pers. Sing. auf betontes ᶐ oder e (der Laut liegt zwischen ᶐ und e), und zwar bei Verba aller Konjugationen, auch bei den unregelmässigen :

---

¹) Ich zweifle sehr, ob das von Lahm, Rom. Stud. II Angeführte 1—3. nœri, 4. 6. nœrisᵒ volksthümlich ist.

1. casę, ęstę (kaufe, Inf. ęsta), lęwę (wasche), deşǫde (Inf. deşǫd', d e s c c n d e r e), tşęsyę (Inf. tsęsye), syę (schwitze) f⁵; tşätę f² f⁵, tşäte f⁴; tyę (tödte, Inf. tyę) f²f⁵; mœre, mĭdje, vädę (verkaufe), cure (laufe) f²; męrie f⁴; œsę (Inf. ęsi, c x i r e) f⁵; crazę (cresco), fęyę (facio), pyęhę (placeo), pęhe (schöpfe), t'ne (halte), vęne (komme), v'cę (lebe), zodę (j'échaude), zofyę (heize), dagegen yę (volo) f¹. In der 2. und 3. Person Sing. findet sich dieses e nicht : te tşät' f², c tşät' f⁵, pęz' (du schöpfcst, er schöpft). fa (facis, facit), pya (placet) f¹; nur einmal wurde mir 2. te tşätę f⁵ angegeben, was vielleicht auf einer Verwechselung beruht. Auf G scheint sich dieser Gebrauch nicht zu erstrecken : 1. i tşät' g².

V. In dem westlichen Theil von E hat eine Reihe von Verben dieselbe Form für die 1. Sing. Ind. und den Infinitiv : bo"şti (binken), ędi (helfen), na"ji (lästig sein) c¹⁰, ş'ti (werfen) e⁸e¹⁰.

VI. In vielen Verben klingt derselbe Vokal verschieden, je nachdem er an betonter oder unbetonter Stelle sich befindet. Ausser den Fällen, die man unter I findet, erinnere ich an Folgendes :
mę (mor(i)o), Inf. mœri, s. 79. 214.
Inf. twod', Part. todę, s. 87. 96. 166.
1. tow' (tödte), Inf. twę und Aehnliches, s. 114. 118.
1. mo" (beisse), 4. mǫdä a¹, vgl. 87. 96.
1. now', Inf. nwe (nodare) d⁷, dagegen cyow' (nageln), Inf. cyowę d⁷.
1. pya (verliere), Inf. pyad', Part. fem. pędow' d²¹, s. 37.
Ueber 1. ję (joco), Inf. dję, vgl. 85.
Der unbetonte Vokal fällt aus in : 4—6. s'nǫ (nous sonnons), s'nę, s'nǫ, vgl. 81. 97 und 1. sĭn'.
3. dz̧n' (donat), Inf. d'nę; sarhz̧n', ǫrsz̧n' 100. 112.
1. lęv', Inf. l'vę c⁸.
1. mǫn' (mino), 4. m'nǫ e⁸, s. 57. 69.
1. cǫrz̧ş' (j'écorche), Inf. cǫr'şę a¹.
1. fyęvęt' (pfeife), Inf. fyęf'tę ψ, s. Gloss.

VII. Für die 2. Pluralis fand ich eine andere Endung als e nur in zwei Orten, wo die Endung ētis der 2. lat. Konjugation erhalten ist : in a¹ 5. fęyœ (faites), mĭjœ (vous mangez), şęsœ (vous chassez), ęvœ (vous avez), u. s. w., und in e¹¹ : vǫ tşäto, vǫ rab'jo (ihr schärfet), dagegen vǫ nœrę (ihr nähret) c¹⁰, vǫ tşäta (a = ę) f⁵. — Eine 5. auf -i notirte ich in f¹ in dji (ihr spielet), vęci (lebet), v'li (wollet), pęhi (schöpfet), fęyi (thut).

VIII. Die 3. Plur. gleicht meist der 1. Plur. : z. B. jc ręvyǫ, i ręvyǫ (vergessen) d²¹, nǫ tşätǫn, c tşätǫn f⁵. Eine Ausnahme macht : a¹ wo man 4. mĭjä, aber 6. mĭj', 4. şęsä, aber 6. şęs', (jagen) sagt. In a¹ haben die starken Verba eine eigenthümliche Endung auf n : crān (credunt), węn' (vident), şz̧n' (cadunt), dœn' (debent), crän' (crescunt), cęn' (coquunt), vyĭn' (ĭ l., veniunt), brān' (v. brār', schreien), rĭn' (rident), scn' (sapiunt). Auch die Verba, die die Iterativbildung aufweisen, haben in 6. -n, gerin' (sie heilen), grădïn' (*ils grandissent*) a[1].

In f[1] endigen viele, sowohl schwache als starke, Verba auf -t (ausgenommen sind sŏ = sunt, fŏ = faciunt; ob noch andere weiss ich nicht) : 6. tşăt't (singen), batit (bauen), merit (heirathen), pœrt (faulen), crç't (glauben), wet (sehen), pyïĕrt (können), pyaχt (gefallen), pɪχt (schöpfen).

208. Futurum.

Das Fut. hat die Endungen des Praes. von habere, daher 1. tşăt'ra, 2. tşăt're, 3. tşăt're, 4. tşăt'rŏṇ, 5. tşăt'ra, 6. tşăt'rọṇ f[5]. In a[1] hat 2. geschlossenes, 3. offenes e : (1. şăt'ra) şăt're, şăt'rẹ. Wo a + y zu e wird, lautet 1. e. fare, pure d[3]. — 5. endigt in a[1] auf œ (s. 207 VIII). f'rœ (ihr werdet thun), in e[11] auf o (= ĕtis) tşăt'ro. Auch die 5. des Praes. Indic. von *avoir* und des Futur. von *aller* hat die Endung a = etis (vgl. 214 *avoir, aller*); ob dieselbe im Futurum aller Verba vorkommt, habe ich nicht untersucht.

209. Imperfectum Indic. und Conditionalis.

Die Imperfektendungen, die ich hörte, sind:

I. 1. mẹjey' (ass), şătey' (sang), 2. 3. şătẹ, 4—6. şătẹn'; 1. j'a-wey', 2. t'awẹ, 4—6. awẹn' d[21]. — 1. şătey'. fçyey' (faciebam), awey' (habebam) d[4]; şătey' d[8]; dẹhey' (dicebam), şătey', avey' d[7]; beryey' (brach) d[6]; 4. şătïn' d[8], şătin' d[4]; 1s. avey', 4. avïṇ c[6]; 1—3. tşătẹ, 4—6. tşătïṇ. 3. avwẹ f[5]; 1—3. şătey', 4—6. şătïṇ, 3. aley', pyẹhey' (placebat), lɪhey' (lucebat), fayey' (faciebat), awey' (habebat) *ω*; 1—2. awey'. 3. awi. 4—6. awiṇ (daneben 6. awet', trovet', tet' *ctaient*), 3. demuri (er wohnte) f[1].

II. 3. alay', feyay' (faciebat), dway' (debebam) e[8].

III. 1. avuy' e[8]e[10], 4. aviŏn' e[10], 1. awu d[8], 3. au (habebat) d[3].

IV. 1. şătœy' a[3]; 1—3. fçyœ (facere), mïjœ, 4—6. fçyiṇ, mïjiṇ a[1]; 1. avo g[4]; 1—2. avœ, 3. ava, 4. 6. avï g[2]; 2. syœtrœ (du pfiffest) g[2]; 1. tşătœ e[10]e[11]; 2. 3. tşăto, 4. tşătăn' e[11].

V. Während die bis jetzt aufgeführten Formen das sogenannte „Imparfait distant" bezeichnen, bezeichnen die folgenden das sogenannte „Imparfait prochain", das man durch „ich that soeben" umschreiben könnte. Es ist kein Zweifel, dass in manchen Orten beide Imperfecta neben einander üblich sind : in d[7] jẹ dẹhey' ẹχọ (ich sagte gestern) und jẹ ắçhŏr (şător) tọ mït'nă (ich sagte soeben); in f[5] i tşătẹtor' tọt ç l'ur' neben i tşătẹ. In andern Orten (wie es scheint, in C) ist die Form auf or allein üblich : 1—3. şător, mïjor, 4—6. şătiṇ c[2], 1—3. şător, 4—6. şătinor c[6]. In e[7] hörte ich tşătazŏr, rẹviazŏr (ŏr l., vergass), 4. şătiṇzor *ω*; şătẹzœ (auch œr) e[1]. Die

Phonetik bestätigt die von G. Paris gegebene Erklärung von or: es ist altfrz. ǫr, ǫr'.

VI. Die Endungen des Conditionalis sind : 1. f'ray' e⁸, mẹjẹray' (essen), 2. mẹjẹro, 4—6. mẹjẹrẹn' d²¹, 1. ṣãt'ra d³ d⁸. mĩj'ra d¹². 1. beh'ra (würde küssen) d⁸. 4—6. ṣãt'riṇ d³; 1. s'ra (saurais) d⁶—d⁸. vãra (kommen) in d⁷, wo noch eine zweite Form auf -oy', vorkommt, ṣãt'roy'. vãroy', s'roy'; 1. tṣãt'ro. 2. pedro (verlieren), 3. pedra f⁵; 1. 2. tṣãt'rœ. 3. tṣãt'ra. 4. 5. tṣãt'rĩ g², 1. s'rœ (saurais) g², ṣãt'rœ a¹. 3. çrœ (aurait) f¹. Eine 6. lçχ'rot (würden lassen) hörte ich f¹. — Vgl. noch 214 v. Devoir.

Die Formen 1—3 in III. IV. VI erklären sich aus lat. -ẽbam, u. s. w. Nicht so die unter I : ey' beruht lautlich weder auf -ẽ(b)am noch auf a(b)am (daraus wäre -ay' geworden). noch auf i(b)am (daraus konnte wohl in D, nicht aber in F ey' werden). Ich vermuthe, dass das lautgerechte awẹy', sawey', u. s. w. (also e nach Labial) zu Grunde liegt und dass dann -ey' auch auf andere Verba übertragen wurde. — Ob die 3. auf i auf altes faisivet, taisivet, plaisivet zurückgeht, wo das i lautgerecht aus e entwickelt ist? In d¹² hörte ich auch eine 1. Sing. auf -i : ṣãti, mĩji. avi.

210. Perfectum.

Perfektformen gelang es mir nur, in ω und f¹ zu hören : 1—3. ṣãte, 4—6. ṣãtõ ω; 3. feye, dehe, waye (vidit), demure, f¹, auch hier endigen 4—6. auf -õ.

211. Konjunctiv.

Die Endungen des Konjunktivs sind:

I. 2. cuhẹs' (schweigest), ṣiẹs' (cacare). piχẹs' (harnen) d⁴, ṣãtẹs' d¹² d¹⁷ d¹⁹ ψ, rẹbrẹsẹs' (umarmen) d¹⁷, ĩputẹs' (emporter) d⁷, çputẹs', mĩjẹs' d¹². curẹs' ψ. In d¹ — d³ (wo jedes œ = e) ṣãtes', mĩjes'; 5. ṣãtĩs', dẹnĩs' (geben) d². Neben regelmässigem -ẹs' notirte ich vereinzeltes çpẹrnẹs' (du mögest lernen) d⁸ und bǫvẹs' (du mögest trinken) d¹².

Ausser in D und ψ traf ich diese Endung noch in : 2. fçyẹs' (thun) a¹, u. s. w. (für a¹ stehen mir zahlreiche Beispiele zu Gebote) : ṣãtẹs' b⁵—b⁷, sǫrtẹs' b⁵, 2. cǫjẹs' (schweigen) e⁸, mĩdjẹs', 5. mĩdjẽns' e¹⁰, 2. tṣãtẹs' e¹¹; 2. tṣĩtẹs', mĩdjẹs' g³.

II. Mit der soeben erwähnten e-Form in d¹ — d³ dürfen die e(ẹ)-Formen nicht verwechselt werden. denen man in den Orten begegnet, wo die œ-Laute nicht zu e werden :

2. ṣãtĕs' a³ e², tṣãtẹs' g¹; feyẹs' ω, fçyẹs' e³; mĩjes' a³; mĩdjes', pyãdes' (klagen), çṣeyẹs' (sitzen) f⁵; ṣĩjes' e¹ ist nicht beweisend, da hier viele œ-Laute zu e werden; 2. ṣãtẹs' b¹, cǫrẹs' (laufen) b³.

III. Die Endung -ẹχ', resp. -eχ oder -eṣ' traf ich nur in C:

3. ïput*ʒéʒ* (*emporte*) c⁸, şãtéʒ' c⁷—c⁹, şãtcʒ' c¹ c² c⁴, şãteş' c³; fçyéʒ', batiséʒ' (bauen), çtéʒ' (sein), çvéʒ' (haben) c⁹, 2. seʒ' (sein), cʒ' (haben) c⁴; 2. mureʒ' (sterben), pÿãzeʒ' (klagen), ãʒyeteʒ' (sitzen) c².

Konjunktivformen ohne die Endungen -es' (çs'), -éʒ', und zwar solche die auf den lateinischen Conjunct. Praes. zurückgehen, fand ich nur in einigen Orten für essere und habere. Dass die Endungen -es', -éʒ' auf dem lat. Plusq. Perf. beruhen, ist wohl sicher, dunkel aber ist der Ursprung des œ-Lautes; e (sofern es nicht aus œ geworden) und ç könnten -assem sein. Indessen ist auch dies fraglich, da das Perfektum und der Konjunktiv sicher einander gegenseitig beeinflusst haben (vgl. W. Meyer, Zeitschr. IX 243).

Auf Grund der von Oberlin und von Haillant III S. 26 gegebenen Mittheilungen dürfen wir annehmen, dass, wo der Konj. auf -çs' endigt, das Perfekt von 1—3, die Endung œ hat. Dieses œ kann den francischen Perfektendungen nicht entsprechen. Es fragt sich, ob dieses œ nicht auf fui beruht, das nach Adam zu fœ geworden ist und ob wir den so entstandenen œ-Laut nicht im Perfekt auf œ und im Konjunktiv auf -çs' wiedererkennen sollen [1]? In f¹ hörte ich die 3. Pers. Plur. nalest (gehen), fçst (sein). s'çmʋzçst.

212. Infinitiv.

Einige Infinitive sind Neubildungen, bei denen vom Particip. Perfecti ausgegangen wurde : das häufige dçvyer s. 37 und 214, vom Part. dçvyç (deopertus); r·srr' (empfangen) e⁸, çrsrr' e¹⁰, çrsïr d³ (4. çrsivo), vom Part. r·sʋ e⁸, çrsi d³; einen Infinit. r'lu haben Thiriat S. 436 und Haillant III 62. letzterer auch poʹyu III 58 : Damit identisch sind in d³ (wo v = i) v'li und pçyi.

Merkwürdige Bildungen sind Inf. rçp' (füllen) e⁸; r'pçt' (bereuen) d⁴ d⁷ d¹⁰ d²¹ e¹ f¹ œ neben çrpçti d⁸, r·pçti d⁴ œ (1. Sing. Indic. r'pç d⁴ d⁵ d¹⁰ e¹ ; Futur. 2. r'pçtre d⁷. r·petre œ; Part. rçpç d²¹. r'pœ. r'pc d⁸); ʒçp' (*échapper*). Part. ʒçpr· d⁷, dagegen Inf. ʒçpi d³. Die Infinitive sind Neubildungen nach dem Praes. Indic.

Endlich notirte ich die Infinit. : mçli (mahlen) c⁹. craşi (wachsen) e⁸, uye (hören), cwçʹye (pflücken) f¹.

213. Participium Perfecti.

Ueber die Particip. auf -ata, -iata, -ita, -uta vgl. 2. 12. 13. 72. 114.

Bemerkenswerth ist, dass die starken Participia br. vʋ nirgends ein Fem. *bow'. *vow' bilden. dass also jene Endung den Verbalstamm

---

[1] Die konjunktivische ʒ-Form scheint schon in *entrexiez*, *apresixiez* Bernh. 118, 34 vorzuliegen; ʒ könnte aus ss + i der Pluralendung hervorgehen.

nicht afficiren kann. Selten ist P. f. von videre, doch sagt man vis' und veyey' d^3, eben dort auch bǫvow' und leχ'. von ler', lesen; von ler' auch lehow' d^{21}. Diese Formen sind gewiss selten und wurden von den Personen, die ich befragte, zum Theil erst nach längerem Zögern gebildet; sie zeigen aber, dass ein *bow', *vow' gegen alles Sprachgefühl ist. Part. f. bvs' ist dagegen sehr häufig, vgl. bwer'; tras' (zu trar', melken) a^1; cęnvs' (von *connaître*), cõdvs' (führen) f^1; s. auch devyer 214 v. *ouvrir*. In A haben die regelmässigen Verba auf -ire ein P. f. auf -is': geris' (geheilt) $a^1 a^3$, gęrnis', rãplis' a^1, rãpyis', batis' a^2. — Das P. f. von ṣœr (cadere), ęχœr (assedere) hat ein unorganisches t; das P. f. von et' (sein) ist regelmässig nach der 4. Konjugation gebildet.

214. Unregelmässige Verba.

Aller. Infinit. n'alę $e^8 e^{10}$, n'ala f^1 ω, olę $c^1 c^9$, alę d^3. — Praes. Indic. 1—6. j' mã va, tę tã va, i sã va, j'ã alã, v'ã alœ, i s'ã võ a^1, 1. vę b^4, vę $c^1 d^2$ ω, ve d^{12}, i m'ã vo f^5, i m'ã va g^2, i nale f^1. 2. vę $c^1 d^8$, ve $d^{21} f^1$ ω; 3. vę $d^3 d^8$, ve $e^8 f^1 f^2$; 4. vǫŋ c^1, alǫ f^1. 5. ale c^1, ali f^1. 6. vǫŋ c^1, võ f^1. — Imperf. 3. n'alay' e^8, aley' ω. — Imper. 2. vę $d^2 d^4$ ψ, va g^1, va tĩ c^9. — Konjunkt. 1. alę́s' d^8, olę́χ' c^9. — Futur. 1—2. j'ivre, t'ivrĕ $d^3 d^8 c^1 c^2$, virę d^4; 1. v'rę d^1; 3. il ivre $c^2 d^8$, i v're c^1, vire d^4; 1—3. v're d^7; 1. v're c^4; 1—3. v'ra, v're, v'rę a^1; 1—3. v'rę, v'rœ̃, v'rœ c^9; 1. ję m'ę (inde) virę d^{21}; 1—2. j'à virã, t'à vire e^1, vira, vęre f^2; 1. i vira oder v'ra g^2, virę $g^3 g^4$, vira f^1. 4. 6. ivrǫŋ c^2, vrǫŋ $c^1 d^3$, ivrǫ d^8, 6. virãŋ d^4, v'rãŋ d^7; 5. ivra $c^2 d^8$, v'rã $c^1 c^9 d^3$ (das v des Fut. ist eine Anbildung an das Praesens).

Asscoir. Inf. ęχœr $d^4 d^5 d^{10}$, aχœr d^7, χęrjv (jusum) $d^8 d^{21}$, χerji $d^2 d^3 d^6$, sęrdjv $e^8 e^{10}$, ęχer e^2 ω, ęχar e^1, χarę́hi c^4 (mǫ te χarę́hi *assieds-toi*), ęχar c^8 (motev' ęχar *mettez-vous*), χarji (va tĩ tę măt') d^1, ṣorji b^7. — Praes. Indic. 1. ęχœ $d^4 d^6$, m'aχœ d^7. — Imper. 2. ęχœ tę d^4, χę djv e^4, aṣœ tę g^1, aṣœt tę g^2, 5. seyędjv e^8. — Konjunkt. 2. ęχeyę́s' d^4, ęseyes' f^5. — Partic. Praeterit. ęχœ, f. ęχœt' $d^4 d^7 d^{10} e^5$, ęχœ, ęχœ^it' e^2, ęχœ^i ν, f. ęχœt' ω; ęχę^i, ęχę^it' e^1; m. u. f. ęχv̄t' $a^3 b^1$, matev' ęχvt' b^5, ję vę mę măt' ęχvt', ja ęχvt' b^4; ęṣv, f. ęṣvj' f^5, f. ęχvs' f^1; syetę g^3; aṣti g^2, auch f. s'tę fǫm' a aṣti g^1. In einem Theil des Gebiets dient ęχar auch als Part. Praet.: ja ęχarę́hi c^4, jǫ ęχar c^6, ja ęχar c^8; m. u. f. ja χarji d^1. — Gerundium. Merkwürdig ist eine alte Form des Gerundiums, die in der Bedeutung des frz. *assis* gebraucht wird: j'a (ich bin) eχeyã jv d^5—d^7; die ursprüngliche Verwendung zeigt sich noch in: je m' bǫt' eχeyàji d^3; ich hörte noch: ĩχeyãjv d^4, ęχęyãjv d^{12}, ęχeyãdjv e^4, ęχeyãjv d^{17}, ęχiãdjv f^1; eseyãdjv e^{10}, ęsiãdjv e^7, eseãdjv e^9.

Avoir. Inf. awę a^1, awe f^1 ω, awer b^5, awŏr $c^2 c^8 d^1$, awǫr c^4, avu $d^{21} e^8$, ȧvu e^1, au $d^3 d^8$, awu e^2. — Praes. Indic. 1. a $a^1 b^6 b^7$

e¹ f² f⁴ f⁵ g¹ g² *ω*, e (e zwischen e und ç) c⁴ c⁶ d² d³ d⁵, e d⁸ d²¹ e², ç g⁴,
ĕ c⁷ c⁸. 2. e a¹ b⁶ b⁷ d² d⁵ f⁵. 3. ç a¹ d²⁰ d²¹ e⁸, ŏ b⁷ d⁸ f¹ f⁵, e d⁵.
2. 3. ĕ c⁶—c⁹. 4. jõ c⁶ d⁵ d⁸ f⁴ g², oʊ f⁵, ã d³, jçvã a¹. 5. vǫz a
c⁶ d² d⁵ d⁸ f⁵, e f¹, çvœ a¹. 6. õ a¹ f⁵, ã d⁷. — Imperf. Indic. 1.
awey' d⁴ *ω*, avuy' e⁸ e¹⁰, awu d⁸, çvœ a¹, avor d¹. 3. au d³. 4. aviõn'
e¹⁰. 4. 6. aviuor d⁷. — Konjunkt. 1. ay' a¹. 2. a d⁸, os' d⁷ d¹².
1. eş' c³. 2. eχ' c⁴, çvéχ' c⁹. 4. œŋs' d⁸, is' d¹². iŋs' f¹ (als
Optativ : iŋs' vǫ mãc' oχtã de pyçhi : möchtet ihr nur ebensoviel
Vergnügen haben). — Fut. 3. çre d⁷. — Condit. 1. çrœ a¹. —
Part. Praet. çvr a¹ d⁸ d¹² e⁸, avu g¹, çvi c⁴ c⁸ d³.

Boire. Inf. bwer' a¹ f¹, bwęr' *ω*, bwǫr' c⁹. bwōr' d³ d⁸, bwar'
g³, bur' e¹ e⁹ e¹⁰. — Praes. Indic. 1. bwe f¹, bwç a¹ *ω*, bwǫ c⁹ d⁸,
bu e¹ e⁹. 4. bǫvǫŋ c⁹, bowǫ d³ d⁸. 5. bowe d³ d⁸. 6. bowǫ d³. —
Konjunkt. 2. bǫwęs' d⁸. — Part. m. br (ist Grundform); bi d³;
Part. f. brs' a¹ d⁴ d⁵ d⁸ d²¹ d²² e², bis' c² d³, bīs' d¹, fem. br' f⁵, bi'
e¹ ; bǫvow' d³; brt' hörte C. This in Gross Moyeuvre westlich von
Metz.

Choir. Inf. şœr d⁴, şçr c⁹, şœr a¹ d⁶ d⁸ r, tşœr d⁵ f⁵, şęr *ω*,
şēr c³ c⁴ d³ d²¹. tşçr e⁸ e¹⁰ f¹, tşer d²⁰, şar c⁴ d¹² e¹. — Praes. Indic.
1. şœ a¹ d⁸, şi d¹², tşç e⁸, şye d³; 2. şœ d⁸; 4. şęyã a¹, şeyǫ d³;
5. şeye d⁸; 6. şęn' a¹. — Imperf. şçyœ a¹. — Part. m. şœ d⁴ d⁷
d¹² d²¹. f. şœt' d⁷ d²¹ *ω*, tşœt' d⁵ e⁴ f¹ f⁵ (in f⁵ auch tşœz'); m. tşœⁱ e²,
f. tşœⁱt' e² e⁸; m. şe c⁴ d², şç e¹, f. şet' d² d³, şęⁱt' c², şçⁱt e¹.

Clorc. Inf. cyor' d¹², tyor' *ω*. — Praes. Indic. 1. tyo, 4. tyo-
hǫŋ *ω*. — Fut. 6. tyorõ f¹.

Connaître. Inf. c'nǫχ' d³ d⁸ d¹² ω. c'noχ' c⁴, c'naşi e⁸. c'naş'
e¹⁰, cǫnaş' a¹. — Praes. Indic. 1. c'nǫ c⁴ d⁸, c'no d³ ψ, cǫna a¹,
c'nà d⁴, c'nõ d¹²; 4. c'nǫχǫ d⁴ d¹². — Konj. 2. cęnõχéχ' c⁹. — Part.
Praet. c'nǫχr d⁴, c'nõχi c⁴, f. c'nǫχow' und c'nǫχey' d³.

Croirc. Inf. crãr' c⁸ d¹², crõr' b⁷, crer' d³ d⁸ d²¹ *ω*, crçr' e⁸. —
Praes. Indic. 1. cra d³ d⁸ d¹² ψ *ω*, in d⁸ d²¹ auch cre (nach dem
Infin.), crç e⁸; 4. crçyã a¹; 5. creye d²¹; 6. creyǫ d⁷. — Fut.
1. crarc d⁷. — Part. cre d⁸ e²¹, cra d¹², crv f¹.

Croître. Infinit. crãχ' d³ f¹ *ω*, craş' a¹ e¹⁰, craşi e⁸, craχi d⁸. —
Praes. Indic. 1. cra a¹ e⁸ *ω*, craχç f¹. — Part. m. craχv d⁷, craχi
d⁸, crǫχi c⁹, craşi a¹.

Cuire. Inf. cœr' d⁸ e⁸ f¹, cer' c⁴ e¹, cvr' a¹, tχœr' b⁶, tyçr'
g¹. — Praes. Indic. 1. cǫhç f¹. — Part. Praet. m. tχœ b⁶, cçⁱ e¹,
f. cœⁱt' e⁸, cœt' c⁹ d²¹, cçⁱt' e¹, cẽt' d³.

Devoir. Inf. dœr' a¹. — Praes. Indic. 1. da c¹ c² c⁹ d⁵. 4. dęvǫŋ
c², dwǫŋ c¹ ; 1. dra d² d³. 3. dra d²³. 4. dwǫ d³, drin d², 1—3.
dray', dro, dro d²¹ e⁸, 4—6. drãn', drãn', drăn' e⁸, drên' d²¹. Die
r-Formen sind eigentlich Konditionalformen, die Praesensbedeutung
angenommen haben. Dieser Wandel ist ächt volksthümlich, wie das
häufige s'ra (*saurais*. ich kann, in negativen Sätzen) zeigt. — Imperf.
1. dway' e⁸, dwç d³. — Part. d'vv a¹.

Dire. Inf. dir' a¹, der' d³. — Praes. Indik. 1. di d³, d'he
f¹. — Imperf. 1. d'he d³, d'jœ a¹. — Konjunkt. 2. dehes' d³.
Dormir. Inf. dremi a¹ c⁴ d²¹ f¹, dermi d², dermi d³, dremi
c³. — Praes. Indic. 1. do d⁷ d⁸, doᵘ d³, drœ̃m' a¹ d²¹ e⁸, drēm' c³
c⁴, 4. dermoṇ d⁷. — Imperat. 5. dremi f¹.
Envoyer. Inf. evuyi d⁷ d¹² e⁸, ĩvuyi c². — Praes. Indic. 1. evuy'
d³ d⁷ d¹² e⁸. ĩvũy' c². — Fut. 1. evwire d³. 4. jevuyerũ d¹².
Eteindre. Inf. ʑtẹd' d³ d⁴, ʑtẹnd' d⁸, ʑtĩd' f¹, tĩd f⁴, tĩṇd' c², stĩd'
e¹, ʑtẹn' d⁷ d⁸. — Praes. Indic. 1. ʑtĩ d¹⁰, tĩṇ c²; 4. ʑtẹdọ d⁸. —
Part. Praet. ʑtẹdv, f. ʑtẹdow' d¹⁰, tẹdi' c³.
Être. Inf. ēt' a¹ c⁸ d¹ d⁸ e² f¹, e¹t' e⁸. — Praes. Indic. 1. sœ
d¹² d¹⁷ d²³ e⁴ f¹ f² f⁴ f⁵ g³ g⁴ ω, sœⁱ e⁵, sv a¹ g¹ g², seⁱ e⁸ e¹⁰, sęⁱ e¹, se
e⁹ ν. Die folgende Form von 1. ist nach 2. 3. analogisch gebildet :
a d² − d⁴ d⁷ d⁸, ọ b⁵ c² c⁴ c⁶ ψ (si b⁷ scheint französirt). 2. t'a a¹ b⁷ c⁶
d⁴ f¹, t'ọ f² f⁴ c² c⁴. 3. a a¹ b⁷ d² d⁴ d⁸ f¹, ọ c² c⁴ f² f⁴ f⁵. 4. atũ a¹, sọ
d³ d⁴ f¹, sọṇ c⁴. 5. vọz a d³−d⁵ d⁷ d⁸, ãt' c⁴ f¹, atœ a¹. 6. sõ a¹
c⁴ d⁷ f¹, sọ d³ d⁴. — Imperf. 1−3. j'er. t'er il y er. 4. j'ĩn. 5. vọ
lyĩn (auch lyatĩn). 6. il y in (yatĩn) d⁷ (daneben 1. ator' und eror');
1. ator, 4. atĩn c⁴; 1−3. etor, 4−6. etinor c⁹; 1−3. atœ, 4−6.
atiṇ a¹; 3. ta, 6. tet' f¹; 1. dj'ir, 4. 6. dj'in e⁸. — Perfektum.
1−3. fǫ̣, 4−5. fọt', 6. fẹrt f¹. — Konjunkt. 2s. so e², sa d⁴ d⁸,
sey' b⁵, etéʑ' c⁹, seʑ' c⁴, sœ a¹, fũ̈s' d¹²; 3. sa d²; 4. siṇ a¹;
5. seʑ' b⁵, seyi a¹; 6. seyi a¹, fœst f¹. — Part. Praet. stv d¹² d²⁰
d²¹ e² e⁸ e¹⁰. sti e¹, etv a¹ d¹¹, etv a³ d⁴ d⁵ d⁸ d²³, eti c⁴ c⁷ d¹ d², eti
d³, tv d²² e⁶ f¹ f⁴ f⁵, ti c¹ c⁹.
Faire. Inf. fẹr' d⁸ e⁴ e⁸ e¹⁰, fẹr' d² d³ d⁵ d⁷ e², fẹr' d²¹, far' d¹²
f¹ f⁵ g². — Praes. Indic. 1. fe e², fẽ c⁴, fẹ e⁴ e⁸, fẹ d⁷ d²¹, feye
f¹, 2. fa f¹, 3. fa b⁶ d¹² e¹ f¹ g². 1−3. fũ a¹ ω. 4. feyũ a¹, feyọ
f¹ ω. 5. feyœ a¹, feyi f¹ ω. 6. fõ a¹ f¹, feyọ d² d¹² e¹ ω. — Imper.
5. feye d² d⁸ d¹², en feyẹm' s'lẹ (thut das nicht) c⁴. — Imperfekt.
1. feyay' e⁸, feyey' d⁴; 3. fũ̈yey' ω; 1−3. feyœ, 4−6. feyiṇ a¹. —
Fut. 1−3. f'ra, f're, f'rẹ, f'rũ, f'rœ, f'rõ a¹. — Kondition. 1. feray'
e⁸. — Konjunkt. 2. feyẹs' d⁴ d⁸ d²¹ e⁸, feyéʑ' c⁵ c⁹, feyẹs' ω, feyes'
f¹; 4. 5. feyiṇs' f¹ ω; 6. feyiṇs' ω, feyest' f¹. — Part. Praes. feyũ
a¹. — Part. Praeter. fẹ d⁸ e⁸, fẽ b⁵ d⁷ d²¹, fa f¹ ω.
Falloir. Futur. 3. fare d³ e⁸, forẹ a¹.
Fuir. Inf. fui e⁸, fuyi d³, fũ̈r' (*fuire*, Lyon. Yzop. 691) g¹ g². —
Praes. Indic. 1. djẹ m' fũy' e⁸, je m' fuy' d⁴, fũy' d³ d⁸; 4. 5. fuyọ,
fuyẹ d³; 2. fv g²; 4. fyĩ g². — Part. fv g².
Gésir. Inf. jer' d³, ẹjer' (adjacere) d¹². — Praes. Indic. je m'
ẹje; 4. jehọ; 5. jehē d³. — Part. ẹjv d⁸, j'm'a ẹje d¹².
Lire. Inf. lēr' d³ d⁸ d¹² d²¹ e¹ f¹ ω, le'r' e⁸. — Praes. Indic.
1. le ω, lehe f¹; 2. le f¹; 4. lẹhọ d⁸, l'họ d³, l'hõ f¹; 6. leʑt f¹. —
Imperf. 1. lẹhey' f¹, 4. lẹhiṇ d⁸. — Gerund. lehũ f¹. — Part. Praet.
m. leⁱ d⁸ d¹², lẹⁱ e¹, le d³, fem. (selten) ley' e⁸, leʑ' d³, lẹhow'
d²¹. — Kompositum ʑler' (afrz. *eslire*). 1. je ʑle d³.

Mettre. Inf. măt', mǫt' s. 58. — Praes. Indic. 1—3. mă d². — Part. Praet. mate d² d⁷.

Mourir. Inf. mœri f¹ g³ *(ω)*, muri d⁸ d²¹. — Praes. Ind. 1. mr̄ c⁷ e⁸ e¹⁰ g², mœr g³, mǫ̈r a¹, mœrç f¹, mwçr e¹, mūr c⁴ d⁵ d²¹. 4. mœrǫ e¹⁰, murǫ d⁵, mǫrā a¹, mçrõ g², mrrǫ e⁷. — Part. m. mwo d⁵ d⁵ e⁷.

Ouir. Inf. uye c² f¹, oyi d⁴, zwayi c⁴. — Praes. Indic. 1. uy' c², oy' d⁴ d¹², zwoy' c⁴, 4. oyā d¹². — Part. Praet. uye f¹, zwayi c⁴.

Ouvrir. Inf. (neu gebildet nach dem Particip. d e o p c r t u s): dīvyçr d¹ d⁸, dçvyçr d³. devyer c², dçvyçr c⁷, dçvyer c⁸, dçvyçr c⁹, devyar d⁴, dçvyar d²¹—d²³, dewer e¹, d'wer c³, d'war c⁵. dçvar *v*, dǫver a¹ — drçvi (deopcrire) f¹, vgl. crçvi (cooperire) — evri g¹. — Praes. Indic. 1. dçvye, 4. dçvyejǫ c⁸, 1. dçvya, 4. dçvyahǫ d²¹, dçvyeyõ d¹², 1—3. dçvye, 4. 6. dçvyerǫ, 5. dçvyere d³, 1—3. dove, 4—6. doveyā, doveyo', doven' a¹, 1. d'we e². — Futur. 1. dçvycre d³, 4. devyarǫ d⁴. — Imper. œvr' g³. — Part. Praet. m. dçvye d³, dçvye e⁷, dçvyç e⁸ e¹⁰, devya d⁴, d'wç e², dǫve a¹; f. dçvyet' e⁷, dçvyçt' e⁸ e⁹, dcvyet' c¹, dçvyet' c², dçvyat' d²¹ d²², dç- und dīvyet' c⁷, d'wet' e², dowet' e³, d'wāt' e⁵; dīvyes' d¹ d² d⁸, dçvyes' d³, dǫves' a¹ — f. evri' g¹ g²; f. plur. drçvi' f¹ (vgl. crçvi fem. sing. f¹).

Perdre. Infin. pyçt' c², pyĕt' c¹, pyad' d⁸ d²¹, pwed' e¹. — Praes. Indic. 1. pyç c², pya d⁸ d¹² d²¹, 4. pedoŋ c², pçdǫ d⁸, pçdā d¹². — Kondit. 2. pedro, 3. pedrā f⁵. — Part. Praet. f. pçdow' d²¹, pçduy' c⁴.

Plaindre (se). Inf. pyād' d²¹, se pyādr' f⁵. pyād' e¹ *(ω)*, pyīt' a¹ b⁵, pyāz' d³ d⁴, pyāz' d⁸, pyas' c¹, sç pyīs' c². — Praes. Indic. 1. pyā d³ d⁴ d²¹, pyī c², 2. pyā d⁸, 4. pyāŋzoŋ c¹, pyīzoŋ c², pyīdā a¹, 5. pyāze d⁸. pyīdœ a¹, 6. pyāzǫ d⁸. — Konj. 2. pyāzes' d³, pyīzc̄χ c², pyāzeχ' c¹, pyādes' f⁵. — Futur. e s'pyādre f⁵. — Partic. Praet. je m'e pyāŋ c¹, çl' s'e pyādv d²¹, pyīdv a¹, P. m. pyā d³.

Plaire. Inf. pyçr' d³ c⁴, pyār' a¹ c⁹ d¹² c¹. — Praes. Ind. 1. pyç̄ d³, pya d¹², 1—3. pya c⁹, 4. pyçhǫ d³, 4. 6. pyçhõ, 5. pyçhe c⁹. — Part. Praet. pyā a¹, dçpya f¹.

Pleuvoir. Inf. pyœr' c⁸, pyūr' c¹ c², pyui e⁸ e¹⁰, pyowi d²¹, pyǫwi d³. pyuv' e⁴. — Praes. Ind. 3. i pyu e⁸, i pyū d¹, i pyǫ a¹, ç pyœ f¹, a pyœ g², ç pi c¹, i pyǫw' d²¹, i pyow' d⁸ d¹² d²³, daneben pyv d⁸. — Fut. i pyurç e¹⁰.

Pouvoir. Inf. plœr' a¹ (nach v'lœr), pçyi d³. — Praes. Indic. 4. pyœ f¹, 1—3. pyç a¹ *ω*, pv d⁴ d¹⁰ d¹² e⁸, 1. pye c², pi d³ e¹, 1. pçyǫ d³ d⁸ d¹⁰ d¹², 5. pçyi d¹⁰, peyc d⁸, 6. peyǫ d¹⁰. — Imperf. 6. pwayet' f¹.

Prendre. Inf. pār' d³ d⁸ f¹ *ω*, por' c¹, Kompos. çpor' (*apprendre*) c¹, çpār' f¹, cõpor' c¹, cõpār' f¹, çχpǫr' (afrz. *esprendre*, vom Feuer) d³. —

Praes. Indic. 1. prǫ, ęprǫ, cṑprǫ d⁸, 4. pęrnǫ d⁸. — Imper. prǫ e⁸. —
Perf. 3. pęrne f¹. — Fut. 6. pȧrṅ f¹.
Quérir. Infin. cwęri c⁴ ψ, cwęr' ψ (in der Verbindung vę t'ï
cwęr'), cwer' c⁷, cware d¹².
Recevoir. Inf. r'sᵛr' e⁸, r'sœr' a¹. — Praes. Indic. 1. ręsᵛ e⁶,
j'çrsi d³, 4. ręs'vǫ e⁸. — Imperf. 1. j'çrsive d³.
Savoir. Infin. sawer b⁵, savwe f¹, sawę a¹, sȧvu e¹, sawu e²,
savu d²¹ e¹ e⁸. sau d³. sawŏr c² c⁹ d¹. sawǫ̈r c⁴. — Praes. Ind. 1—3.
sę e⁸ f¹, sē d³. 4—6. sęvǫ, sęvi, sęvǫ d³, savwǫ. savwi. se²t' f¹. —
Kondit. 1. sęro b⁵, sęrœ f¹, s'rā d⁴ d⁶. — Konjunkt. 2. sęvęs' d¹²,
sęves' d³. — Part. Praet. sęvᵛ a¹. sevi c⁴ d³.
Souffrir. Inf. sęfri f¹, sufri c¹. — Part. Praet. sęfri f¹.
sufri c¹.
Suivre. Inf. sᶜr' c⁴ c⁵ d³ d⁴ d⁸ d¹² d²³ ω, se²r' e⁸; χᵛr' a² a³, sᵛr'
a¹, χœr' b⁴, χǫ̈r' b³. — Praes. Indic. 1. se d³, se¹ d⁸ e⁸, χœ¹ b⁴,
4. sewǫ d⁸. — Imperf. 1. sevwe d³. — Imper. 2. χœ b⁴. 5. çn lǫ
sevęm' c⁴ (folget ihm nicht). — Part. Praet. se c⁴ d³ d⁴ d¹², se¹ e⁸.
Tenir vgl. *venir.*
Tisser. Inf. teχ' e¹, teχe f¹.
Traire. Part. fem. tręt' e⁸ d²¹, tręs' d³, tras' a¹.
Venir. Inf. v'ni g². — Praes. Indic. 1. vi d³, 2. viŋ d² d⁸,
3. vi d²¹. vyï c², 1. 2. vïy d¹², 1. v'ue f¹ (ähnlich t'ne = teneo). —
Imperat. 2. vyę f¹. vyï e⁹, vi d²¹, vï g¹. 5. venę d¹. Für die 2.
Sing. braucht man in mehreren Orten v'nä in Verbindung mit tǫsi
(hierher; vgl. das französische *ça venons ici*), v'nä tǫ̈si d⁷. v'nä tǫ̈si
ψ, v'nä tǫ̈s' c⁶ c⁷. Bei einer an zwei Personen gerichteten Auf-
forderung hörte ich das mir unverständliche: vito (war videre) c⁷,
venez (*voir*), vito tǫ le düs c⁶. *venez tous les deux.* — Konjunkt.
2. veneχ' c², vęnęs' d⁴. — Fut. 1. vȧrē d²¹ e¹; 2. vāre d⁵, 1—3.
vāre c⁷ d² d⁸, 1. vyïra a¹. — Part. Praet. v'nᵛ d¹⁰ d¹², m'nᵛ d⁴, v'ni
c² d⁸ (vgl. t'ni d⁸). v'niŋ a¹ (vgl. t'niŋ a¹).
Vétir. Part. m. çrvᵛχti d⁹, r'viχti d⁸, P. f. dęf'ti c⁷.
Vivre. Inf. f'ci a¹, vif' c², vᵢvr' g⁴, v'cę ω. — Praes. Indic.
1—3. vic', 4. 6. v'cǫ, 5. v'ci ω; 1. v'cę. 2. 3. vec', 4—6. v'cǫ,
v'ci, vect' f¹; 1. vęc', 4—6. vęcã, f'cœ, vęc' a¹; 1. vi c². — Part.
Praet. vice (ja) d³ d¹², vicę e¹.
Voir. Inf. vęr d² d³ d⁸ e⁸ e¹⁰, węr d²¹ d²³, vwer ω. var c³
d⁷, war c⁴ c⁷ d¹². wor e¹, vœr a¹. — Praes. Indic. 1. u d² d³ d⁸,
vu e¹ e¹⁰ d⁴, wǫ d²¹, wo d²³, wę a¹ c⁹, vwę ω, 4. vęyǫ d²—d⁴, veye
d³. — Imperf. 3s. wayi f¹. — Part. m. vi, f. veyey' d³.
Vouloir. Inf. v'li d³, v'lœr a¹. — Praes. Indic. 1. vyǫ̈ a¹, vye
c², vyę c⁴. vᵛ b⁴ d⁴ d¹² d²¹ e⁸ e¹⁰ g², vi d² d³ e¹; 1—3. ję yœ, te
yœ, e yœ ω; 1. i yǫ̈ f¹, i n'yœ mi f⁵, 4. 5. v'lǫ, v'li ω f¹, 6. v'lǫ
ω, yœrt' f¹. 4. velǫŋ f⁵, v'lǫ d⁸. — Fut. 3. vure d³.

215. SYNTAKTISCHES.

1. Das Adjektiv steht in der Regel vor dem Substantiv : dǫ
nar', dǫ jăn' pwoχ; çn diχ vey' d²; i nar' șępe d⁴; dǫ fraχ' aw' a¹
d³ d⁴; iɳ cri ab' (ein hohler Baum) e¹; iɳ nʋ çbi d⁵ eˣ, çn' nʋv' rɔ̃b',
dǫ cru' tși c⁸; iɳ nye çbi c¹; dǫ tàr' șa (zartes Fleisch) d³; i mwăr'
șwa (ein böses Pferd), dǫ nar' sçpiɳ, dǫ χpa lęse (geronnene Milch),
çn' savę̆j' cwor' (Ulme) d⁸; nœr' pę̆n' (Schlehdorn) a¹; i săvçj' pwo
(Eber) d³ d⁷, sovçdj' pǫșeⁱ e¹⁰, dɔ̃ cyç (clarus) lase (petit lait) a¹;
lç drat' mĭ d⁷; lç byăș' mà, lç nor' mà (weisse und schwarze See)
d¹⁹. — Die Stellung des Participiums entspricht gewöhnlich der
francischen; doch heisst ein Berg in der Nähe von d⁸ lç palaɣ' tet'
(Kahlkopf). — Ob Beeinflussung durch das Deutsche anzunehmen ist,
lässt sich erst entscheiden, wenn zuverlässige Nachrichten über den
Sprachgebrauch der Mittel- und Westfranzösischen Dialekte vorliegen.

2. Dem Verbum folgt oft ein Adverbium, welches bloss einen
Begriff schärfer betont, der in dem Verbum selbst schon liegt : șçsi
fyœ (herausjagen) d⁸ d¹⁰. șçsi fye d², tșçsi fyœ̆ d⁵; χtǫrç fyœ (aus-
spucken) d⁴; n'alç bç (heruntergehen), tiri bç (herabziehen, von der
Wäsche) d²¹; über sęr dje (sich niedersetzen) s. 214 v. asscoir, über
œșifyœ (exire foris) das Gloss. — Etwas anders aufzufassen sind :
tiri fyœ̆ (herausziehen) d¹²; săte fyœ̆ herausgehen c⁸ c¹⁰, sota fyœ f⁵;
χti çvwey' (in viam) wegwerfen d³.

Die Erscheinung ist gemeinromanisch, wie it. cacciar fuori lehrt:
doch ist deshalb eine Beeinflussung durch das Deutsche in bestimmten
Fällen nicht ausgeschlossen. Sicherheit kann nur eine sorgfältige
Vergleichung des Sprachgebrauchs aller älteren und neueren Dialekte
geben (vgl. in Molière's Avare II, 1 chasser dehors).

3. Das Participium der Reflexivverben wird mit avoir konstruirt : çl' s'e pyà (sie hat sich beklagt), çl' s'e naɣi (sie hat sich
ertränkt) d³.

4. Die Umschreibung des Praesens von possum durch den
Konditionalis von sapere ist ächt volksthümlich : je n' s'ra mi lǫ
crçr' d⁴ d⁶, ɔ̃ n' s'ra ri vçr d³, i n' s'rœ patși (ich kann nicht ver-
reisen) g².

5. Das Participium von cadere wird mit avoir und mit être
konstruirt, um die Momente des Fallens und des Gefallenseins zu
bezeichnen : i a tșœ (j'ai tombé), i sœ tșœ (je suis tombé) f⁵; lç
fǫm' e șe (a tombé) d², e șœ d⁴, a șčt' (est tombée) d².

6. In g¹ wird (wie auch im Jura) das Partic. praet. von avoir
statt des Part. praet. von être gebraucht : lç sǫp' a avʋ mĭdji' (die
Suppe ist gegessen worden).

7. Die Frage wird meist durch Umschreibung mit Hülfe eines
Relativums gebildet : was' c' ta (wo bist du?) d², dewas' ce te deviɳ
(woher kommst du?) d⁸; dwasce devi d³; çwă ce t' vàre e¹, cǎ ce

t' vàre (wann wirst du kommen?) $d^5 e^2$, ç ce cę t' ṣȧj' d^{12} (woran denkst du?).

8. χapa (*échapper*) hat faktitive Bedeutung (*laisser échapper*) in ω : te ve l'χapa.

9. prȧ (bereit) wird häufig mit der Praeposition pŏ (*pour*) konstruirt : pra pŏ n'alç $c^1 d^8 e^8$, pra pu n'ale d^5, mit ç d^3.

10. Statt des francischen *s'en aller* sagt man n'alç $d^3 d^8 e^8$, n'olę c^1, n'ala ω; Praes. çl' ǫ (*en*) ve, ç n'ale (Perfekt.), ez ǫ r'nalȫ (*ils (s)'en allèrent* f^1.

11. Der Gebrauch der doppelten Präposition pu fȧr' ç cwǫr' laz ur' (*pour faire courir les heures*) f^1 ist aus dem Altfranzösischen bekannt.

GLOSSAR.

Man findet hier nicht alle in der Abhandlung vorkommenden Wörter wieder, sondern nur seltenere und wichtigere, zumal solche, die in der Lautlehre keine Verwendung finden konnten : eine Anzahl derselben habe ich Zeitschr. IX 497 besprochen. — χ folgt auf h, ş auf s.

acliɲ Tischgesellschaft, ce acliɲ! a¹.

aşȫ m. Saum eines Kleides a¹.

ajγçl' f. Eidechse e¹⁰.

aɦudœ heute d¹², aɦœdœ d⁸.

alãd˙ f. Schwalbe d¹² f¹ ⟨ω⟩, ọlãd' e¹.

Almī das Elsass f¹.

alçhay' f. Eidechse c⁴.

ãtşãt' f. Hahn (am Fass) d⁹, ȫşat' d⁸, ãş' f. a¹, ȫş' c⁶; in d⁵ das elsäss. ribçrle.

ãdçrvγe m. Blindschleiche d⁴ d⁸, ãbrevγa d²⁰, ãvçrγa d¹⁹, ãɲgçrvγç e¹⁰.

ãhal' f. Eidechse, in Poutay bei d⁷.

ãnar' (tọt) vollständig (von einer Versammlung) d⁷; tọt' çnãr (von einem Brot) c⁹.

ãne m. Erle d⁸, one ⟨ω⟩, one^i e¹⁰.

ãp'ni m. Himbeerstrauch d⁷ d⁹, ãbri e².

ãveş' (ç l') à l'envers a¹.

ãvœ̈ m. Blindschleiche f¹ f⁵.

ar' Luft a¹ d³ ⟨ω⟩; weibliches

Genus (l'ar a bwọ̈n', frad') habe ich festgestellt für ar' d¹ d⁷ d⁸ d¹¹, çr' d²³ e¹⁰ : ar' di jọ Morgenröthe ⟨ω⟩.

armçr˙ armoire d².

arhọlat˙ f. Eidechse d¹⁹.

armçl˙ f. Klinge f¹. ọrmçl˙ ⟨ω⟩. ọl'mçl' e¹.

artşiç eggen, s. ortşi.

avγȫ m. Obstkern d²², avγã d¹⁹; avγȫ d'rọ̈tş' d²². avγọ d'rȫtş' d²⁰ Salamander.

başç schlagen, Part. başç toqué (irrsinnig) a¹.

bãc' Schnabel d³ d⁸.

bace f. baceγ˙ gebückt d¹ d⁸ (von bücken?).

bacçsç hinken, 3s. bacçs', auch bacotç d⁸.

bacǫ̈ m. Speck e⁸ e¹⁰.

bãdçrvγç m. Blindschleiche d⁹, bãdçrvγa d⁷ ; s. ãdçrvγe.

barje^i m. Fässchen (Wein) e¹⁰.

bas˙ Mädchen e⁸ e¹⁰. basel' a¹ c⁴ c⁹, bçsĕl' a³, bçşọt' g³.

532

basye graben (*bêcher*), bas' f. (*bêche*) m.
bêtyc bauen f[1].
batu Scheune m.
bâwǫt' f. ganz kleine Mücke.
bwat' e[10].
bę la *là bas* d[5] d[8] e[10], bę tǫla d[3], bęχ lę d[1].
bęyęs' Mädchen d[3] d[5] d[8] d[21] e[1], bwǫyęs' f[5].
bęyi geben (*bailler*) d[21].
benyä (afrz. *bienveignant*) e[10]; — siṅ vǫ bromǫ tṣi nǫ f[5] *bienvenu soyez-vous beaucoup chez nous*.
bêer' f. Zaun eines Obstgartens (*barre*) g[4].
bęrä m. Widder a[1].
bęrye zerbrechen f[1].
bęryc kämpfen (von Ziegenböcken) f[1].
bęrji' f. (*brisée*) gebrochene Bahn, z. B. durch Schnee e[10].
bęrhǟ m. ausgerodete Stelle d[7] m, auch bręhœ m.
Bęrχïn' f. die Breusch, Bach im Steinthal d[8].
bęrnēr Hitzblitz e[10] (dtsch. Brenner?).
bęrtṣö̆ m. Brunnenröhre e[10], bęrtṣät' f. männliches Glied (ob *braquette?*).
bęs' f. Thal f[1] m.
bę́s' f. Melkkübel mit Einschnitt auf jeder Seite e[10].
bęsät' Adj. f. niedrig (vom Zimmer) d[21] c[10].
bę̈ṣ m. Trog (*bac*) m, Becken (*bassin*) ψ, mötä d' bęts' Brunnenstock e[10].
bętœr' f. Schlägel des Dreschflegels d[8].
bętœj' Buttermilch ψ.
byäsi verwunden d[8] d[10].
bïc' f. Hacke mit zwei Zinken d[9], biclę ein Kartoffelfeld jäten, biclät' Jäthaue d[8].

biscǫp Kuhname (elsäss. Wisskopf) e[10].
bye Wiege (afrz. *bers*) d[2] d[3] d[7], byǖ d[8], biχ a[3]; Vb. byœχi d[7] d[8], byeχi d[2] d[3], biχyǖ a[3].
byǖtṣa m. Block d[5], byœṣa d[7] d[8].
blac' f. Schweinsblase c[4].
blö̆d' f. *blouse* d[8].
blö̈s' Pflaume d[1], blose ψ Birnbaum.
blos' f. Schweinsblase b[7].
b'ney' (da) gelegentlich (*par moments*) f[1].
bŏ m. Kröte d[8] d[12] e[10], bŏc ψ.
bŏ m. erste. ungeniessbare Milch der Kuh, die geworfen hat ψ. bǎ e[10]. afrz. *bet* Roman. 8, 452, neufrz. *beton*; e ist also geschlossen. Adam hat *boc*.
bŏblä m. Kobold (wörtlich Schwätzer) e[1] (? elsäss. bable = schwatzen).
bobi Interject. des Erstaunens; ma bobi s'ç fo dir' tǫrtǫ f[1] „doch der Tausend, soll ich alles sagen".
bǫc Bock d[3] d[8].
bǫcę m. von einer Blume c[4].
bǫcyǫ Holzhauer d[8]. bǫcyö̃ c[8], bǫcyǫṅ c[9].
bǫχa m. Buche d[2] d[3], bǫχö̃ e[2], buχǫ d[23], bǫṣǫ e[10].
bŏlähi m. (*bon loisir*) ein Faulpelz e[1], bö̃laji e[10], dje bö̃ laji ich habe Musse e[10].
bǫlät' f. Birke d[8].
bos' c[8] und bǫs' de muχat' f[1] Bienenkorb, bǫsęl' d[22] Korb mit Henkel.
bǫstei m. Korb (am Arm getragen) e[10], bǫstei d[23].
bǫ"ṣti hinken e[10].
botęna Plur. Knospen g[2].
buṣa m. Haufe (z. B. Steine) d[1] d[2] d[12]; buṣa Ziegenbock e[3] f[1] m, butṣö̆ f[5]; bocat' Ziege a[3], bǫcat' b[3] b[7].

budắt' f. Nabel d⁷; cfr. *bou-
dine* Baud. de Condé II 457.

budu m. Lügner d⁷, bǫdu e² e¹⁰.
bǫd' f. Lüge (*bourde*) e² e¹⁰, Inf.
bǫdę e¹⁰.

bulo m. giftige Pilzart e¹⁰;
vgl. *borlot* Haillant II 31.

bunŏ m. Mütze ψ. buna d³.

buri m. Ente d¹, borắt' d⁵.

burïc' f. Esel d⁸ e¹⁰ f¹ (nirgends
asinus).

busi stossen (*pousser*) d¹ d³
d⁶—d⁸ d¹² d²³ e⁸, busye *ω*. busyę
a¹. 1s. bus' ψ.

butrey' f. Besteck (*étui*) für
den Schleifstein der Sense d¹⁰.

buχtri f. d⁸. bŏ̆ti m. e¹⁰.

brắc' f. Hanfbrache a³ b⁷ *ω*.

bray' nŏ̆t' (ręvęni) *revenir les
braies nettes* c⁷.

brayǫt' f. Hosenschlitz e¹⁰.

brahi umarmen d⁷.

bramắ̃ɲ d², bramǫ d⁸ viel; —
craχi d⁸ stark gewachsen.

brắs' (di c'ma tyar') Kartoffel-
staude d² d⁸.

brat' (da) Schnittlauch f¹.

brę (d'rv') Radspeichen d⁸ (ob
bras?).

bre Buchs e¹, bi *ω*.

brebęl' Heidelbeere d² d⁸, brę-
bęl' e¹⁰, bręb'li e¹⁰ die Staude.

bręr' weinen d² d³, brar' f¹ *ω*.

bręsęl' Scheren des Wagens
(*brancard*) d⁸ (ob von *bras?*).

brĭhv m. Instrument zum Bre-
chen der Hanfstengel a³.

brŏ m. kleiner, zweiräderiger
Karren zum Mistführen d⁴.

brǫb' Kot a³.

brocắt' f. käseartige Stücke
der Molken e¹⁰ (dtsch. Brocken?)

brŏ̆χ' 3s. er brüllt (vom Stier,
von einem Menschen, der tobt) d⁸.

brǫt' f. Kot c², brųt' c⁹. brǫd'
d⁶, brŏd' d¹² d²³.

brov' brav f¹.

b'ze¹ m. Erbse, s. 181.

brę f. Wäsche g³.

brĭhęn' 3s. er langweilt sich f¹.

brĭhŏ̃ Hühnerhabicht *ω*.

bv̆r' *fem*. Butter f² *ω*, bǫr'
a¹ d⁶, bŏr' d³.

bwal' 3s. brüllt (von der Kuh),
4. bwalǫ̃ɲ wir schreien d², Inf.
bwale. 1. bwắl' d³; 3. bwęl' (vom
Hund) e¹⁰.

bwǫb' Knabe (dtsch. Bube)
d² f¹ *ω*. bub' e⁹ f⁵ g¹, bueb' g³.

bwǫn' fǫm' f. Hebamme f¹.

bwŏn' blind d²³.

cắbr' dę mắy Maikäfer d⁸.

cabri m. junge Ziege e¹⁰.

cabulę umwerfen e⁴. crĭbulę a¹.

cắy' f. Stück (z. B. Brot) b⁶
d⁸ d¹² e⁸ e¹⁰.

calœṣ' f. Baumstumpf (*souche*)
ω, calŏ̆tṣ' gespaltener Stamm e¹⁰.

camắda etwas durch Klagen
zu erlangen suchen f¹.

cắp' f. der lederne Besatz am
oberen Ende des Dreschflegels d⁸.

caramǫɲā Kesselflicker a¹.
zusammengesetzt aus cara(?) und
magnić, s. Zeitschr. IX 510.

caz'mat' f. Tisch zur Käsebereitung e¹⁰.

cęriǫl' f. Natter f⁵.

cęrme m. *crémaillère* d⁵.

cęrṣa m. Haken, zum Entfernen
der dürren Zweige der Bäume d⁸.

cęrsắt' f. kleiner Hühnerhabicht e¹⁰ (vgl. frz. *crécerelle*).

cęrsŏ̃ m. Kresse d⁷.

cęṣ' f. Kessel e¹, cęṣǫt' (*cas-
serole*) d⁵ d⁷ d⁸, cęsat' e⁴.

cevyęχ' m. Deckel d³ d⁵, vgl.
173.

ci m. Linde d² d³.

cyắ m. Linde d⁷ d⁸, cyǫ d¹²,
cyŏ f⁴, tyǫ e¹, cyv d⁸.

cyīṣ' Hahn (am Fass) ψ. cyeṣ' d⁷ (frz. *clenche*).

cyü̆χ Herz, s. 78.

clṿ̣e m. Deckel a¹.

c'mă m. Apfel d²—d⁴d⁸d²³, c'ma tyar' Kartoffel d²d⁸; c'mặt' f. e⁸e¹⁰.

cŏ Hahn g², von A—F ist gallus allein üblich.

cocặt' gusseiserne Pfanne a¹d⁷.

cocặt' f. Tannzapfen d⁷, cọcat' d⁴, cocọt' d²² ψ. Mit welcher Berechtigung übersetzt Jouve Noels S. 113 *cacatte* durch *noisette?*

cocye kitzeln ψ, cặcyi d⁹, s. Zeitschr. IX 506.

cü̆χ'. ciχ', Baumast, Schenkel s. 83, cü̆ṣặt' kleiner Zweig e¹⁰.

cọya m. Ecke eines Zimmers s. 178, cenya, Vb. r'cẹnyẹ (*rencoignier*) a¹.

cŏlœ̆' m. Milchsieb d⁵e¹⁰, cọlṿ a³, cole b⁵.

cŏtẹrfyü̆ m. Frühling c⁹d⁴d⁷ d⁸, cŏtrẹfye d¹.

cor m. Ofenröhre a³, cọr dọ fune d¹, cwo (d'fune) c⁹. cwo Brunnenröhre d⁸.

cọray' f. (lẹ — sī Lina) Regenbogen e¹⁰.

cot' tọsi (contra) hier in der Nähe c⁹.

cozer' Nähterin d³.

cọv'rặs' *couveuse* a¹.

cu Wetzstein für die Sense a¹.

cuyặ dẹ lard Speckschwarte d⁸.

cuyi f. Löffel b³b⁴c³c⁴c⁸d³ e⁴e⁵e⁹, cui d⁸e¹⁰, cuyœ d¹⁵, cvye f⁵, tẍi b³, cyẹ und cẹyẹ a¹.

cuyi pflücken d³, cui e¹⁰, cœye ω, cwọye f¹.

cujey' f. Peitsche (afrz. *corgiee*) d²d³d⁶d⁸, cudjey' d⁵.

cụlm' f. essbare Pilzart e¹⁰.

curặ m. kleines Schwein d², cọrặ a¹.

curyat' f. Riemen d⁸.

cuṣọn Schwein b⁶c⁴, caṣ' f. Sau ω. cọṣ' f⁴, cặṣ' kastrirte Sau a¹.

cuz' nähen ψ, cọs' d³, cuz'rọs' Nähterin f⁵.

cutṣ̌ọ kurz g¹.

cutṣ̌ṿ̆t' f. kleiner Gemüsegarten vor dem Haus d¹⁵.

cuvr' Kupfer f¹, cnr' e¹⁰, cṿr' a¹.

crặ m. Rabe c².

craχ̃ Knospe d⁷.

craveṣ' f. Spalte c⁸d¹³.

crawẹ klettern, 1s. craw' c⁹ d⁸, Inf. crawi d²³.

crẹvi bedecken f¹.

crẹ's' f. Spalte (auch obscön) e¹⁰.

crü̆'ṣ m. kurze, zweizinkige Hacke zum Ausgraben von Kartoffeln d⁸d¹⁰, crṿ̆tṣ e¹⁰.

cromye herumirren (von Gespenstern) f¹.

crọṣ' Stall c⁹.

crọtṣ' f. Wassereidechse (*triton*) f¹, cratṣ' schwarze Eidechse e².

crṿ hohl e¹⁰, crṽ d²³, cri d³e¹.

cṿ (in byã) Schwalbe d⁷.

cṿla m. Bezeichnung des Irrlichtes f¹.

cṿṣẹ' Glockenthurm, cṿṣặt' Glöckchen e³, vgl. 80.

cwặya Ecke d⁴, cwẹyã d¹², s. cọya.

cwặr' f. Ecke (eines Zimmers) d²d³d⁸d²¹d²³e⁸.

cwaryœ schwatzen, Subst. cwarŏy' Geschwätz c⁷, in ψ gesellige Zusammenkunft am Tag im Gegensatz zur lur'; dasselbe bezeichnet in f¹ cworẹdj'.

cwẹjẹ' m. Kalbsmagen, bei der Käsezubereitung verwendet e¹⁰; vgl. *coèhc* Haillant II 38.

cwẹṣi (*cacher*) bedecken c²d³

d⁸ e¹. r'cwętsi e¹⁰. cwatsç f¹; tǫ
cwaṣi bedeckter Himmel *m*; cwęs'
tę versteck dich ψ. cats' tę g³.
cwes' f. b⁷ dasselbe was bríhr.
cwętṣa m. Deckel (von cwętṣi) eᵘ.
cwętu eilig. dringend (afrz.
coitier) f¹.
cwo Weste (*gilct*, corpus) e¹⁰.
cwor' f. (çn' savěj') Ulme d⁸,
cwǫr' e¹⁰, cūr' a¹.
cwǫrā̃ schnell; s'fç cwǫrā̃
fā f¹.

dā̃ l'œ̄χ vor der Thür d⁷ d²³
e⁴ e⁵ ʳ, dan eχ e¹, dā̃ l'œ̄ṣ f⁵, dā̃
le vor ihm. dā̃ ce (*avant que*) f¹.
dā̃vwa m. Blindschleiche g³ g⁴.
dęcęzç zerreissen (von einem
Kleid. und zwar durch Riss. nicht
durch Abnutzung) d⁴, decęzç d⁷
(Part. f. decęzay') d⁹: cęzę d² e¹
e² e¹⁰, caza *m*.
dçy' Gott, s. 33; bõ̃ dr e⁸,
fet' dr c⁴, fęt' dr g¹.
dedjœne Frühstück und Mit-
tagsmahlzeit f⁵.
defĩ m. ein Gelüste: — nach
Aepfeln defĩ d' c'măt' c¹⁰.
dejin' f. (çn' bǫn' dejin') ein
Festmahl d⁸, d'jin' d³.
deχɛri zerreissen (durch Abnutzung), s. 11.
dęma f. Pflaume (ob *Da-
mas?*) c⁶.
dem'hăl' Magd d³. s. 63.
dęr' (le grā̃ —) alte Bezeichnung des Teufels f¹.
dęre d³ *m*, dārū̃ b⁵ b⁶, der
letzte, f. dęrer' d³, dçye f¹, trǫ
dęrę̃ʲ zu spät e².
dętǫ mit; — d'çn' sçvey' *avec
une cheville* f¹.
dęvyer öffnen. s. 214 *ouvrir*.
deviṇ 2s. Praes. Indic. von
einem Inf. *deveni = veni : de

wasce te deviṇ woher kommst
du? d³ d⁸; dę wǫscę t' dęvyĩ c⁹.
dęvǫ mit f²; dov' twa mit dir
g². davo lr g⁴.
dęvorę zerreissen e¹ (das afrz.
Wort bedeutet zerstören, vgl. Baudouin de Condé I S. 383).
dięmǫdj' Sonntag f¹, diem-
wǫdj' *m*.
dina also (*comme cela*) *m*.
diṇsi. tǫ diṇsi *tout ainsi (que)* f¹.
dīla also d² d⁶. s'a dīla so
ist's d⁴ d⁵ d⁹ g¹. dīlę ψ.
djǫi (gaudere) können, Inf. u.
Part. c¹⁰.
d'le bei a¹ (de latus).
dra (t'e) du hast recht d²¹.
dra ha. dra jr oben, unten
(wörtl. *droit haut*) d⁸.
drape m. Windel f¹.
drevi öffnen f¹.
dǫ *masc.* Zahn *m*. dā̃ m. e¹⁰.
dœ ma Interject. *ch bien!* f¹.
dǫy' doppelt d³ e².
dǫmçχ' zahm (von einem
Thier) d³; cfr. *domicste* Geste de
Lièges.
donay' Sommer *m*.
dǫta fürchten *m*.
dɾχ in der Bedeut. sehr. heftig:
i tuχ' (hustet) dɾχ ψ; häufig ist
il oy dɾχ d¹², oy' diχ d² er ist
taub.
dɾṣ m. Leber e⁷ c¹⁰. im Gegensatz dazu lǫ mǫ" (mollis) die
Lunge e¹⁰.
d'veye der Herbst *m*.
d'vete¹ Schürze d⁷, d'vete d²
d³, devęte m. f¹.
d'vœda m. Haspel d²³.

çc' etwas. bçy' li çc' dǫ pĩ
d⁷ gieb ihm etwas Brod.
çcă auch (*encore*) *m*, und, ę
fœ çca ę sā̃ f¹ *à feu et à sang*.

çcmosye anfangen f¹, çcmȧsi e¹⁰, çcmǫsi d¹² d²³, 1s. çcmǫs' d¹²; 1pl. Imper. çcmǫsǫ dᵘ.
çcǫta (s') sich stützen f¹, çcǫtɔ Subst. Baumstütze dˢ.
çde immer (afrz. ades) dˢ d¹ᵘ.
çdçji (t'a) du bist zu spät gekommen d⁸.
çdusye versüssen f¹.
efeji räuchern d⁸.
çfwǫy' f. (*adfocata) Heerdfeuer, 3s. Perf. çfwe es loderte auf f¹.
çgçs' Elster a¹.
çgyä Eichel hörte ich nur in e¹.
çgrawçs' Krebs e¹⁰.
çhãtsi e¹⁰, ehãsi ω anfangen; Subst. ehãs' ω. çhõts' f¹; 3s. imperf. çhõtsi f¹. Ob identisch mit dem Metzischen ähõsœ̃ⁱ (so von C. This notirt in Thicourt) empoigner?
çχavät' Strähne f¹, χçvat' d³ d²³.
çχçi (essayer), von einer Speise, kosten d³ d⁷.
çχeyãdje, s. 214 v. asseoir.
çχǫ d⁷, çsa e¹⁰ gestern; çχa lǫ sa gestern Abend d³.
çχǫde betäuben d⁸.
çχǫnye eifrig. geschäftig sein f¹.
çχpwarca être planté là à regarder d'un air hébété f¹.
elçdje Eidechse g³ g⁴.
çlœy' f. Hausflur e¹; vgl. aleoir Aucass. u. Nicol.
çlõbr' f. d⁴ f¹ Schatten, çlõb' e¹.
euœ̃ⁱ heute e¹⁰. çnœ f¹, çneⁱ e¹.
çnœy' f. Wolke f⁴, çnœl' f¹.
çpçm' f. Himbeere d⁹.
çr'hi le bet' den Thieren Streu geben (ob arranger?) d⁴.
çrĩtal' f. Spinngewebe d⁷, çrã̃tœl' a¹, çvǫtçl' f¹ (auch bei Thiriat S. 427); çlçt'le (ob t'le = *telaris?) masc. e¹⁰. In d¹² bezeichnet çrç-

tal', in ψ çrĩtal' die Spinne selbst; daher tal' d'çrĩtal' ψ.
çrlǫdj' Uhr f⁵.
çrǫzǫ̃t' f. kleine Giesskanne bⁿ.
çrpœ̃χ' f. Fläche von 10 Ar dˢ; çrpyey' f. Breite einer Egge a³.
çrpuyi eggen, s. 207 l⁎.
çrsinç, s. 54.
çru heftig (von einem Geräusch) f¹.
çsç̃n' = insimul, s. 175.
çşway' f. eine Remise, fui çşway' se mettre à l'abri e¹⁰.
çst' (âtre) Feuerheerd e⁸.
çtɪʰõ frz. artison, larve de la teigne f¹; auch bei Thiriat S. 416 teignes et autres insectes qui rongent les étoffes.
etsir' f. Leiter g².
etse eggen f¹, çsi ω, çs' Egge f⁵ω; Inf. ortsi g¹ g², artsiç g³; 1s. hǫrts' g¹; Subst. f. içsç g³, ĩş' g¹ g². Inf. hirpyç, Subst. hirp' a¹. Vgl. lyœ̃χ'.
çvri abri, djç seⁱ çn çvri e¹⁰.
çvalœr' f. der hintere Theil des Pferdegeschirres d⁸.

fadeⁱ m. Last, Bündel e¹⁰;
îede m. Büschel gerösteten Hanfs ω.
fäl' f. eine Falle e⁸.
falçyĕr' f. Farnkraut d¹, fǫleyœ̃r' ψ, faler' ω fougère aquatique (Pteris aquilina).
fay' Fee ω, foy' f¹; dasselbe Wort bezeichnet das harzige Holz in ω.
fav'tõ m. Hülse von Bohnen, Erbsen e¹⁰.
faw' Buche a³.
fe m. Mist e¹⁰, fi d⁸, s. 34.
fçyat' dünnes Bret (ob feuillette?) a¹.
fejĕr' f. Rauch d³ dⁿ d⁸ d¹², fedjĕr' d⁹, fĩjĕr' d¹ d⁷ ψ, fǫdjœ̃r' d⁵.

fçyin' f. Buchecker d³, s. 23.

fçχat' f. Wickelzeug, Windeln d³, fçχǫt' d⁷e¹ (lat. fascia).

fçχtiṇ m. Festessen c⁴, fçstiṇa¹.

fçl'räs' Spinnerin a¹.

fȇn' f. eiserne Gabel. um Heu aufzuladen a¹d⁷, fȇn' b³; fçnat' d⁷ Gabel zum Ausbreiten des Mistes.

fçrχr' f. Leber d⁷, fçrχœr' d⁸, fçrχçr' d²d³, fçrsȗr' e¹⁰; il ç çn' bǫn' fçrsȗr' sagt man e¹⁰ von einem Mann. der keck und forsch auftritt: dieselbe Bedeutung hat it. fegato, sp. higado. fi fem. Tanne (epicéa) e¹e²ω, fyǫt' ω, fyey' f¹.

fiṇ be sehr schön a¹.

fyas' welk (von einer Blume) d¹², fyäts' und fyes' d⁸; fyās' schwach ω.

fyçf'te ψ, fyçvçte c⁷ pfeifen, 1s. fyçvçt' c⁷c⁸ψ. Subst. fyçf'tö c⁷ψ.

fyçr' f. erzürnt (fâchéc) f¹.

fyerey' (fleuric) Kuhname, daneben fçryat', vom Ochsen fçrya d⁸; von einem roth und weissen Ochsen firya d¹¹.

fyeri m. Aschentuch (franz. nennen es die Leute cendrier) d⁸, dient auch dazu, das gemähte Gras nach Hause zu schaffen; fyeri e¹ (linceuil); fçri d' bway' e¹⁰; scheint mit florere zusammenzuhängen.

fyçri Inf. stinken d³.

fyçve m. Dreschflegel d¹d³d⁸ ψ; fyeje¹ m. e¹⁰.

fyçvör' f. Farnkraut d⁸.

filät' Kuhname d²³.

filȇr' f. Spinne d¹d⁹e¹⁰, filir' d²³, f'ler' f¹; s'a çn' filȇr' sagt man d⁷ von einer unreinlichen Person.

filyœ, f. filyœz' (filleul, filleule) e¹⁰, filyǫ, filyȏr' ω.

fȋj' 3s. es raucht ψ.

fyȇ' tǫ m. Frühling f¹, fyœ tä d²³, fç tä e¹⁰. Im bairischen Hochgebirge nennt man den Frühling die ,Auswärtszeit· (vgl. Rosegger, Buch der Novellen Bd. I S. 319).

fyȏ m. Aufschneidereien (blague, bourde) e¹⁰.

fyov' Erzählung e¹f¹; in f¹ auch fyom'.

fyǫv' schwach e¹, fyav' d³, sȇr fyav' in Ohnmacht fallen f¹ω. fisȃ spitz d¹d⁸ψ, in d⁸ auch fis'.

fins' f. Oelkuchen a¹.

f'le (ob -acium?) m. Faden f¹ω.

fodçs' f. (-çs'=acia) f. Spalte d¹³, fȏdçs' c⁸.

fœyäṇ m. Maulwurf d¹²e⁹, fœyä e¹⁰, fyä d³, fyä f⁵.

fœynat' Wiesel d¹⁹, fœnyat'd²².

fǫsœ m. breite Schaufel d⁸.

fȏt' Inf. (foutre) werfen f¹.

fuyät' f. Blatt d³d⁷d⁸e⁸, fuyǫt' e¹, fœy' g⁴.

fulǫ m. Hummel d⁸, fǫlǫ e¹⁰ Art Hornisse.

funaχ' (fournaise) pierre de seuil du four ω.

funo (wohl -ittus) Ofen g¹, fwona g³.

fralç zerquetschen (ecraser) d³ d⁸; Part. m. efralç eingestürzt (ecroulé) f¹; Subst. f. fralay' Abhang, der in Folge der Winterfröste ins Rutschen geräth d⁸; Subst. fralçs' Zusammensturz (eboulement), auch Durchfall e¹⁰ (von fragilis?).

frayey' f. Butterbrod d²²d²³, frǫyey' d¹⁰, frǫyi' r, frayi' e¹⁰.

fratsi zermalmen, zerquetschen e⁷e¹⁰.

fric' (mç) ma foi d⁸c⁹.

fric'le 3s. Perfecti, von dem

Irrlicht. das auf der Nase eines Spötters herumtanzt (*pétiller*) f¹.

frębi (*fourbir*) mit einer Bürste reinigen c⁹; ęrfçrbi d³.

fręm'jṅ Malve a¹ (*fromageon*, elsäss. Käsekraut).

frœyu fröstelnd (*frileux*) e¹⁰.

froytrŏ e¹⁰ von f r i c a r e und trŏ s. mustrŏ.

frǫm'ra Mist b⁷, fǫm'rœ a¹.

frǫpe m. verkümmerte Hanfstengel *ω*.

frʋ d' sey' (*fruit de scie*) Sägemehl d⁸, frʋ d'zec' e¹⁰; frigsey' sprach ein Hirte in d⁷.

frǖt' Früchte g⁴; vgl. it. *frutta* und *fruite* Baudouin de Condé I S. 110 v. 91.

fǖr' laufen g¹ g².

ǖtę pfeifen d⁸ d²¹ d²³, 1s. fǖt' d⁵ d⁹; fyʋtę, 1s. fyʋt' d¹¹; fitę d³, 1s. fīt' d¹; Inf. fyʋta f⁴. Subst. fʋtă m. Pfeife d²³, fita d¹.

fware d⁹ schlagen.

gadiɳ junger Stier a¹.

gays' f. Ziege a³.

gäza m. Gänserich f⁵.

gcne m. Kern f¹.

ginç schielen c¹.

gyǫ ein eitler, eingebildeter Mensch e¹⁰ (ob afz. *gloz?*).

gǫloy' f. Mundvoll f¹.

gome m. Becken, mit dem man die Wäsche begiesst f⁵.

gŏt' (dç) f. Schmalz a¹.

gujǫ m. Kropf der Hühner und Tauben d⁸ (von *gorge?*).

guri m. Schwein f¹.

gŭş' weisser, unschmackhafter Pilz d⁸ (auch cŭş'), ciş' d⁷,

gwo, f. gwos' dick, s. 88.

grăl' f. Hagel d³ g³.

grä (tǫ di) entspricht dem Französischen *tout du long*; — da lur' *tout le long des veillées* f¹.

gre m. d³ d⁵ Kübel mit einer Handhabe. die sich über den Rand erhebt.

grebat' d⁵ d⁷ d¹¹ Kuhname; Masc. grebi d¹¹ schwarz und weiss mit einem Stern auf der Stirne.

grǫpç (Part. masc.) gekratzt (von der Katze) g⁴; s. Diez I v. *grappa*.

grïn' f. d¹⁵ mittlere Theil der Scheune, wo die Wagen eingestellt werden.

grituz' (çl' a) Adject. sie hat Heimweh d⁸.

grǫbuye sich hin und her bewegen c³.

grozç Inf. Gras mähen; Subst. groz' f. das gemähte Gras (dtsch. Gras) e¹⁰.

grozçl' Johannisbeere *ω*.

gru f. Leber d⁷. grü b⁵, gruăt' a³ e², gruǫt' e¹, gçriat' f¹, griad' d⁷.

grʋ Kleie a¹ d⁷, crœ m. e¹⁰; grʋ d' sey' d¹¹. was frʋ d' sey'. Mit welchem Recht giebt Jouve Noels S. 102 *gru* mit *avoine* wieder?

hä f. (*hart*) Riemen eines Tragkorbes d⁸; in e¹⁰ Seil.

há la dort oben d⁸, ha lç d¹ c⁷, hotola e¹⁰, vgl. bę la.

hable sprechen d³ (ohne die frz. Nebenbedeutung); hablat' f. Schwatzbase d⁸.

haχ Kartoffeln in der Schale d⁷.

haχçl' f. Weidenruthen, haχ'li m. Weide (Baum) d³ d⁸.

hăy' f. Hag, Hecke, Demin. hayat' d¹⁰.

hay' Imper. vorwärts (*allons, marche*) f⁴ f⁵; hay' tǫsi komm hierher d¹.

halçr' m. Hühnerhabicht a¹; in Thicourt (nach einer Mitthei-

lung von C. This) lẽr', in Gross
Moyeuvre la͡ir' (vgl. ebenda pa͡ir'
p a t r e m, ma͡ir' m a t r e m), ist
l a t r o.
hal'rãs eine Art Pflaume a¹.
hã m. Euter der Kuh e¹; lǫ
hãd' e¹⁰. lǫ ãd' c⁷; Thiriat hat
S. 436 han.
hãd'lǫ kehren (balayer) b⁶ d¹
d⁷. hãd'lẽr' f. Besen d¹. hãd'lœr'
b³ b⁵, hãd'lẽr' a³ (wohl nach dem
deutschen hantieren gebildet).
hãpǫ propfen (greffer) c¹⁰; ob
verwandt mit frz. empean?
harlãd' f. eine Rede f¹.
hawǫ bellen d³ d⁸ d¹² d²³ c¹⁰.
3s. haw' d²³ c¹⁰, eine Onomato-
pöie; das Bellen des Hundes ist
im Journal Amusant vom 19. De-
cember 1885 S. 4 mit how bezeichnet.
hãx' f. Hexe (elsäss. Hax) d³ d⁴.
hǫp' m. Haspel c¹⁰.
hǫrsaṣi eggen b⁷.
hǫrtslu von einem Knaben,
der einen Kranskopf hat d³.
hǫrṣa m. kleine Küchenlampe
d¹² d²³, hǫrtṣa c⁸ e¹⁰, hǫrṣǫ ψ.
hǫṣ' f. Axt d². Dem. hǫtṣät' e¹⁰.
hǫtœr' f. Schlägel. Waschbläuel d⁸, hǫtœr' d⁶; es ist wohl
heurtoire; dem frz. heurter entspricht hǫtǫ a¹; für damit identisch halte ich hata, das in ω von
dem Abschlagen der Samenkörner
des Hanfs gesagt wird und das
nach Haillant Noms de lieu des
Vosges S. 14 eigentlich battre bedeutet; vgl. harctast Bernhard
55, 4.
hirpyǫ eggen a¹.
hœṣi rufen d²¹, Vb. transit.
hodǫ müde c² d³ d²³, fem. ho-
dey' d²³; Inf. ṣǫ hodǫ d⁸.
hǫdœ Schweinehirt c⁷.
hol' hohl d⁵ c¹⁰.

hǫuc m. Leibwäsche c¹ c⁶ c⁷ d³
d⁵, hǫnǫ d⁸, hanc d⁷, hǫnǫ b⁵,
hǫne a³ b⁷; in a³ bedeutet das
Wort auch effets d'habillement.
Es ist harnais mit nicht ganz
klarem Suffix. Bei Thiriat S. 433
hat hana, hanc die Bedeutung
chose, affaire: S. 405 in tas
d'hana inutiles. Vgl. Adam v.
habits.
hòy' f. Weihe (buse) c⁴.
hotas' (cap' dǫ) Sonn- und
Festtagsmütze e¹⁰.
hòtǫ aufhören d³ d⁶ d¹² ψ, hota
f¹, hutǫ a¹, hǫ"tǫ e¹⁰: 3s. hòt' d²³.
how' f. Spaten d⁹.
hwoda jubeln, frohlocken f¹.

χã dürr, trocken. χa tǫ trockene
Jahreszeit, f. χãχ' dürr, von einer
alten Frau, ω f¹; daneben sã (siccus).
χãdrǫl' f. Schlehdorn d⁷—d⁹
(ob vom nordisch. gaddr? vgl.
Roman. 8, 440).
χadẽr' f. Brennessel (v. χade͡i
échauder) b⁴. χodǫ̃r' a¹.
χayi gleiten, rutschen (glisser)
d⁸. χayœ c⁹. χòi d²³, ṣoi c¹⁰,
ṣoyǫ a¹.
χayœr' f. Stuhl b³ e⁵. χayer'
f¹, χǫyẽr' c⁴ d¹, χǫyœr' ψ, ṣǫyǫ̃r'
b⁷; χǫyœr' Kanzel d⁶.
χala m. Walnuss a³, ṣala a¹.
χalwãt' f. Hobelspäne (bild-
lich = bagatelle) f¹, ṣalwat' a¹.
χãd' f. Schindel d⁷, χãdr' d³,
χǫnd' f¹.
χãra Part. m. verloren, ver-
irrt (ob esgaré) f¹.
χawat' f. Waschbläuel d⁶.
χawe waschen (exaquare. schon
bei Lorrain) d³ d⁶ ψ. ṣowǫ c¹⁰.
χawœ m. Brett, auf dem ge-
waschen wird am Bach d⁶. ṣowœ͡i
c¹⁰; χawœr' f. Art Schleuse auf

den Wiesen zur Regulirung der Bewässerung $d^6 d^8$; șowœr' f. Waschbläuel e^{10}.

χcarf' f. Hülse der Bohnen d^8; scâf' f. e^{10}; carfay' d^{23} Eierschale; scwof' Rinde ω; χcafyo d^5, cafyǫ d^7 Hülse, Schoote = frz. escoffion. χcǫvǫ (scopare) d^2, χcœvǫ d^4. χcœ̆pǫ spucken d^8, χtǫpǫ fyœ d^4, scʯpǫ e^{10}. χcurǫ Eichhörnchen, s. 121. χcwoχ' f. Rinde $d^3 d^8$; χcwoχa m. das erste zersägte Brett mit der Rinde d^8, coχa d^1. χderwçi' f. Maurerkelle ̄d^8. χdętș' f. Brunnenstock (afrz. cstachc) d^5, tęș' ψ. χçuǫ (afrz. clinǫr) neigen g^4. χçpi (échapper) d^3, Inf. χçp' d^4. χçrjʋ sitzen, s. 214 v. asscoir. χçrpåt', s. 151. χçti m. ausgerodete Stelle (von cssart) ω. χiŋgʋe Eber, s. 68. χinŏ m. Fasern des Haselstrauchs, mit denen Körbe geflochten werden d^8. χyœtra pfeifen, s. 186. χlabǫ schlagen d^{12}, șlabǫ, șlapœr' f. Peitsche e^{10}, χçlap' f. Schlag (elsäss. Schlapp) f^1. χlät' f. Hobelspäne d^8, χ'nät' d^3. χlęda Blitz f^1. χlef' f. Abhang. auf dem man rutscht (dtsch. Schleife); in übertragener Bedeutung Reihe (série): çhŏtș' de lǫ χlef' Anfang der Reihe (von Liedern) f^1. χler' aussondern, sichten. z. B. Samenkörner d^3. χlitǫ rutschen d^8. χ'me dicker Ast d^6,'h'me$d^2 d^5 d^8$. χnadrǫl' f. Eidechse $d^4 d^9$. χo m. Schooss (giron) d^8. χœ̄ m. Talg $c^7 d^4 d^8 d^{21} d^{23}$, χo' e^1, χe $d^3 f^1$, șœ' e^8, șʋ g^4.

χǫfi m. Luftzug a^3. χoi pfeifen e^1, șœy $e^8 e^{10}$, 1s. șœy' e^8. 1pl. Indic. șœyǫ e^8, șœya m. Pfeife e^{10}. χŏl' f. Schelle der Kühe e^2, șål' e^9. χõ m. d^1, χǫ d^8. das zweite zersägte Brett eines Baumstammes, dessen Rand Spuren der Rinde zeigt und nicht geglättet ist. χpatsęr Sperling d^8. χpęvrœ furchtsam f^1. χpindr' f. Dorn, s. 173. χpinyu empfindlich (prude) f^1 (von spina + ill + osus). χpyœl' f. grosse Abendunterhaltung (veillée) aller Familien des Dorfes f^1. χpiș spitz d^8, χpitș d^5. χpyat' f. Aehre, s. 77. χpŭsa m. Staub $d^3—d^6 d^8$, pusa $d^{12} e^{10}$. χpwŏ m. Röhre, aus der das Wasser fliesst (goulot) d^5. χtay' masc. Stall d^8, stay' e^2, stoy' e^1. χtçlay' f. grau und weiss gefleckt (Kuhname) d^{11}, stęley' e^{10}; masc. tçlǫ (von einem Rind) d^{11}. χtęryi striegeln d^8. χtǫc m. Baumstrunk, tǫc d^7; = afrz. cstoc (von Haillant Noms de lieu des Vosges S. 16 nicht erklärt). χtoy' (*stupula) Stoppeln d^3, χtǫyǫ d^8. χtõ m. Bienenschwarm (jcton) f^1, χ'tǫ d' moχat' d^3. χtranye erdrosseln f^1. χtrŏfa (se) sich rühmen, brüsten (extriumphare) f^1; an triumphare hat zuerst Jouve gedacht. χwe trocknen d^8, χwe trocken $c^1 d^3$, șwe e^8, fem. χway' d^3; Subst. χǫ mę d^{12}, χwœr' Handtuch f. d^8.

iŋc', s. 105. iŋgyăt' f. Klaue
der Schweine a¹.

iŋdyęs' Alaun a³ d³ (alumen +
glacia).

inǫ (s'a inǫ c' s'lç, so ist
es) e¹.

yễv' (wǫ d'), s. 79.

iṣ' Egge g¹ g², ięṣ' g³.

iv' m. Euter ω. iv' f¹ f⁴, liv'
d⁴ d⁸ d⁹ d¹⁹ d²³. livr' g³ g⁴.

ja schnell d⁸.

jāc m. Häher a¹ d".

jāc (et' ę) sitzen (vom Vogel) a¹.

jābyç. 1s. jābęy' hin und her
wanken a¹.

jābay' f. Schritt e¹.

jāse m. weiss und schwarz
gefleckt d⁷ d⁹, djāse¹ e¹⁰. fem.
jāsăt' d⁷; in d¹¹ roth und schwarz
gefleckt; djāsăt' e¹⁰ (Rinder- und
Kuhname).

jęd' (jüngere) anspaunen ω.

jędras' Behälter zum Begiessen
der Leinwand auf der Bleiche e¹.

jig'le, 1s. jigęl' herumspritzen
(mit Wasser, mit Holzschnitzeln) d⁸.

j'navr' Wachholder, s. 183.

j'ne't' f. Ginster c², s. 40.

j'nễs' Färse, s. 76.

jo Hahn, s. 18, djale Hähnchen
f¹, jale d⁸.

jễẓ' f. Wange d⁷. djễẓ' d⁵ f¹,
djœdj' f², djœⁱj' e¹⁰, jẓ' e¹, jễẓ'
d² (vgl. jouxhe Gloss. der Geste
de Liege), djo' g².

jōn' (juvenis) b⁵ c⁶ Vogel.

jǫt' f. kleiner Kohl a¹ d¹²,
jųt' e⁸.

jŗifrăs' eine Jüdin f¹.

la Ratte d² d⁷ f⁵.

lāf' f. gemeiner Ausdruck für
Mund: cǭṣ' tę lāf' e¹⁰.

la'had' f. Eidechse f¹ ω.

lāse Milch f¹, lăsę̄ g¹, dǖ cyę
lase Molken a¹.

lāṣi lecken d³.

lễv'răs' Wäscherin d⁵ d⁸.

lawǖ Brett g³.

lęmer' f. Fasern der Fichte
oder der Buche, die zur Beleuch-
tung dienen ω.

lęm'tre m. Art Eidechse d³, vgl.
vīŋtre und bei Oberlin mentré de
fontaine.

lęm'sṛ Schnecke d⁷. s. 77.

lęsṛ m. Handtuch e¹⁰, s. 68.

lezăt' f. Eidechse c⁸.

lime m. Esche mit kleinen
Blättern d⁸.

lyễẓ' f. Egge d⁵ d⁸, lyeẓ' d²,
lyeẓt d⁴, liṣ'. Vb. liṣi e¹⁰, lęẓ' e¹.

lyœv' Hase ist fem. d¹²,
lyễv' d²². lyev' d² f², lyęv' f¹.
liv' e¹ e² e⁹; masc. lyễr' c⁷, wo
das Weibchen hāz' heisst.

livrǎ Hase b²—b⁴ b⁶.

l'mǫts' f. mit Artikel l'ęl'mǫts'
Docht e¹⁰. ęn' el'muṣ' d²³ (ob
durch allumer beeinflusst? Agglu-
tination des Artikels vor Konsonant kommt sonst kaum vor).
Nicht von myxa, dessen x in
e¹⁰ zu ṣ, in d²³ zu ẓ geworden
wäre.

lod' (i) es blitzt d³.

lur' f. Spinnstube (veillée) f¹;
zu lŭr' d⁷ e⁸ habe ich das Genus
nicht notirt; lūr' masc. d³ ψ. Im
Jura hörte ich lovr' m.

lṛr' f. Mistjauche a¹; Thiriat
hat S. 438 lohire, louhére, louhie.

ma f. Backtrog a¹ e¹, me d⁴.

ma Tümpel, Pfütze, auch Teich
c⁷, mā b⁵ c⁸, mǒ e¹, męr' a⁴, męẓ
a³, marẓ a³ Koth. Byāṣ' ma,
nor' mā der weisse und schwarze
See in den Vogesen d²².

małāl' f. Eidechse d⁷.

maj' Tisch in der Umgegend von g⁴; vgl. 150 Anm.

māl' der weibliche Hanf ω.

māl' f. Tasche a¹.

malçv' krank d⁴ d⁵ d⁸ d²⁰ d²¹ d²³ e² e⁴ e⁸ — e¹¹ ψ, malav' d¹² ω, molav' e¹, mçlav' f², malçd' c⁷. Gedruckte Zeugnisse für *malave* finden sich Kéd. u. Voinr. S. 15. 18.

māli m. Apfelbaum d² — d⁵ d⁷ — d¹⁰ d²³ e⁸ c¹⁰, male d¹, mole c². malt' f. Mörtel e¹⁰, Koth c² (wenn malta, so ist es wohl von italienischen Arbeitern eingeführt).

māmiṇ Grossmutter a¹.

mano Sperling (vgl. Contejean) c⁴.

marca Kater e⁸.

margo m. grosse Schnecke d².

margçlę e¹⁰ kauen.

māru f. *morille* (Morchel) e¹⁰.

mazāṇdj' Meise e¹⁰.

māzǫ̈t' Kuhname d⁸; in d¹¹ eine schwarz-weiss gefleckte mit einem Stern auf der Stirn; mazyo e¹⁰.

mātsayçs' e¹⁰ Vogelname, zusammengesetzt aus māts und ayçs' Elster; Thiriat hat S. 440 *haute manquaièsse = ortolan, besse manquaièsse = fauvette.*

maw' (?) stumm c².

mç m. Garten b³ c² d l², me b⁶ b⁷ Gemüsegarten, mç̈ d³ e¹⁰, mwe e¹, mwa ω, mçze¹ e¹¹.

mçc' häufig in Aufforderungssätzen b¹ e¹⁰; cuχ tę mçc' d⁸, ęχçy vǫ mçc' (setzen Sie sich nur) d⁷; māc' f¹ : vçsi māc' le myǫ pasçj' das ist gerade die beste Stelle.

medisyç Arzt f¹.

meyǫ̈ reif, s. 113.

męnyçy' Dienstmagd f¹, Dienerschaft ω.

mçrǫda 4 Uhr Brot essen (*goûter*) f⁵, morǫ̈de ψ, 1s. marǫ̈d' d³, Subst. marǫ̈d' d³, morǫ̈d' ψ, marād' d². marand' e¹⁰.

mę̈t' f. Mörtel (Sand und Kalk) c⁹.

mętir' f. Eiter e¹⁰.

myǣl' fem. Amsel d⁸, myel' c⁴; mčl' (Genus nicht notirt) a¹.

milyar' m. das Jahrtausend (*millésime*) f¹.

minē Müller, s. 94.

mīn' m. (ī l.) Stiel eines Werkzeuges d⁵ d⁸.

mīs' m. Honig b⁵ b⁷, myǣs' m. a³.

miz' f. am Riemen der Peitsche befestigte Schnur (*mèche*) e⁷ e¹⁰, mij' f⁵.

misǫ m. dasselbe was bǒ II ist, d²³.

mītey' f. Stiel des Dreschflegels d⁸, mīṇtę̈ṇ' f. e¹⁰; vgl. *maintagne* bei Adam.

myǒ m. Stückchen (z. B. Speck, mica) ω.

m'raw Kater d⁷.

mǫc'sa s'fa (*comment que cela se fait*), mǫ scçl' pwayet' so gut sie konnten f¹.

mœrzǫ̈t' Maass b⁵, mœz'rǎt' d⁸ (kleines Maass für trockene Gegenstände), miz'rǎt' b⁷.

mœz' ǎ bay' Zaunkönig a¹.

mǫ̈s' Laibbrot d²³, mǫ̈ts' e¹⁰.

mǫχǎt' Biene b⁶, muṣat' e⁸, mǫsat' kleine Mücke (Schnacke) a¹.

mola m. Kuhkrankheit e¹⁰.

mǫl'tǒ Maikäfer a¹.

mǫryo Ochsenschnauze (als Ochsen-Maulsalat) e¹⁰.

mǒs' Moos d⁷.

mǫstǒdy' f. Wiesel e¹.

mǫt'lǎt' Wiesel d⁸ d⁹, mǫt'-lǫ̈t' c⁹.

8*

motṑ m. weisser Käse ψ, mǫtṑ
c⁹, matṑ m. geronnene Milch a¹.
muɦi schimmelig, s. 106.
muүʳ Ɍabe d⁸.
mūl' f. Brombeere d²d⁴d⁷c²,
mūr' f⁵.
   mure (afrz. *morel*), f. murӑt' d⁸
schwarz, von Kühen und Rindern.
mustro schwarzer Mistkäfer
(von ? m u s c a und tro = afrz.
estron) d⁸.
   muze m. Schnauze d⁸, s. 121.
musṑ m. Feuerbrand ω, musǫ d³.
mutey' f. Hälfte d³d⁵, mwe-
ţyey' f. f¹.
   mwa m. Haufe (Steine) d⁶,
mwȧ d⁸, myo e¹⁰. muyo d²³ (vielleicht von m e t a + i t t u s).
mwaχţyi, s. 207 Iª.
mwȧr' (minor) schlecht. mwȧr'
fwǫ = *mauvaise foi* d⁷d⁸, mȧr'
mager c⁹.
   mwetӑ m. Mitte d²¹d²³, mwetӑ
d⁷, mwœtӑ d¹², mwęţӑ e⁸, mwetǫ
f¹f⁵, mṑtӑ d⁸, mitӑ a¹, mitӑ c².
Auf m e d i u m t e m p u s weist
auch mɪţǫn, meitan bei Häfelin
Patois du Canton de Fribourg
(Gloss. u. S. 18). *Mitanier* verhält sich dazu wie *printanier* zu
printemps.
   mɪnyǫt' junges Mädchen g¹.
mɪrǫ Mauer g³, mɪra g⁴.

nani nein c²e¹.
navroy' Part. fem. zerquetscht f¹.
naⁿji Inf. belästigen, geniren
(nauseare) e¹⁰.
nɪs' thöricht e¹ω, empfindlich
(einer, der sich nichts sagen lässt)
c⁹e⁸.
   nyȧ nein f¹.
nyo Nestei (nidalem) a¹e¹.
nyǫ m. Halsbinde g², nɪa
nœud g³.

no m. Wassertrog d⁸.
naⁱyṑ Kern d⁸, nayӑ c⁸, nǫyṑ
c⁷, nǫyǫ d⁹ (vgl. *nouaillon* Bernh.
109, 10).
nœje¹ Haselnuss g³.
nɪǫjol' f. Wallnuss e⁶f⁵ω,
nejol' e¹, nɪⁿj'le Ɍussbaum f⁵ω,
naχ'le f¹, nɪǫjoli e⁶, naⁿɦ'li d⁵.
nœtǫy' (tǫt' lǫ) Ɍacht d⁷d⁸,
nœti' e⁷f¹, netɪ' d¹c¹.
nǫm' nicht wahr d²².
nǫnӑt' Stecknadel a¹.
nǫnǫn Oheim ω.

o ja (*oui*) f¹.
obrǫvi m. Blindschleiche e⁴,
obrǫvya d¹⁵d²²; vgl. ӑdǫrvye;
bei Metz bōny'.
ǫd' (liz) *fête du village* (Kilbe)
e²e⁹, lez ǫt' e¹⁰, liz ud' d¹⁹d²³.
odjœdœ¹ heute e⁸, aɦœdœ d⁸.
ȯⁿχ' Thür *fem.* in d¹d³d⁵d⁷d⁸
d¹¹, ȯⁿχ' framay' d⁵, eχ' dǫvyes' d³.
ǫⁱsi Hinausgehen, 1s. i ǫ̧sǫ
f⁵, 3s. ǫχ' f¹.
œsifvœ Zeit gegen den 23. April
f⁵, ǫχifyœ Frühling ω.
oyӑt' Gänschen d³d⁸.
ǫnay' Sommer d⁴d⁷.
ȯcliᶇ Oheim c⁴d³, ȯciᶇ ω,
ȯcya. ȯcyǫ¹ e⁸, ȯtya f¹.
or'sǫ Saum eines Kleides d⁶,
ǫr'sӑᶇ d⁷e¹, or'sǫᶇ d²; Inf. or'sue
säumen d¹d², ǫr'sǫnǫ d⁴e¹, ǫr'sinǫ
d⁷; 1s. ǫr'sin' d⁷, ǫr'sęn' d⁴.
or'sӑᶇ Igel d⁷, ǫr'so d⁶, s. 129.
ortsi eggen g¹g². 1s. hǫrţs' g¹,
Inf. arţsiǫ g³.
ǫto m. (*hôtel*) Wohnung f¹.
ñcӑ Gänserich a¹.
uje¹ dǫ j'lin' Hühnerhabicht e¹⁰.

pӑ m. Geräusch (peditum),
Vb. pata f¹.
pafүǫ m. Hebel d⁸.
paχi *par ici* e².

pål' m. Wohnzimmer d¹⁰ e¹⁰ f¹.

palǫ̈f' Kartoffelschale d⁸, pa-lu̯f' d¹ d⁵.

pana kehren (balayer) f⁵, panę v. pånę e¹⁰ d²³; panur' Besen f⁵, pånœr' d²³ e¹⁰ v. Pǫnnę g³, pannę g⁴ reinigen.

pātⁱ́hi, 1s. pātⁱχ' d⁸ keuchen, ausser Athem sein. pātⁱ́hi, 1s. pātiχ' d³ (c⁹ nur von Thieren).

pāpiη Grossvater a¹.

pāpⁱr' Augenlid d⁸.

parmete Schneider d² e¹⁰, pwar-mete d⁸, pęrmeteⁱ Klette e² e¹⁰.

pavⱦǫ m. Schmetterling d⁸ d¹², pavyⁿ̈ c⁷, pavilⱦǫη d⁸, povyo e¹⁰.

pęcv m. Weide (pâturage) d⁴ dˣ d¹². pęci d³.

ped·di Rebhuhn f⁵.

pęⱦ' f. Sägemehl (palea) c⁹.

pęⱦī Gevatter neben pworī f⁵.

peⱦǫ̈t' Kornblume a³; perselle in Schelers Gloss. zu Froissart.

peⱦtenya Bärenklau (Heracleum sphondylium) d⁸, Grundform ist pastinaca.

pel' f. Bratpfanne e⁴.

pęltīr' Näherin g³ (vgl. Contejean pelctie).

pęm' f. Himbeere d² d⁴ d⁷, pęmi Himbeerstrauch d²³ e¹⁰, pęm'-ri d⁴.

pęrⁱhe (priser) lieben f¹; Inf. und Particip. prehi v, pręhi e¹; 1s. Praes. Ind. pręⱦ', ich liebe v.

peze m. Erbse d³; s. b·zeⁱ 181.

pęşe m. Rebpfahl a¹, pęşeⁱ e¹⁰.

pęt' f. Lumpen (chiffon) d⁷ e¹⁰ (elsäss. Schpat, Schpättel; so gedeutet von Contejean; aber s. auch Diez I v. patta).

pętirǫ kleiner Knabe, pętirǫt' kleines Mädchen d¹²; vgl. Jouve Noels S. 24 ptĕro und pcterine Bernh. 92, 28.

p'ⱦi harnen v, p'ⱦe f¹, s. 155.

picyⁿ̈ (d'sęp·) Nadel der Tanne d⁸.

piⱦ' mit der Negation nę = nicht mehr c¹ c⁹.

piη Fichte v; pinęs' (ęs' = acia) Tanne (epicéa) d⁸ v.

pinⱦǫ wilde Taube e⁸.

pis·neⁱ Fink e¹⁰.

pyaⱦ' Streit d⁸.

pyⱥ̈ Klage f¹, pyⱥ̈dęs· e¹.

pyⱥ̈tœ m. plantoir d⁸.

pyarⱦi Petersilie, s. 43 bis.

pyⱦ blau, afrz. pers f¹.

pyęmi roth- d⁵, roth- und weissgefleckte Kuh d¹¹.

pyęη (tǫ) viel c⁸, tǫ pyī v.

pyęnę füllen e³, răpyęni, 1pl. ⱥ̈pyęnⁿ̈ g⁴; 1s. i răpyⱦⁿ', 1pl. răpyǫnⁿ̈ g¹ g².

pyĕt' f. Stange d⁴ d⁵; Stütze eines Baumes d³ d²¹; zum Aufhängen der Wäsche d¹²; pit' e⁴ e⁸, zum abschlagen der Nüsse.

p'lăt' Fruchtschale e¹⁰.

podyęⱦ' bei Gott e¹.

pœtşăt' dę boⁿ Kochlöffel e⁴.

poⁿ Laus, s. 103.

pǫm' ę cⱦęr' Kartoffel f².

pǫpå m. pupille de l'œil d³ d⁸, pupⱥ̈ d²³ v (poupard).

pǫpiryęs' Seufzer f¹.

pǫşe Spanferkel in g¹, wo man für Schwein po sagt.

pǫşolⁱr' Vogel, der Jagd auf Forellen macht e¹⁰. pǫşo ist Fisch und lⁱr' wohl lutra, also wörtlich Fischotter : Oberlin hat loure, im Jura in Tavannes hörte ich lⱥ̈r'; frz. loutre ist halbgelehrt.

pǫt' Lippe, far' ęn' pǫt' faire la moue f¹.

pⱥdⱥ̈ m. der Riemen, welcher beide Theile des Dreschflegels verbindet d⁸.

puç m. Knabe (pullus) g⁴.

puχ Pech der Schuhmacher und Harz der Tanne e².

puχyọn junges Schwein (*porcillon*) d²—d⁴ d⁵.

pula m. Hohn g³ g⁴.

puná m. Pflaumenbaum d⁸ d⁹ d¹¹.

punçl' Art gelber Pflaume d⁸ d⁹ d¹¹; pọnçl' e¹⁰; pçnçl' a¹ Frucht des Schlehdorns (nœr' pẽn').

pwa (tọ — mi) ich ganz allein d⁷, tọ pwç mi *m*, tọ pa mi e¹; tọ pç le er ganz allein f¹.

pwaʰu friedlich f¹.

pwara f. Mauer g³.

pwarọt' f. Kartoffel f⁵.

pwätṣ' Tasche c².

pwçse m. Zitze des Euters d³ d⁵ d⁹. pwçseⁱ d⁸, pwāse d⁷ ψ, päseⁱ e¹⁰.

pwçtã spitz e¹⁰.

pwçtyeʰi, 1s. pwatyeχ' durchbohren (*percer*) e¹.

pwõṣ m. Hausflür c⁴, pwotṣ' d¹⁵.

pwot' f. d³ d¹⁵ f⁵, pwọt' c⁹, das Thor des Hofes. der Scheune. im Gegensatz zu ãχ' der Hausthür.

p'sey' f. Blase, s. 72.

p'ṣa ein Maass (*bichet*) a¹.

pracç sprechen e⁷ e⁵; dazu ist prac'la schwatzen f¹ Iterativform.

pratṣi sprechen (nicht predigen) e², prọṣi *m*. 3s. Imperf. prọṣi f¹; prọṣ' Kanzel *m*, çpn' prẹṣ' b³.

präz'rᵉ m. Ort, wo die Heerde Mittagsruhe hält, gewöhnlich unter einer Linde d⁸.

prer' dᵛ zu Gott beten e⁴.

prine m. Gitterthür (eines Gartens) *à claire voie* d⁸.

pryç stinken a¹.

prs'lät' Art Pflaume (*mirabelle*) a¹.

rab'ji schärfen (*aiguiser*), s. ravuʰi.

rabjaⁱj' f. Wetzstein e¹⁰.

radic Winterrübe d⁸, ratic d² d⁴.

rai ausreissen, auch rai fᵥ e¹⁰.

rayi d² d⁶ d¹⁵ e⁸, rᴧyi, 1s. rᴧy' d⁴, rᴧyi fyœ d⁷, rᴧye c², roye fyœ f¹.

raⁱteⁱ m. Zaunkönig e¹⁰.

ray' f. Rinne d³ d⁸. roy' e¹. rọy' Furche d¹².

rayʳ *fem.* Rettig d⁷ d¹².

rᴧ f. Schweinestall d⁷ e¹⁰.

rᴧdçl' Kuhname e¹⁰.

rᴧpyçni, s. pyçnç.

rᴧp' m. Epheu d³ e¹⁰, rᴧpã m. a¹.

ravọnẽt' f. kleiner Rettig d⁷ dˢ.

ravuʰi schärfen d²³; rçv'ʰi *m*, rçhui e¹ (re + acutiare), rab'ji e¹⁰. rçb'ji e¹¹; çruʰi d¹ d³ d⁵ d⁶, 1s. çruχ' d³ (aus ravuʰi umgestellt); rçmuʰi dˢ, rçmuʰye *w* scheint durch häufiges gleichbedeutendes mọlç beeinflusst.

r'cọr' Inf. Beschälen (vom Stier) e¹⁰.

rç m. Zweig der Tanne (rç d'sẽp') d⁷ d⁸ e¹⁰, ra e¹.

rçcœtṣe sich erbrechen f¹ (ob elsäss. kotzen?).

rçga Kröte a¹.

rẽχ' der Rest, s. 158.

rçi Rettich d⁸. rçy a¹, rai e¹⁰.

rçy m. galium aparine (kletterndes Labkraut) d⁸.

rçmçṣ' f. Besen g³, rᴧ̃mçṣ' g⁴.

rçn' Frosch f¹ *m*.

rçsevi zu Ende führen (*achever*) d³, çsevi f¹, çseⁱvi, Conj. 1. çsçⁱvẹs' e¹⁰ (ist wohl *adsequire; reṣevi c², rẹṣ'vi a¹ ist vielleicht durch *acherer* beeinflusst).

rçsteⁱ Rechen eˢ. r'te d³ d⁶.

rẽt' f. Maus b⁵ d² d⁷ f¹ f⁵ und passim.

rętalboχe Inf. wiederausbessern. ausflicken f¹ (Thiriat hat S. 408 *rètabaqua*).

revwo$\d{s}$i das Oberste zu unterst kehren (reverticare) *m.*

r'janç brüllen (vom Rind) e¹.

ricç zerreissen, Subst. f. ric$\d{c}$s' *m.*

riχ reich d³. ret$\d{s}$. Subst. ret$\d{s}$ãs' f¹.

riχ der Reis (it. *riso*) d².

rĩdje abnagen (*ronger*) f¹.

rĩ$\d{s}$' m. rundes Sieb zum Reinigen des Getreides d⁸. r$\d{c}$s' a¹, r$\d{c}$t$\d{s}$' e¹⁰; vgl. *règc* bei Grandgagn., *rège* bei Thiriat und in Gartner's Rätisch. Gramm. S. 16 dratχ, rätχ.

ritç laufen g⁴.

r'loj' masc. Uhr d².

r'mãi heilen e¹⁰, çrmwayi. 3s. çrmway' d⁶. vgl. 42.

r'mi wiederkäuen e¹⁰. 3s. çrmœy' d²³ (vgl. *rument* Bernhard 99. 22; lat. mn = m).

r'nãda sich erbrechen f¹.

ro m. Kater a¹.

robãt' f. Kleid b⁷d⁸.

roci f. kleines Maass Branntwein (Hälfte des Fünftels) ψ.

rœyã f. Rost, s'a çrœyã es rostet e¹⁰.

royi, 3s. roy' abnagen (*ronger*) d⁶.

rõχ' Dorn *m.*

rozr m. Rose und Rosenstrauch e⁸.

rõsi schnarchen d⁸, rõtsi d⁹, 1s. rõt$\d{s}$' d⁵.

r$\d{o}$t' f. kleiner Fusspfad *m.*

rap' f. Raupe c²d¹d⁴.

ruĩ m. Wagengeleise d⁸. ruä e¹⁰.

rwç'ti betrachten e¹⁰, Imperat. çrwçt' d¹⁰.

rv m. Giessbach (kleineres Gewässer als die r'ver') d⁷d⁸d²¹ d²³f¹f⁵ *m*, ri d³.

rv m. Schmalz e¹⁰ (vgl. Adam v. *remi*).

rℓhœ (d'$\d{s}$ĩv') m. Ort, wo der Hanf geröstet wird f¹; iɳ bwɔ rℓhœ sagt man von einem Spassvogel in f¹.

ri$\chi\chi$ã d⁷ reissend (von einem Bach); r$\d{o}$$\chi$e Bach f¹.

rim' *fem.* Husten d²¹; rim' (genus nicht erfragt) d⁴e¹f¹.

sã f. Gehege (afrz. *soif*) d⁸.

savey' f. ein Eimer voll d³.

sãvr m. Holunder, s. 113.

salãd' Salat d⁵d²³ *m*, soladj' g².

sarhone Husten, 1s. sarhoɳ' d²³; sarhanç und sar'nç, 3s. sarhçɳ' d³; 1s. sarçhõn' d¹. sarhçɳ' d⁵; Subst. sarçhõ f. d¹, sarhɔ d³.

sasrroɳ kleiner essbarer Pilz d⁸.

sãt' f. Fusspfad d²³e⁴, sɔt' *m*; pyesɔt' sagte eine Frau aus der Umgegend von Epinal.

scçm'rãs' f. Schaumlöffel e⁴, cœm'rãs' a¹b⁷d²³.

scçppç spucken e¹¹.

scœvey' f. Bündel Futter (scopata) e¹⁰.

scõj' f. Peitsche e¹ (vgl. engl. *scourge*).

scwç (*secouer*) fegen. Subst. scõ Besen, scwãt' Löffel zum Durchrühren der Molken bei der Käsebereitung e¹⁰.

sé sagt man zu den Ochsen, wenn sie zurückgehen sollen, Vb.

sęsi, sęs'li d⁷.

sęg' f. Sägemühle e², sey' f. d¹; sęgç sägen e¹e². soga f¹; sęgɔt' Säge e¹e², sçyãt' f¹, sayãt' d⁸, say' a¹.

sey' f. Sichel c¹d¹².

seyɔ Melkeimer d²³.

sçj'nœr' f. hölzerner Löffel, dessen man sich bei der Käsebereitung bedient e¹⁰.

sęl' f. Stuhl $d^{12} d^{21} e^8 f^1 f^5$.

senyo m. Kübel (*baquet*) e^{10}.

sęp' m. Tanne (ncben sępiŋ) $d^4 d^8 d^{22} e^1 e^2 e^{10}$ ⍵, săp' g^1; jãti

sęp' m. Rothtanne (*cpicća*) d^8 (vgl. *gentil corre* bei Thiriat S. 132).

sęp'na m. Tannenwäldchen (sappinctum) d^s.

sęp'nę̌^{i} m. kleine Tanne $e^9 e^{10}$.

sęr' folgen, s. 214 v. *suivre*.

sęrji Arzt (afrz. *surgien*) $d^6 d^s$.

sęrvęsœy Augenbrauen (vgl. das durch ⍵il beeinflusste *sourçal* in Schelers Gloss. z. Froissart) f^1.

sevęt' Adj. fem. ähnlich f^1 (ist wohl *si faite*, doch ist v = f auffällig).

sinǫ̌t' f. Glöckchen c^4, sinăt' d^{23}.

siǫ (sic est) doch c^6.

siṇ f. Russ c^7.

s'le kleiner Keller f^1.

s'muy m. Schlaf $d^3 d^8$, s'moya e^s; Vb. s'muyi, 1s. s'muy' d^{23}.

s'nyõ Sahne f^1.

s'nǫ ohne (? sine hoc) ⍵; s'nǫ le ohne sie e^1, s'nǫ mi d^{21}.

so f. Weide a^1, sos' f. $e^s e^{10}$, Weidengerte d^{23}, sosi m. Weidenbaum d^{23}.

sǫca zerschmettern, Part. f. sǫcoy' f^1.

sœy' f. Russ c^{10}, suy' d^{23}, so^u d^3.

sœs' Russ ⍵.

sol' m. Korn e^1, sel' ⍵, sãl' d^3, sœl' a^1, swęl' g^3, swăr' g^1.

sǫlç d' bœ Holzschuh e^1.

sǫle Speicher $d^7 f^1$, sǫlę̌' ⍵.

sormędręl' f. Haspel e^{10}.

sǫrsyœr' Augenbraue d^8.

sovⁱⁱǫ Sand e^8, savrõ ⍵, dǫ sõl'vǫ d^{23}.

su f. Schweiss e^1.

s'ray' Sonne $g^3 g^4$.

s're m. Kamm, zum kämmen des Hanfs ψ.

spę^i m. Specht e^{10}.

spęni aufziehen (ein Thier, eigentlich entwöhnen) e^{10}, spęnœ^i m. das aufgezogene Thier.

stœ be vielleicht $e^1 e^3$, sto f^1 ⍵ (vgl. Rom. 13, 138).

strobⁱl' Tannzapfen d^8.

sⁱrsęnœ ausgerodete Stelle ⍵.

sadǫnyç m. *chardonneret* d^1, sadronye c^4 (durch Volksetymologie mit *chaudronnier* verwechselt).

san' Eiche c^6. tsan' $e^{10} f^5$.

sãpte Ort eines Stelldichein (*rendez-vous*, z. B. der Hexen) f^1, vgl. *champete* Renart ed. Martin V^A 281.

sãr m. Meissel des Schreiners (Scheere) c^{10}.

sãsin' Kalk (it. *calcina*) c^5.

sawăt' f. Käuzchen c^4.

sę m. (d'fi) Tannzapfen e^1 ⍵, tse^i e^{10}.

senay' f. Rückgrat e^8.

sęn'wa Hanfsamen ⍵.

sęrmiŋ *charme* d^8, tsarmęli e^{10} (Thiriat hat S. 102 *chermine*).

sęzǫ̌t' f. Käfig c^4, χçjät' d^{23}.

sę̌t' myaw' Maikäfer c^7.

sęter' f. Bienenkorb d^3. sętri m. Bienenstand $d^3 d^7$.

siṇdǫ *chiendent* d^8.

sĩb' *fem.* Hanf d^1, vgl. 185.

sĩr' f. Stuhl $a^1 a^3$.

slawç schlagen d^9.

s'mĩhăt'Jacke (eines Mannes) d^2.

s'mocę (elsäss. schmake = schmecken) herumschnüffeln, wo man nichts zu suchen hat ψ.

s'nas' Hexe e^{10}, s'noχ' und h'noχ' f^1, P. f. snaχey' behext (ob von *carne* s. Gloss. d. G. de Liège ?).

s'nęl' Raupe $e^7 e^8 e^{10}$.

sǫb' hohl (v. Baum) f⁵, χǫb' *m*.
sǫc' f. Brennessel d³, dį χác'
e⁴, sǫcęs' e¹, sacęs' e¹⁰, χacęs' d¹⁵,
χǫcęs' e²; Inf. sǫcǫ d³, sacǫ e¹⁰.
sich an den Nesseln brennen: ꞏa
sacey diz utey' d⁷, dję sœ χacay' e⁴.
sǖ ein mit Ochsen bespannter,
vierräderiger Wagen d⁷. vgl. 7.
sǫza schelten *m*, sǫzu pol-
ternd f¹.
subǫ die Aehren gegen einen
Tisch abschlagen, um die Halme
zu schonen a¹ (ob schaben ?).
suyà schlüpfrig f⁴.
stī, f. stītş' müde e¹⁰.
stäⁿc Fässchen (Sauerkraut)
e¹⁰, χtád' d²³ (elsäss. Schtändel).
strǫ m. merda (dǫ strǫ pǫ
ti *merde pour toi*) e¹⁰. trŏ d⁸.

tacǫ schlagen d⁸, zuschlagen
(die Thür) e¹⁰.
tàbǫt' f. Butterfass *ψ*.
talmuto m. Art Hummel e¹⁰.
taǫ Bremse d⁸. tǫvŏ c⁷ *ψ*,
tavǫ e¹⁰.
tăsi saugen d³ d¹⁹, tăs' vętş'
Eidechse e⁴, Salamander e², tǫs'
vętş' f⁵.
tatà Tante *m*.
teχ' weben e¹, teχ'rà s. 42,
t'χi Webstuhl e¹.
tey' *taie* d⁸.
tĕm' dünn e¹⁰ (vgl. Oberlin).
tęnǫ inständig bitten f¹.
ter' fest stehen auf den Füssen a¹.
tęrmǫlǫ m. Pappel, s. 175.
tęrtǫ alles f¹.
tęrwà träge d⁷, s. 118.
tχǖ Löffel a³.
tχ*r* (lǫ — tǫt' nv') ganz nackt
(von einer Frau) g¹, tχ*r* tǫ nv' b⁶;
'l a tχ*r* tǫ now' sie ist ganz nackt b¹.
tĩịd' färben, s. 65.
tinat' (tina) Sauerkohlfässchen
a³, grosses Butterfass b⁷, tinǫt' b⁵.

tiryǖ melken c⁷; lę biχ' tir'
der Nordwind bläst *m*; bij' tir
fnę bläst heftig g³.
tita m. Zitze des Euters d³.
tya m. Linde f¹.
tya Röhre d³.
tǫ (tempus) Himmel e¹.
tǫcwǫ immer, s. 56.
tǫ̈mǫ umwerfen, leeren a¹,
tr̆mǫ *renverser* *m*.
tǫsye Husten f¹, tœsi e¹⁰.
tǫla dort d²e¹, tǫlǫ d²¹ψ,
tŏsi hier *ψ*, tǫsi d²¹e⁹.
tǫrǫχ f. Färse d⁷.
tǫte Kuchen d³, tutē d²¹.
tǫtǫvo überall a¹ (ad vallem;
vgl. *aval* = *dans toute l'étendue
d'un pays* Schel. Gloss. Froiss.).
tràs' f. Stück eines quer zer-
sägten Stammes (*bille de bois*) d⁸,
trŏs' e¹⁰, trŏş' e¹, Demin. trŏsa *m*,
trŏsǫ e¹.
trǫma (od. drǫma) m. Haspel d³.
trǫt'la m. Trichter d¹d⁵d⁹,
trát'lǫ b⁵*ψ*, trǫtœ d²³, trǫtœⁱ e¹⁰.
trǫ bi d' fwǫχ' viel Kraft d²¹,
trǫ byęⁿ ec' sehr viel Dinge c¹.
trŏb' *fem.* Klee c², tràb' d⁷d⁸
d²³; trǫf' f. d¹.
trobye zittern f¹.
trœt' f. Forelle d⁸, trǫt' f⁵,
trǫ̈t' e¹.
trŏsi m. Haselnussstaude d⁸, bei
Fouday heisst ein Weiler lǫ Trusi;
vgl. Littré v. *trochet* und wallon.
trǫc' Weintraube (Zeitschr. IX 496).
trǫt' f. Form zum Pressen der
Käse e¹⁰ (ob elsäss. Trǫt' = Kelter?).
tsarleⁱ m. Bettstelle e⁴e¹⁰.
tsęrpǟny' Korb d⁹, tsęrpǫy'
d⁵, sęrpǫy' d²d⁸, tsarpī und tsar-
pyat' e¹⁰.
tsęsœr' f. Peitsche e¹⁰f⁵, tsę-
sœⁱr' e⁷, sęsœr' Peitschenschnur d⁷.
tsęt' f. Katze f⁵ und sęt' —
passim.

tṣotṣi (calcare) zusammendrücken, meist vom Coitus e^{10}.

vǎy' mal (ein) a^{1}.

vàyõ Kalb c^{7} (nur um höhnend eine junge Kuh zu bezeichnen, die nicht viel besser ist als ein Kalb).

valà rę̃t' Fledermaus d^{3}.

vǎd'rǎs' Verkäuferin a^{1}.

vãtęryĩ Schürze a^{1}.

vęyǫ Kalb $d^{2} e^{4} e^{9}$, veyõ d^{12}, venyǫ c^{10}. vela m. g^{3}.

vęlmà Blindschleiche c^{4}, vœlma $b^{5} c^{7} c^{8}$ (v e r m i s und ma = m a l u s?).

velotruz' f. gutwillig f^{1}; vgl. *volentos*, *volentrin* Loth. Psalt.

vep' Wespe f^{2}.

vęrǎt' schwarzweiss (Kuhname) $d^{5} d^{8}$.

vęrle (nor' dę) m. nor' dę vęrlay' f. Rinder- und Kuhname (schwarz- und weissgefleckt) e^{10}.

vęrmęsõ Würmchen a^{1}.

vętṣǎt' kleiner, gelber, essbarer Pilz, vgl. ital. *vescia* e^{10}.

vĩŋtre (d'fõtę̃n') schwarze, gelbgefleckte Eidechse d^{10}.

vœ leer; in g^{4} hohl.

vœdi leeren; in g^{2} giessen.

v'rę das männliche Schwein c^{4}.

v'rœ Riegel $d^{4} e^{8}$, v'rœ^{i} f^{5}, v'rǫ c^{4}.

wã m. Stiel der Sense $d^{8} e^{10}$; das Zeitschr. IX 507 vorgeschlagene Etymon (von wadę) gebe ich auf, seitdem ich im Jura in derselben Bedeutung woęrm' (Pontenet), várm' (Moutier) hörte.

wadę, s. 188.

waχe (v a s c e l l u m) Sarg f^{1}.

wayiŋ m. Herbst $c^{9} d^{7}$, wayi d^{1}, węyi $d^{3} d^{4}$, wǫyi *ψ*; vęyi Spätheu (*regain*) f^{5}, r'wanyi Spätheu einbringen e^{10}.

węy' f. Kuchen e^{8}.

węy' ja $c^{2} e^{1}$ *ω*.

weyiŋ m. Feuerschaufel *ψ*.

węyu (c'la) wo er ist a^{1}.

węre Stier d^{7}, wǫrey c^{7}.

wes' f Wespe $d^{5} d^{7} d^{8}$, wěs' e^{10}, węs' $d^{4} e^{1} e^{7} d^{15}$, wep' $a^{1} c^{7}$.

wę̃t' Adj. masc. und fem. schmutzig $c^{7} d^{2} d^{7} d^{12} d^{23} e^{10} f^{2}$, Subst. wętin'ręy' Schmutz d^{23}.

wiχ m. Mistel d^{8}.

wiṣ f. Schraube (*vis*) c^{10}.

wǒn' f. Wehr aus Steinen in einem Bach (*barrage*) d^{8} (vgl. Diez II^{c} v. *vanne*).

zāmas' m. sichelförmiger Haken an einer langen Stange, zum Abbrechen der dürren Zweige der Tanne, auch rāmas' und ramęs' (elsäss. Rabmesser) d^{8}.

zec' f. Sägemühle, zegat' Säge e^{10}.

zę̃t' f. Sester $d^{5} d^{8} e^{10}$.

ziŋgę zusammenschlagen (z. B. zwei Flaschen) e^{10}.

ziŋglę (lę fęs') den Hintern bearbeiten d^{3}, ęrziŋglę lę fęs' d^{8}.

zloda (de) Blitze e^{4} (vgl. lod'), zla^{u}da e^{10}, i zlǫ^{u}d' (es blitzt) e^{10}.

zocę stossen d^{8}.

zwiŋgę Nüsse abschlagen d^{8} (dtsch. schwingen).

Berichtigungen.

S. 8 Z. 1 statt siŋgye lies ṣiŋgye. — S. 21 Z. 15 pe (pectus) bedeutet „Euter" — S. 29 Z. 18 st. $d^{6} d^{0}$ l. $d^{6} d^{8}$. — S. 30 Z. 11 st. tṣœṣǫt' l. tχœṣǫt'. — S. 32 Z. 5 v. u. gehört mǫṣõ unter ç. — S. 40 Z. 1 st. piŋjǫ l. piŋdjǫ. — S. 51 Z. 11 v. u. fehlt hinter puhõ — f^{1} *ω* — S. 51 Z. 7 v. u. st. cute b^{7} l. cute^{i}. — S. 61 Z. 12 st. χyœ l. χ̃yœ. — § 94 fehlt minœ̃ (Müller) c^{9}, § 181 fehlt nach b'za f^{1}, § 188 nach gerey' d^{3}, nach gar' f^{1}.

Pierer'sche Hofbuchdruckerei. Stephan Geibel & Co. in Altenburg.

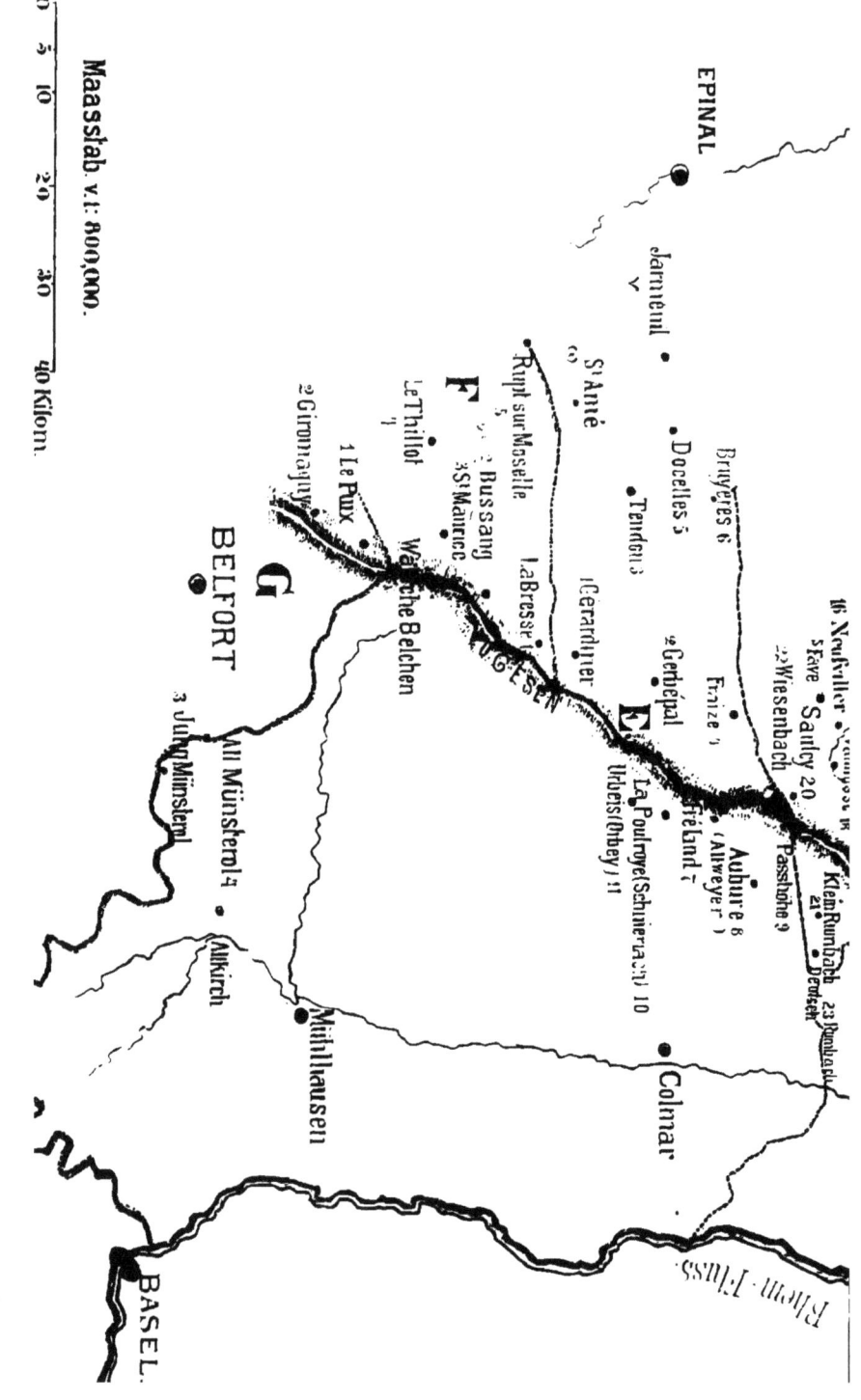

METZ.

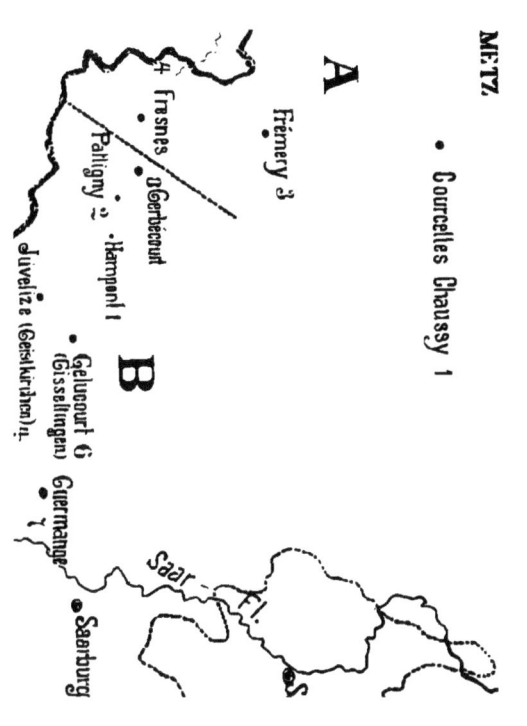